U0355466

民事程序法论丛

Civil Procedure Series

起诉权研究

以解决“起诉难”为中心

柯阳友 /著

北京大学出版社
PEKING UNIVERSITY PRESS

图书在版编目(CIP)数据

起诉权研究:以解决“起诉难”为中心/柯阳友著.—北京:北京大学出版社,2012.1

(民事程序法论丛)

ISBN 978-7-301-20084-1

Ⅰ.①起… Ⅱ.①柯… Ⅲ.①民事诉讼-起诉-研究-中国
Ⅳ.①D925.181

中国版本图书馆CIP数据核字(2012)第006972号

书　　名:**起诉权研究**——以解决“起诉难”为中心
著作责任者:柯阳友　著
责任编辑:李　铎
标准书号:ISBN 978-7-301-20084-1/D·3035
出版发行:北京大学出版社
地　　址:北京市海淀区成府路205号　100871
网　　址:http://www.pup.cn
电　　话:邮购部62752015　发行部62750672　编辑部62752027
　　　　　出版部62754962
电子邮箱:law@pup.pku.edu.cn
印 刷 者:北京世知印务有限公司
经 销 者:新华书店
　　　　　965毫米×1300毫米　16开本　16.75印张　266千字
　　　　　2012年1月第1版　2012年1月第1次印刷
定　　价:34.00元

论丛总序

本丛书的宗旨在于：大胆假设，小心求证；专注制度，推动立法。

2008年4月1日开始实施的修正后的《中华人民共和国民事诉讼法》之所以仅仅是局部性的，而非全面性的；之所以未达预期的效果，而难免令人有失望之感，究其缘故，固然有诸多或种种，然而深层次上的原因，不能不被认为是，学术研究未能跟上立法之需求也。

反观我国的民事诉讼法学研究，起初营营碌碌于注释法学，后来迅速遭到诟病，认为这种研究长此以往，难脱原地踏步之嫌；于是乎，取而代之的乃是所谓的理论法学，以抽象思维见长的学者们，纷纷登台发表高见，短时间内，竟一扫注释法学之积弊，法学研究的面貌因之而焕然一新。然而，时间稍长，人们便发现，坐而论道原本是一件更为轻松的事，难点还在于，将放飞的思绪从辽阔的天空中收回，屏心静气地进行艰苦卓绝的制度构建。

具体的制度构建全然有别于潇洒的理论畅想，它需要有透彻的理论把握，敏锐的时代触感，宽阔的学术视野，务实的精心构筑，以及弥漫于全书中的价值说服力。这样的理论研究，显而易见，是多了一份枯燥，少了一份浪漫；然而，这样的理论研究，同样显而易见的，乃是真正的理论升华，培植了真正的学术之根。

德国学者海德格尔通过对“真理”一词的词源学考察表明，真理的古希腊语是 aletheia，原意是“无蔽”。可见，真理的本质就在于无蔽，而无蔽就是敞亮，敞亮就是本真。我们这套丛书，就是试图将我们各位作者本真的制度构想——无论是全面的抑或局部的，敞亮开来，达至无蔽，然而同时还要绝对地说：我们距离真理很远。

因为我们距离真理很远,所以我们欢迎批评;因为我们贡献的是本真,所以我们能够收获真诚的争鸣——正是在争鸣中,民事诉讼法才能在妥协性的智慧中,扬帆远航。

此为序。

序

起诉权是启动民事诉讼程序、打开司法之门的重要权利，对于当事人寻求司法保护极为重要。但由于各种原因，理论上对起诉权还缺乏深入的探讨，司法实践中漠视起诉权的现象还在相当程度上存在，因此研究起诉权的理论与实务问题，具有重要的理论意义和实践价值。

本书是柯阳友同志在其博士论文的基础上修改、充实而成。纵览全书，我认为有如下几个显著特点：

第一，构建了起诉权的理论体系，精辟分析了诉权与起诉权的关系。本书由起诉权基础理论、比较论、运作论、保障论等四章和附录"诉权新论"构成。研究起诉权，必须阐释自己的诉权观。作者对诉权的认识颇有新意，认为诉权是当事人享有提起诉讼或者应诉并要求法院作出公正裁判以保护其民事权益的权利，它包括起诉权、反诉权、上诉权、再审诉权和应诉权；诉权的性质是程序性人权，但渗透着实体权益的因素；诉权是一种潜在和动态的权利，贯穿于诉讼的全过程；诉权具有层次性，分为宪法层次、诉讼法抽象和具体层次；非讼程序和执行程序中存在准诉权。起诉权是公民、法人或者其他组织作为原告，要求法院启动审判程序，就自己提出的诉讼请求进行审判并给予司法保护的程序性人权；起诉权是诉诸司法的权利，但当事人不是为起诉而起诉，而是要求法院公正审判以保护其合法权益；起诉权是一种自然权利和基本人权；起诉权的工具性价值是启动整个诉讼程序的原动力，是基石性诉权，目的性价值是启动审判权以保障起诉人的实体权益和解决民事纠纷。本书第一次运用诉讼成立要件、诉讼要件、权利保护要件等学说全面分析了我国民事诉讼法和司法解释有关当事人起诉条件的规定，指出了各个有关规则的不当并尝试提出了修改方案。

第二，通过法律实证分析方法，调查研究起诉难问题，具有研究方法上的创新。作者运用数据分析、问卷调查、实地走访等方法进行的调查工作细致而深入，第一次在民诉学界通过有力的证据证明了当事人起诉权被忽视、存在起诉难的状况，从而为学界提出的立案登记制改革提供了有说服力的论证。作者对于起诉难存在的领域及其原因的分析透彻，认为普通民事案件起诉难问题并不突出，其主要存在的领域是新型疑难、敏感民事案件和群体性纠纷案件，并进而指出，立法缺陷（如起诉条件过高）、审慎立案的司法政策、法院的资源缺乏和司法能力有限、法院规避和降低审判风险、司法不作为等因素制约了当事人起诉权的行使和造成了起诉难，得出的结论有很强的说服力。

第三，作者提出了起诉难的解决路径与立法建议，具有立法上的参考价值。作者高调倡导诉权入宪，无疑是对民事诉权在司法制度中价值地位的重新构建，具有人权理念上的创新，对正确理解民事诉讼目的和实现民事诉讼法的最高目标以及司法改革都具有重要的意义。作者建议在民事诉讼法典总则中规定私益诉权和公益诉权，建立公益诉讼制度。针对理论界主张的立案登记制和实务部门坚持的立案审查制的观点，认为不宜“一刀切”，应采取“区别对待”的方针，提出“以立案登记制为原则、立案审查制为例外”的改革建议。对于法院既不立案又不作出不予受理裁定，提出起诉人可以向上一级法院申诉或起诉以及检察机关向法院发出纠正违法通知书的方式进行检察监督之建议，能够有效地解决司法实践中的突出问题。

柯阳友同志从教多年，又攻读博士学位三年，具备扎实的理论功底，他刻苦勤勉，善于思考与创新，是近年来我国民事诉讼法学界成果较为丰硕的中青年学者之一。我衷心祝愿他在今后的科研工作中取得新的进步，为我国民事诉讼法学的发展作出更大的贡献。

是为序。

中国人民大学法学院教授、博士生导师 江伟

中国法学会民事诉讼法学研究会名誉会长

2011 年 8 月 3 日于世纪城时雨园

前　言

为什么研究起诉权?

研究起诉权,有助于诉权研究的深化和具体化,有助于解决诉权研究中存在的问题。诉权是民事诉讼的核心概念,也是民事诉讼的理论基础。我国学界关于诉权研究主要有三个特点:诉权研究的成果多①;诉权研究存在的问题多,如诉权的定义不统一、对诉权的认识存在诸多分歧;研究诉权难,尽管有着民事诉讼理论中的"哥德巴赫猜想"之美誉,"诉权这一概念多义性,给研究者布下了一个真正的迷宫,这座迷宫里道路交错乱杂,很容易使研究者脱离正道,误入歧途,或者有时使他贪便宜走了近道,但是实际上没能真正解决问题"②,但不同时代不同国家的学者对诉权的内涵、性质等基本问题苦苦求索,乐此不疲,形成了诸多的诉权学说和理论流派,诉权理论成为民事诉讼理论中最为复杂、最有争议的理论和久盛不衰的论题。江伟先生在谈到《民事诉权研究》一书的写作意图时指出:"当初在立项时,有不少学者及同行跟我说,'诉权'这东西在理论上太抽象,虽有很高的理论价值,但研究起来难度很大,是个吃力不讨好的选题。

---

① 有关诉权研究仅专著就有:江伟、邵明、陈刚:《民事诉权研究》,法律出版社2002年版;刘敏:《裁判请求权研究——民事诉讼的宪法理念》,中国人民大学出版社2003年版;左卫民等:《诉讼权研究》,法律出版社2003年版;相庆梅:《从逻辑到经验——民事诉权的一种分析框架》,法律出版社2008年版;任瑞兴:《在价值与技术之间:一种诉权的法理学分析》,法律出版社2010年版等。

② 〔苏〕M. A. 顾尔维奇:《诉权》,康宝田、沈其昌译,中国人民大学出版社1958年版,第3页。

不过我认为‘诉权’不应该仅是一个纯理论课题，也应该是一个与普通百姓的日常生活有密切联系的实践性课题。也就是说，‘诉权’是实践的，而不仅仅像大多数教科书写的那样，是一个玄而又玄的抽象概念。我想建立一个保护普通大众的合法权益的诉权理论。”[①]

我国民事诉讼理论研究重“诉权”轻“起诉权”，注重宏观层面的诉权和微观层面的诉讼权利、起诉与受理制度的探讨，对中观层面的起诉权研究极少，三者之间出现断层和脱节。一方面，不少学者仅将起诉权隐于诉权之中予以论述。但是，从学者们对诉权的内涵和保障的论述来看，其阐述的对象主要指起诉权或者说以起诉权为样本。另一方面，学界从制度层面和行为层面对起诉与受理制度进行了一定的研究，主要采用了规范分析的方法，鲜见采用调查研究和实证分析的方法，起诉难限于感受而没有实证调研。诉权与诉讼权利、起诉和受理制度之间因缺失起诉权而出现断层的现象。

研究起诉权的实践价值，在于分析和解决起诉难问题。张卫平先生指出：在民事司法领域历来有“三难”的说法，即起诉难、再审难和执行难。“三难”问题几乎是伴随着改革开放后民事诉讼法的实施而出现和存在的，虽然发生在司法的不同的阶段，但实际上却在某种程度上反映了我国司法的相同问题，是典型的“中国问题”。起诉难问题主要源于我国特有的一种超法律规范的司法政策限制。这种司法政策限制主要是基于我国的现实状况、实质正义优先、传统意识以及治理习惯等因素。但这种调整以牺牲法律和司法的权威性以及法律的普遍性为代价，不利于我国的法治建设。随着法律调整范围的扩大和法律体系的完善，这种政策性调整的适用应当逐步加以限制以至最终取消。[②]对起诉难问题进行考察与分析，有助于了解起诉难存在的制度环境和社会因素，有助于认识起诉与受理制度的实然与应然，有利于分析起诉权保障存在的问题并找出解决问题的方案。

本书由起诉权基础理论、比较论、运作论、保障论等四章和附录“诉权新论”构成。以下是笔者的一些重要观点：

对诉权的理解与认识是研究起诉权的逻辑前提。诉权是当事人享有提起诉讼或者应诉并要求法院作出公正裁判以保护其民事权益的权利，它包括起诉权、反诉权、上诉权、再审诉权和应诉权。起诉权、上诉权、再

---

① 江伟等：《民事诉权研究》，法律出版社2002年版，第365—366页。

② 张卫平：《起诉难：一个中国问题的思索》，载《法学研究》2009年第6期。

审诉权是启动诉讼程序的诉权,但也包涵了在相应诉讼程序中进行诉讼的权利。应诉权是指应诉一方当事人所享有的进行诉讼并要求法院作出公正裁判的权利。这些诉权类型不只是要求或接受法院审判,更重要的是要求法院公正地审理和裁判,其具体表现为程序上平等权、适时审判请求权、权利有效保护请求权、听审请求权和公正程序请求权等五个方面的权利。诉权是程序性权利,不是实体性权利,但渗透着实体权益的因素。诉权是一种潜在和动态的权利,贯穿于诉讼的全过程。诉权是诉讼权利的权源,是当事人实施攻击防御方法的根据。诉权分为宪法层次、诉讼法抽象层次与具体层次。非讼程序和执行程序存在准诉权。准诉权是指在非讼程序或执行程序中,当事人享有启动和参与非讼程序或执行程序并要求法院依法行使审判权或执行权的权利,其通常表现形式是申请权。

起诉权是公民、法人或者其他组织作为原告,要求法院启动审判程序,就自己提出的诉讼请求进行审判并给予司法保护的程序性人权;起诉权是诉诸司法的权利,但当事人不是为起诉而起诉,而是要求法院公正审判以保护其合法权益;起诉权是一种自然权利和基本人权;起诉权的工具性价值是启动整个诉讼程序的原动力,是基石性诉权,目的性价值是启动审判权以保障起诉人的实体权益和解决民事纠纷。起诉权是诉权最典型、最充分的体现,是诉权的核心内容,在诉权体系中处于非常重要的地位。按照“层次论”,起诉权是最重要的一种诉权而不是诉权的全部内容,是处于第三层次的具体诉权,但第一层次和第二层次的诉权的核心内容是起诉权。若从第一层次和第二层次中去掉了起诉权的内容,就会变得空洞无物。起诉权体现和承载了诉权的精髓,是诉权的权利品格的经典表现形式。如果没有起诉权,上诉权、再审诉权、应诉权就成为无源之水、无本之木。

作为诉权核心内容的起诉权得到了外国宪法和人权公约的确认。起诉权是宪法性权利,具有抽象性;又是诉讼法的一种诉权类型,具有具体性。起诉权具有启动第一审程序和接近正义、保障实体权益和解决民事纠纷、贯彻司法最终解决原则、发挥和拓展司法功能等功能。起诉权是纠纷可诉性得以实现的权利依据,当事人通过行使起诉权使可诉性纠纷得以获得司法救济。纠纷的可诉范围大小也影响起诉权的实现。起诉权是审判权存在的前提和基础,起诉权的实现依赖于审判权。审判权对于起诉权具有应答性,起诉权制约审判权。起诉权的行使是当事人行使诉讼权利的前提条件,诉讼权利是起诉权的实现手段,二者的终极目的具有同一性。我国古代起诉制度对起诉权作了许多限制性的规定,但也有先进之处,有些立法规定的制度甚至是当今中国民事诉讼法所望尘莫及的。例如,规定了应当受理而不予受理的法律责任,特别是侵犯原告的起诉权要承担刑事责任。

我国的起诉条件过高,包含了大陆法系的起诉要件、诉讼要件和部分胜诉要件,隐含政策性条件。大陆法系为了保障民众接近司法的权利,采取"先松后紧"的措施,区分起诉要件与诉讼要件,法院在对起诉权的审查的第一阶段,仅对起诉要件实行形式审查,实行立案登记制;第二阶段,对是否具备诉讼要件进行诉讼审理。英美法系仅对起诉作形式上的限制,也实行立案登记制。我国为了实现控制滥诉和其他目的,采取"先紧后也紧"的制度设置,将起诉要件和诉讼要件揉合在一起,在诉讼系属之前进行审查,即使立案后仍进行诉讼要件的二次审查。立案审查制与立案登记制的重大区别是,前者在诉讼系属之前对起诉要件与诉讼要件一并审查,决定是否立案,起诉权行使的结果既有可能启动诉讼程序也有可能不能启动诉讼程序,后者是对符合起诉要件的先登记立案后再审查诉讼要件,起诉权的行使没有遇到障碍,因为当事人非常容易达到起诉要件的要求(提交合法的起诉状和交纳案件受理费)。

关于起诉难存在的领域,经过调研得出的结论是,普通民事案件起诉难问题并不突出,起诉难主要存在于新型疑难、敏感民事案件和群体性纠纷案件。立法缺陷(如起诉条件过高)、审慎立案的司法政策、法院的司法资源欠缺和司法能力有限,法院规避和降低审判风险、司法不作为等因素是造成当事人起诉难的主要原因。

笔者尝试为解决起诉难和完善起诉权的保障开出了良方:将诉权写入宪法,"诉权入宪"的核心是起诉权入宪;建议在民事诉讼法典总则中规定私益诉权和公益诉权,建立公益诉讼制度;针对理论界主张的立案登记制和实务部门坚持的立案审查制的观点,认为不宜"一刀切",应采取"区别对待"的方针,提出"以立案登记制为原则、以立案审查制为例外"的改革建议;完善起诉权的诉讼法救济制度,对于法院既不立案又不作出不予受理裁定,提出起诉人可以向上一级法院申诉或起诉以及检察机关向法院发出纠正违法通知书的方式进行检察监督之建议;建立起诉权的宪法救济制度;完善妨害起诉权的责任制度,妨害起诉权的行为除承担行政责任外,还应承担民事诉讼法律责任;等等。

目 录

第一章 起诉权基础理论

一、起诉权的概念

（一）起诉权的界定

我国民事诉讼法教科书只在第一审普通程序中对起诉进行定义，而未阐释起诉权，这是因为民事诉讼理论研究重“诉权”轻“起诉权”，注重宏观层面的诉权和微观层面的诉讼权利、起诉与受理制度的探讨，对中观层面的起诉权研究极少。学界对起诉的定义大同小异，通说认为，起诉是指公民、法人或者其他组织，认为自己所享有的或者依法由自己支配、管理的民事权益受到侵害，或者与他人发生民事权益的争议，以自己的名义请求法院通过审判予以司法保护的诉讼行为。

顾尔维奇认为，诉权具有三种不同的意义（含义）：一是程序意义上的诉权，即起诉权；二是实体意义上的诉权；三是认定诉讼资格意义上的诉权。并认为，如果把就民事纠纷向法院提出请求的权利理解为公民所享有的、利用审判和请求审判的能力（这种能力是与审判民事案件的一般国家职能相对应的），那么，所谓起诉权就应当理解为促成并坚持某一具体民事权利纠纷的法庭审理以求得解决的权利，也就是要求对具体民事案件进行审判的权利。[①] 起诉权所涉及的就是针对一定案件而表现出来的（具体化了的）向法院提起民事诉讼的权利能力。[②] 但是，起诉权并不

---

① 〔苏〕M. A. 顾尔维奇：《诉权》，康宝田、沈其昌译，中国人民大学出版社 1958 年版，第 47 页。

② 同上。

是法律所保护的利用审判的一般能力(即向法院的请求权)的唯一表现形式,应诉权、参加已发生的诉讼的权利、保全诉讼的权利、上诉权、要求采取强制执行措施的权利也都是利用审判的一般能力的表现形式。这些向法院的请求权形式,就像是这种权利在案件进行过程中逐步发展和展开的各个阶段。所有这些形式在法律性质上都是相同的,但是作为统一的向法院的请求权的各个发展阶段,它们又是各不相同的。[①] 顾尔维奇还认为,起诉权的一个重要属性是它的独立性。这种属性并不是指起诉权完全不以当事人向法院提出的请求所涉及的民事法律关系的性质和实质为转移,而是指起诉权不以起诉人是否有理为转移,也就是说,不论起诉人所主张的权利实际为他所有还是主张错误,都不影响他的起诉权。起诉权的目的在于获得法院就民事纠纷的实质所做的判决。不论判决的内容和性质如何(有利于原告或不利于原告),获得判决始终是起诉权的对象和最终目的。[②]

据笔者掌握的资料,我国关于起诉权的定义主要有以下几种:(1) 起诉权是公民、法人或其他组织为了维护自己的合法权益而要求国家审判机关行使司法权的一项重要的权利。[③] (2) 起诉权是冲突主体的一方作为原告向法院提起诉讼请求法院给予诉讼保护的权利。[④] (3) 民事起诉权是指当自然人、法人之间或他们相互之间的民事权益发生争执或出现不稳定状态,一方向法院起诉,请求法院依法裁决的权利。[⑤] (4) 民事起诉权是当事人一项重要的诉讼权利,它是指民事主体认为自己的合法权益受到侵害或与他人发生争议时,享有的作为原告提起诉讼要求国家司法机关予以救济和保护的权利,即发动民事诉讼程序的权利。[⑥] (5) 起诉权是指程序意义上的诉权,即原告(指公民、法人和非法人团体)因自己或依法由自己保护的人的合法权益受到侵害或发生争执时,有向人民

---

① 〔苏〕M. A. 顾尔维奇:《诉权》,康宝田、沈其昌译,中国人民大学出版社 1958 年版,第 47 页。

② 同上书,第 49 页。

③ 张卫平:《民事诉讼法》,法律出版社 2004 年版,第 270 页。

④ 蔡彦敏:《民事诉讼主体论》,广东人民出版社 2001 年版,第 132 页。

⑤ 崔峰:《敞开司法之门——民事起诉制度研究》,中国政法大学出版社 2005 年版,第 14 页。

⑥ 梁宏辉:《论民事起诉权》,载《天水行政学院学报》2006 年第 4 期。

法院请求司法保护的权利。[①]

我国《民事诉讼法》第49条第1款规定:“公民、法人和其他组织可以作为民事诉讼的当事人。”据此,人们一般将起诉权的权利主体界定为公民、法人或其他组织,其特点是明确、具体、全面,相当于任何人或者人人。[②] 人权公约和外国宪法规定起诉权的主体是任何人或者人人,这是因为起诉权是任何人享有诉诸司法的一种基本人权。但有的学者主张应限定为民事主体是不妥当的,因为民事主体与诉讼主体既有一致性又有分离性,如其他组织是诉讼主体但没有被《民法通则》确认为民事主体。起诉权的义务主体是享有司法权(审判权)的法院和法官,但我国实行的是法院独立审判而不是法官独立审判,因此义务主体是法院。笔者认为,起诉权是公民、法人或者其他组织作为原告,要求法院启动审判程序,就自己提出的诉讼请求进行审判并给予司法保护的程序性人权。“作为原告”一词是为了将起诉权与上诉权、再审诉权等区分开来。

从外在表现形式看,起诉权是诉诸法院的权利;但从实质看,起诉权不仅是诉诸法院的权利,还包含着公正审判请求权,要求法院给予司法保护和司法救济。当事人行使起诉权启动诉讼程序既是手段又是目的,但不是唯一目的,程序性目的是启动诉讼程序使纠纷或者案件形成诉讼系属状态,实体性目的是保护合法权益、解决纠纷(即通过法院审判解决实体权利义务的争议)。尽管民事审判中实体公正与程序公正既有内在联系又有各自的评判标准,民事诉讼是民事诉讼法与民事实体法相互作用的“场”,但正因为起诉权和应诉权中包含了公正审判请求权,当事人不服或者认为裁判有错误,法律赋予其上诉权或者再审诉权。所以,起诉权是程序性人权,既包括诉诸法院的权利(程序启动权),也包括公正审判请求权,后者体现了起诉权这种程序性权利渗透着实体权益的因素,旨在求得司法保护。

诉权是民事诉讼的核心概念,也是民事诉讼的理论基础。诉权是研究起诉权的逻辑前提。诉权的定义不统一、概念不确定、对诉权的认识存在诸多分歧、研究不够深入的现状仍然是一个非常突出的问题,这源于诉

① 杨富元等:《谈谈民事诉讼中的起诉权与胜诉权》,载《法学评论》1985年第3期。

② 应当说明的是,我国《民事诉讼法》在第四编“涉外民事诉讼程序的特别规定”中规定了外国人、无国籍人、外国企业和组织依法享有在我国进行民事诉讼的起诉权和应诉权。

权理论本身是一个极其抽象而深奥、极为复杂的研究课题。为了进一步明确起诉权的内涵和在诉权的权利体系中的地位和作用,有必要阐述笔者对诉权的粗浅认识。[①]

诉权是当事人享有提起诉讼或者应诉并要求法院作出公正裁判以保护其民事权益的程序性人权,包括起诉权、反诉权、上诉权、再审诉权和应诉权。

对于民事纠纷的双方当事人来说,都享有起诉权,而且是平等的。任何一方当事人都有权首先向法院提起诉讼,而一旦一方当事人起诉后,另一方享有的起诉权表现为反诉权。反诉权是指原告起诉后,被告为抵销、吞并原告诉讼请求而在同一诉讼程序中向法院提起诉讼的权利。本诉的被告在反诉中称为"反诉原告",本诉的原告称为"反诉被告"。反诉权是一种特殊形式的起诉权,是被告针对原告起诉权的攻击性权利,具有平等保护双方当事人的合法权益、避免法院作出相互矛盾的判决和实现诉讼经济的功能。对于被告反诉权的行使条件,理论界的通说认为除了符合起诉条件外,还有额外附加的限制条件,如要求反诉与本诉基于同一法律关系或同一法律事实而有牵连关系;有独立请求权的第三人是以起诉的方式参加诉讼,在诉讼中的地位相当于原告,既对抗本诉的原告,又对抗本诉的被告,其诉权实质上也是一种特殊形式的起诉权。

上诉权是指当事人不服第一审法院所作出的判决和裁定,在法定期限内要求上一级法院撤销或者变更一审裁判的权利。上诉权的行使是上一级法院开始第二审程序的唯一依据。根据我国民事诉讼法的规定,上诉权是一种普遍的、绝对的诉权。说其普遍,在于享有上诉权的主体是非常广泛的,一审程序中的当事人都可以作为上诉人,包括原告、被告、共同诉讼人、诉讼代表人、有独立请求权的第三人以及判决承担民事责任的无独立请求权的第三人。说其绝对,理由是民事诉讼法没有对上诉权进行实质性的限制[②],所以司法实践中不存在"上诉难"问题。我国《民事诉讼法》第 140 条赋予原告对不予受理的裁定、驳回起诉的裁定的上诉权,以及最高人民法院《关于适用〈中华人民共和国民事诉讼法〉若干问题的意见》(以下简称《适用意见》)第 208 条规定可以申请再审,是对起诉权的

① 研究起诉权离不开诉权,因此笔者简要阐述了对诉权的理解,详细内容参见本书的附录"诉权新论"。

② 尽管提起上诉有四个条件:提起上诉的主体必须合格、客体是依法允许上诉的裁判、必须在法定期限内上诉、必须提交上诉状,但这些都不是实质性的限制条件。

救济和保障。再审诉权,又称申请再审权,是指当事人认为已经发生法律效力的判决、裁定、调解书在实体和程序上存在重大瑕疵即具有申请再审的法定事由,要求法院撤销原裁判并对案件再次进行审理的权利。

起诉权、上诉权、再审诉权是启动诉讼程序的诉权,基于诉权平等和审判权平等保护双方当事人的原理,应诉方享有的诉权是应诉权。应诉权是指应诉一方当事人所享有的进行诉讼并要求法院作出公正裁判的权利,是其享有和行使诉讼权利、实施诉讼行为的根据,具有对抗起诉方的诉权的功能。民事诉讼法为了保障应诉权,根据诉讼地位和诉讼程序阶段给应诉一方当事人配置了一系列诉讼权利,如答辩权、提出管辖权异议、委托诉讼代理人、申请回避、收集和提供证据、质证、申请不公开审理、辩论权等。应诉权既是对应诉一方当事人享有的诉讼权利的抽象概括,又是其享有的诉讼权利的权利来源。

诉权的性质是程序性人权,但渗透着实体权益的因素。首先,诉权是一种基本人权。现代社会中,人权的核心内容是基本人权(或称基本权利、宪法权利)。所谓基本人权,是指对于人的生存和发展具有重要意义的权利。平等权、自由权、参政权、人身权、财产权等权利是人依法享有的具有直接、具体的物质利益或精神利益的实体性人权。诉权是人为了保障实体性人权得以实现或不受侵犯而依法享有的要求法院公正审判的一种程序性人权。从本质上看,诉权既是实体性人权的救济手段,又是救济性的基本人权。其次,诉权是程序性权利,不是实体性权利,但渗透着实体权益的因素。最后,诉权的法律渊源是宪法和诉讼法,是一种公法上的权利。

理论上,诉权可以分为三个层次。第一,宪法层次的诉权。诉权是公民的基本权利,是公民人权的重要内容,是公民获得司法救济的前提和基础。作为宪法层次的诉权,它并不是在诉讼中产生的,而是人的一项固有权利,该权利不可转让、不可剥夺。人权宣言、人权公约和外国宪法中有关诉权的规定,即属于宪法层次的诉权。我国宪法没有明确规定诉权。第二,诉讼法抽象层次的诉权。它是连接宪法层次的诉权与当事人在具体的诉讼活动中所享有和行使的诉权的桥梁和纽带。它一般规定在诉讼法典的总则中,例如,《法国新民事诉讼法典》第 30 条规定:“对于提出某项请求的人,诉权是指其对该项请求之实体的意见陈述能为法官所听取,以便法官裁判该请求是否有依据的权利。对于他方当事人,诉权是指辩论此项请求是否有依据的权利。”[①]《俄罗斯联邦民事诉讼法》第 3 条规定:“任何利害关系人都有权按照法律规定的程序,请求法院保护被侵犯或有争议的权利或合法利益。法院不得拒绝请求。”[②]我国三大诉讼法典均没有规定这种层次的诉权。在诉讼法典中规定诉权,不仅可以强调对当事人实体权利与程序权利的保护,而且可以为诉权入宪打下部门法基础。第三,诉讼法具体层次的诉权。它是指当事人在具体的诉讼活动中所享有和行使的诉权,如起诉权、上诉权、再审诉权和应诉权等权利。我国三大诉讼法只是在这个层次上规定了一些具体的诉权。

在以上三个不同层次的诉权中,起诉权本质上是诉诸司法的权利,是打开司法之门的钥匙,是整个诉讼程序的原动力,因而宪法和诉讼法典规定的诉权主要是指诉诸司法的权利或者提起诉讼的权利。虽然按照“层次论”,起诉权是处于第三层次的具体诉权,但第一层次和第二层次的诉权的核心内容同样是起诉权,如果从第一层次和第二层次中去掉了起诉权的内容,就会变得空洞无物,也不能称为诉权了,因为起诉权体现和承载了诉权的精髓,是诉权的权利品格的经典表现形式。如果没有起诉权,上诉权、再审诉权、应诉权就成为无源之水、无本之木。

诉权是一种动态的权利,贯穿于诉讼的全过程。诉讼活动和诉讼程序的运作是双方当事人的诉权与法院的审判权的交互作用的结果。为了保障起诉权和应诉权在一审程序中发挥其应有的功能,诉讼法给双方当事人配置一系列的诉讼权利,以便他们实施攻击防御行为。一审裁判后,如果双方不服一审裁判,均可行使上诉权而提起上诉,启动第二审程序。诉权是诉讼权利的基础,而诉讼权利则是诉权在诉讼中的具体表现形式。

如果诉权缺失,会导致实体性的基本人权、其他人权失去保障,会对人的生存和发展、尊严和价值造成重大的不利影响,因此诉权对于每个人具有不可或缺的价值。诉权是一种潜在的权利,可以备而不用,当需要维护自己的合法权益时,就可以运用诉权、通过审判权来解决问题。[③] 一个人没有打过官司,并不表明他没有诉权,只是表明他没有行使诉权,原因是可能其权益没有侵害或者没有发生纠纷,抑或是权益受到侵害或与他

---

① 《法国新民事诉讼法典》,罗结珍译,中国法制出版社 1999 年版,第 9 页。

② 《俄罗斯联邦民事诉讼法·执行程序法》,张西安、程丽庄译,中国法制出版社 2002 年版,第 2 页。

③ 柯阳友:《诉权及其入宪的意义》,载《团结》2008 年第 5 期。

人产生纠纷后通过非诉讼纠纷解决机制化解了纠纷、填补了损害。

（二）起诉权的人权公约、宪法和法律确认

其一，人权公约将诉权确定为基本人权，作为基石性诉权的起诉权得到了人权公约的确认。1948 年的《世界人权宣言》第 8 条规定："任何人当宪法或法律所赋予的基本权利遭受侵犯时，有权向有管辖权的法院请求有效的救济。"第 10 条规定："人人于其权利义务受判定时及被刑事控告时，有权充分平等地获得独立、公正的法院进行的公正、公开的审理。"1966 年的《公民权利和政治权利国际公约》第 14 条第 1 款规定："法院面前人人平等，在审理对被告人的刑事指控或确定当事人的民事权利与义务时，人们有权获得依法设立、有管辖权、独立、公正的法院的公正、公开的审理。"1950 年的《欧洲人权公约》第 6 条第 1 款规定："在确定当事人的民事权利与义务或审理对被告人的刑事指控时，人们有权获得依法设立的独立、公正的法院在合理的期限内公平、公开的审理。"应当指出的是，在《欧洲人权公约》中，"诉诸法院的权利"虽然仅仅以一种暗示的或有限的方式得到承认（如该公约第 13 条宣告"本公约中所承认的权利与自由受到侵犯的任何人都有权在国家机构得到实际的救济"），但是，欧洲人权法院承认人人都享有"诉诸法院的权利"，人人都享有"得到司法救济的权利"。① 1969 年的《美洲人权公约》除了有相似的内容外，还规定了上诉权、受赔偿权等。1981 年的《非洲人权和民族权宪章》第 7 条规定："人人享有对其诉讼案件要求听审的权利"，并将听审权的内容确定为起诉权、无罪推定权、辩护权和审判权。

其二，诸多国家的宪法直接或间接地肯定诉权为宪法基本权。尽管宪法上有关诉权的规定以及诉权的称谓有异，但是其涵义基本上是指请求法院司法保护的权利。作为诉权核心内容的起诉权得到了宪法的确认。比如，日本《宪法》第 32 条规定："任何人在法院接受审判的权利不得剥夺。"其第 76 条则明确地对一般的接近法院的权利予以补充规定：一切审判权归于依法设立的法院，任何组织或行政机构皆不享有终审权。人们将第 32 条规定的权利称为"接受裁判的权利"，并列入国民所享有

---

① 〔法〕让·文森、塞尔日·金沙尔：《法国民事诉讼法要义》（上），罗结珍译，中国法制出版社 2001 年版，第 101—105 页。

的“国务请求权与参政权”，强调此项权利对应的义务是法院不得非法“拒绝审判”。日本学界根据本国《宪法》第 32 条的规定，提出了“宪法诉权说”，将宪法上“接受裁判的权利”与诉权相结合以促使诉权再生，从而在宪法与诉讼法的联结点上成功地建构起宪法诉权理论。德国《德意志人民基本权利法》第 19 条第 4 款规定：“如权利遭受公共机构侵犯，任何人有权向法院提起诉讼。如普通法院之外的其他法院对此无管辖权，可向普通法院提起诉讼。”其第 103 条第 1 款规定：“任何人有请求法院裁判的权利。”意大利《宪法》第 24 条规定：“任何人为保护其权利和合法利益，皆有权向法院提起诉讼。”俄罗斯《宪法》第 46 条规定：“保障每个人通过诉讼维护自己的权利和自由。”美国宪法虽然没有明文规定诉权的字样和条款，但美国宪法修正案第 5 条和第 6 条规定了民众享有接受裁判的权利；第 7 条规定了公民有接受陪审团审判的权利；第 8 条和第 14 条规定了著名的正当程序条款，而这个条款隐含了诉权的含义。这些规定均可视为诉权的具体化内容。除此以外，美国《宪法》第 3 条还规定了可由联邦法院进行判决的案件或争议的三个条件。只要某个案件或争议具备这三个条件，就可向联邦法院提起诉讼。① 这就更加具体地规定了公民所享有的起诉权。我国的现行《宪法》虽然列举了公民享有较为广泛的权利和自由，但是没有规定诉权这种救济实体性人权的程序性人权。不过从我国《宪法》的总纲和有关法院及诉讼制度的规定（第 33 条、第 41 条、第 125 条、第 126 条、第 134 条旁敲侧击地涉及诉权的些许内容），以及我国已加入有关人权的国际公约这些事实，均可看出我国宪法事实上是肯定并积极维护国民诉权的。宪法和法律赋予国民以自由权、人身权和财产权等基本权利的同时，也赋予国民在这些权利受到侵害或发生争议时寻求诉讼救济的权利。笔者认为，我国宪法应当明确规定诉权，从而凸显诉权的宪法性地位和价值，也令法院承担“不得非法拒绝审判”的宪法上的职责。

其三，有的国家的民事诉讼法典规定了诉权，作为诉权核心内容的起诉权得到了法律的确认。例如，《俄罗斯联邦民事诉讼法》第 3 条（向法

---

① 以上人权公约和外国宪法条文，转引自江伟等：《民事诉权研究》，法律出版社 2002 年版，第 147—148 页；林喆主编：《公民基本人权法律制度研究》，北京大学出版社 2006 年版，第 90 页；相庆梅：《从逻辑到经验——民事诉权的一种分析框架》，法律出版社 2008 年版，第 219—220 页。

院请求司法保护的权利)规定:"任何利害关系人都有权按照法律规定的程序,请求法院保护被侵犯或有争议的权利或合法利益。法院不得拒绝请求。"《法国新民事诉讼法典》第30条规定:"对于提出某项请求的人,诉权是指其对该项请求之实体的意见陈述能为法官所听取,以便法官裁判该请求是否有依据的权利。对于他方当事人,诉权是指辩论此项请求是否有依据的权利。"江伟先生主持起草的《民事诉讼法典专家修改建议稿》第4条(诉权)规定:"当事人因民事权益或者法律规定的其他权利、利益受到侵害或者与他人发生争议,有权依照法律规定向人民法院提起诉讼,获得公正、及时的审判。人民法院不得拒绝审判。国家机关、社会团体以及个人对损害国家、集体或者公众民事权益的行为,依据本法以及其他法律规定,以自己的名义为受损害的单位或者个人向人民法院起诉的,适用前款规定。"在民事诉讼法中规定诉权,不仅可以强调对当事人实体权利与程序权利的保护,而且可以为诉权入宪打下部门法基础。诉权作为当事人请求法院对其民事权益予以审判保护的基本权利,其完整内涵不仅包括审判保护请求权,还应当包括公正审判请求权和及时审判请求权。[①] 笔者建议在全面修改我国《民事诉讼法》时,在总则中对诉权予以法律定义,可以规定:"诉权是指公民、法人或者其他组织因民事权益受到侵害或者与他人发生争议,享有提起诉讼、进行诉讼并要求人民法院公正审理和裁判的权利,包括起诉权、反诉权、上诉权、再审诉权和应诉权。"

应当指出的是,对于人权宣言、人权公约和外国宪法规定的上述权利,我国学界除称为诉权外,还有诉讼权、裁判请求权、接受裁判权(受审判权)、司法救济权等称谓。例如,诉讼权是指公民认为自己的合法权益受到侵犯时,享有的提起诉讼要求国家司法机关予以保护和救济的权利,即司法保护请求权。具体而言,公民诉讼权表现为各种类型诉讼中的起诉权、应诉权、反诉权、上诉权、再审请求权,等等。总而言之,凡属要求启动或参加司法救济程序进行裁判之权利,均属公民诉讼权。[②] 裁判请求

① 江伟主编:《民事诉讼法典专家修改建议稿及立法理由》,法律出版社2008年版,第7—8页。

② 左卫民、朱桐辉:《公民诉讼权:宪法与司法保障研究》,载《法学》2001年第4期。后来左卫民教授经过进一步研究将诉讼权的定义修正为:诉讼权是指公民在认为自己的合法权益受到侵犯或有纠纷需要解决时,享有的诉诸于公正、理性的司法权求得救济和纠纷解决的权利。参见左卫民等:《诉讼权研究》,法律出版社2003年版,第2页。

权是指任何人在其权利受到侵害或与他人发生争执时享有请求独立的司法机关予以公正审判的权利。它具体包括两方面的内容,一是诉诸法院的权利,即任何人在其民事权利受到侵害或与他人发生争执时,有请求独立的合格的司法机关予以司法救济的权利;二是公正审判请求权,即当事人在其权利受到侵害或与他人发生争执时有获得公正审判的权利,包括获得公正程序审判的权利和获得公正结果的审判的权利,即有公正程序请求权和公正结果请求权。[①] 受审判权,准确的称谓应该是接受公正审判的权利,根据联合国《公民权利和政治权利国际公约》第 14 条的规定,它意指人们享有的,由一个合格的、独立的、不偏不倚的法庭,公正地、及时地裁断其权利义务纠纷或对其的刑事指控的权利。从字面上来看,它包含两层内容:首先是人们在发生权利义务争议或面临刑事指控时享有到法院诉讼的权利;其次是诉讼过程当中,人们享有要求司法机关公正司法的权利。[②] 司法救济权是指,任何人当其宪法和法律赋予的权利受到侵害时,均享有向独立而无偏倚的法院提起诉讼并由法院经过正当审讯做出公正裁判的权利。[③] 上述概念的核心内容是任何人享有到法院提起诉讼的权利和要求法院公正审判的权利。司法独立是法治国家的题中应有之义,中立性是司法的本质属性,司法是正义的化身(接近司法、接近法院也常常称为接近正义),司法如果不公正就是司法的异化,司法独立和司法公正是上述权利得以实现的前提条件。尽管许多学者在著述中辨析这些概念的异同、区别与联系,笔者认为,即使它们之间在内涵和外延方面有些细微的差别,但本质上是相同的,鉴于我国理论界和司法实务部门已经广泛使用诉权一词,并已深入人心,使用诉权这个约定俗成的概念更妥当。

二、起诉权的性质

(一) 起诉权是自然权利

所谓自然权利,是指人拥有的基于人之本性的、不可剥夺和让渡的权

① 刘敏:《论裁判请求权——民事诉讼的宪法理念》,载《中国法学》2002 年第 6 期;刘敏:《裁判请求权研究——民事诉讼的宪法理念》,中国人民大学出版社 2003 年版,第 19、25 页。

② 宁立标:《论公民的受审判权及其宪法保护》,载《法律科学》2004 年第 2 期。

③ 苗连营:《公民司法救济权的入宪问题之研究》,载《中国法学》2004 年第 5 期。

利。人与人、人与社会、人与国家之间关系的建立和维持,乃是以人生来就享有自由和平等权利为基本的前提条件,这无疑是一种新的政治和法律文化的价值预设。国家一切政治权力运行的最根本和最终的目的在于维护和保障基于人之本性的、神圣而不可剥夺的权利的实现。[①] 根据自然权利说,任何一个人在社会和国家中都拥有诸如生命权、自由权、人身安全和追求幸福等基本权利,这些基本权利是由人之为人这一事实所引起,而非由国家政治或者任何别的社会组织所赋予。[②] 尽管以霍布斯、洛克、卢梭为代表的古典自然法学派提出、倡导的自然权利观念和学说均以自然状态的假说为前提而受到后世学者特别是法定权利论者的批判,但其把自然权利宣称为简单的、自明的、无需争辩的天赋人权是颇具有革命性意味和精神的。美国学者菲尼斯教授认为,"人权"是"自然权利"的现代用语,人权或自然权利都是基本的、一般的道德权利。特殊或具体的道德权利也可以被称为人权或自然权利,但我们更经常称这些权利为道德权利,当然他们源于一般形式的道德权利,即人权。[③] 我国学者李步云先生认为,人权是人依其自然属性和社会本质所享有和应当享有的权利。人权是为一定的道德理想与伦理观念承认与支持的人所应当享有的各种权益。人权主要有三种存在形态,即应有权利、法定权利、实有权利。人权从本来意义上讲是"应有权利",即人按其本性所应当享有的权利。人的"应有权利"一旦得到国家的法律的确认与保障,法定权利也就成了一种更具体与规范化的人权,可望得到切实实现。所谓"实有权利",是指人在社会现实生活中真正实现的人权。什么样的个人或群体应当或可以享有什么样的人权,法律或其他社会规范应当或能够对哪些人权予以规定和保障,总是受人类普遍认同的某些道德伦理所支持和认可的,其核心是正义理念、人道主义、平等思想与自由观念。[④] 可见,应有权利与自然权利、道德权利在本质属性方面具有共通性。当然,权利永远不能超出社会的经济结构以及由经济结构所制约的社会文化发展。一定社会历史阶段社会关系的性质与状况,以及与其相适应的社会经济与文化(包括道

---

① 赵明:《近代中国的自然权利观》,山东人民出版社 2003 年版,第 18 页。

② 同上书,第 10 页。

③ 〔美〕约翰·菲尼斯:《自然法与自然权利》,董娇娇等译,中国政法大学出版社 2005 年版,第 198 页。

④ 李步云:《法理探索》,湖南人民出版社 2003 年版,第 169—171 页。

德)的发展水平,决定着该时期人权的性质、状况与发展水平。徐显明先生认为,自然法理论是最早对人权进行分类的理论,自然法对人权所做的先于国家的人权与基于国家的人权的二分法直接影响了法国人权宣言。自然法思想在处理人与国家关系时所论证的重要法理,是人的价值在国家之上。虽然现代各种新法学观点大量涌现,但自然法理论在人权分类方面的作用仍是其他理论所无法替代的。①

在政治社会中,起诉权是任何人都享有的一项起码权利,是高于法定权利的道德权利。作为法定权利的起诉权只是起诉权的一种表现形态,是作为道德权利的起诉权向法定权利的形态变化,起诉权的法定权利形式源于起诉权的道德权利属性。起诉权的道德权利属性表明:(1) 实在法对起诉权的表现是不完全的,始终存在纯道德属性的起诉权;(2) 作为道德权利的起诉权是高于立法者的,甚至是高于立宪者的;(3) 起诉权的实现不仅是一个实现法律的问题,而且是一个立法作为的问题;(4) 起诉权不是立法者可以随意克减的,克减起诉权必须承担说理义务。② 原权利是不待他人侵犯而存在的权利,救济权是因原权利受到侵犯而产生的权利。原权利与救济权利的关系是两个独立存在的权利之间的关系,是一种不同权利的"功能关系",而不是"本体意义"上的关系。原权利受到侵害是救济权利启动的原因或法律上的"力",但是救济权利是独立存在的,它的存在不以原权利的存在为前提。起诉权的功能是救济性质的,但是它的本体是原权利,而不是救济权利。起诉权是一种原权利,来自于作为共同体一员的公民身份,甚至来自人的尊严。主权利是独立存在的权利,从权利是从属于主权利的权利。主权利与从权利之间的关系是"本体意义"的关联。起诉权是主权利,而不是从权利。③ 因为,起诉权不由实体权利所决定,不依赖于实体法而存在。早在新民主主义革命时期,我国的实体法几乎一片空白,但是,我党还是把人民的起诉权提升到人权的高度予以保护。1942 年陕甘宁边区政府公布的《陕甘宁边区保障人权财权条例》规定,边区内居民争讼事件,当事人有权自行向司法机关起诉,不得

① 徐显明:《人权的体系与分类》,载《中国社会科学》2000 年第 6 期。

② 参见周永坤:《诉权法理研究论纲》,载《中国法学》2004 年第 5 期。作者文中论述的对象为包括起诉权在内的各种诉权。

③ 同上。

拦阻或者越权加以处分,而且,司法机关不得收受任何费用。[①] 新中国成立之后,国家基于政治上的考虑等因素,废除了当时颇具一定立法水准的六法全书,又没有及时制定各类新法典,实体法严重缺位。尽管如此,公民的起诉权还是得到持续而有力的保护,诉讼案件的类型和数量逐年上升。从西方来看,法律的逻辑顺序是:利益、权利、义务、诉讼、救济。为了保护法律确认和界定的利益,它授予一项法律权利,这项权利得到相应的强制性义务的保证。为了实施这项义务,它允许一项最终以法律救济为目的的诉讼。但在历史上,发展的顺序则是相反的。例如,在英国法中,有人向国王控告,国王发给提供救济的令状,从这种令状中发展出了诉讼。在诉讼之后人们才最终看到义务被执行,法学家也看到了义务后面的相关权利。[②]

起诉权的道德权利属性和原权利、主权利的性质与地位也表明了它是一种自然权利。基于起诉权的自然属性和固有权利的特点,马克思在抨击普鲁士警察国家的法院剥夺起诉权时就深刻地指出:"应当承认,不承认私人在他的私事方面有起诉权的法律,也就破坏了市民社会的最起码的根本法。"否则,起诉权就"由独立的私人的理所当然的权利变成了国家通过它的司法官员所赋予的特权"。[③] 从诉讼程序来看,正是起诉权的行使才推动了审判权的运作,"不告不理"使得法官不能够主动地去受理案件。审判权既具有现实性,因为它直接对提起争讼的案件作出裁判;也具有潜在性,如果无人向法院提起诉讼,审判权也就一直处于一种"蓄势待发"的状态之中。

俞荣根先生认为,西方政治法律文化中一直有自然法的传统,我国古老的天理、国法、人情三角形链中蕴含着值得重视的现代法治的传统文化资源。它是一种无形的场,一种社会的习惯,一种历史的积淀,一种民族的心理,一种精神的力量。中国人在正义终于得到伸张时会说"天理昭昭",在谴责特别恶劣的犯罪时会说"伤天害理"、"天理难容"、"国法不

---

① 刘敏:《裁判请求权研究——民事诉讼的宪法理念》,中国人民大学出版社 2003 年版,第 103 页。

② Roscoe Pound, Jurisprudence, Volume 4, West Publishing Co., 1959, p. 34.

③ 马克思:《福格特先生》,载《马克思恩格斯全集》第 14 卷,人民出版社 1964 年版,第 686—687 页,转引自胡玉鸿:《在政治、法律与社会之间——经典作家论法官的角色定位》,载《西南政法大学学报》2004 年第 6 期。

容”,在讥讽死抱法条不切实情时会说“不通情理”。中国历史上立法者都说,他们制订的法是“明天理、顺人情”的。“天理”、“国法”、“人情”是中国古代政治法律生活中的常用词汇。“天理”即天之道、天之理。“国法”就是“王法”,代表“天子”。“人情”有时说的是私情,这时候说“人情大于王法”是贬义的;但在“天理”、“国法”、“人情”这一序列关系中的“人情”,更主要的含义是“民情”、“民心”,是“民”的对应概念。这种情况下说“法顺人情”,又是褒义的。“天理”来于“人情”,“天理”的内容就是民情、民心。“国法”渊源于“天理”,以“天理”为最高依据,而“国法”之“应天理”,就是“顺民情”、“从民心”。所以,是否合乎“天理”是评价“国法”好坏的标准,违背“天理”的“国法”会被认为是恶法、“非法之法”。“人情”必须得到“国法”的控制和矫治,不然,一切都顺着人情,人人都顺着人情,就会导致无序状态。但反过来,“国法”对“人情”的矫治和控制也必须顺人情而为,不是逆人情而为,必要时,还得应人情而有所变通。它们三者的关系不仅是中国古代官吏,也是普通老百姓的政治法律思维中的关注点。中国古代政治结构和法律体系的稳定,奥秘就在于天理、国法、人情三角形链的动态平衡,三者不断冲突,又不断整合。① 儒家的天理、国法、人情三者动态整合的思维方法和智慧对当代中国建设社会主义法治国家仍然具有一定的借鉴意义。我国的法治建设需要将现代西方法治理论和实践经验、社会主义原则与民族文化传统资源的创造性转化相互融合。起诉权作为一项基本人权,人人享有,人人平等,不可或缺,不能被剥夺,来自于我国传统文化的“天理”,与西方的自然法理论、天赋人权有异曲同工之妙。

(二)起诉权是程序性基本人权

作为基本人权范畴的起诉权,“它并不是在诉讼中产生的,而是所有人的一项固有权利,该权利不可转让、不可剥夺。”②一个人没有提起诉讼,并不表明他没有起诉权,而只是表明他没有行使起诉权。而且起诉权具有平等性,不能被剥夺。作为具体诉讼活动中的起诉权,我国《民事诉

---

① 俞荣根:《天理、国法、人情的冲突与整合——儒家之法的内在精神及现代法治的传统资源》,载《中华文化论坛》1998 年第 4 期。

② 朱兴文:《权利冲突论》,中国法制出版社 2004 年版,第 233 页。

讼法》对起诉权的行使规定了具体条件，当民事权益受到侵害或发生民事纠纷后，通过协商或其他方式不能维护自己的权益和解决纠纷，其中一方认识到通过法院有望解决，便行使起诉权而向法院提起诉讼，如果双方都意识到去法院解决，则先行使起诉权的一方成为原告，而晚一步的一方通过行使应诉权来陈述自己的主张和请求，也可以行使反诉权以抵销、吞并原告诉讼请求和维护自己的合法权益。

起诉权具有保障性和控权性。起诉权作为程序性基本人权，意味着只要民事权益受到侵害或者与他人发生民事纠纷，不管争议的标的额的大小和案件的性质、类型，都可以到法院起诉，通过法院利用司法制度来保障自己的实体性人权和解决民事纠纷。起诉权的权利主体具有广泛性，并不仅限于民事主体，公民、法人享有起诉权，其他组织和外国人也依法享有起诉权；起诉权的义务主体具有特定性，通说认为是法院，但从广义上看还包括立法机关和行政机关。起诉权的控权性体现在其对国家权力具有控制和制约功能，即以权利制约权力。起诉权具有主动性，审判权具有被动性。审判权对起诉权负有应答义务，对于当事人的起诉和提出的诉讼请求，法院不得拒绝受理，也不得拒绝裁判。当事人起诉到法院的目的是要求法院通过审理和裁判解决纠纷，而不是通过法院调解解决纠纷，调解也不是审判权的本质特征，因此法院调解必须以双方当事人自愿为前提，强迫或以裁判权为后盾迫使当事人接受调解是对起诉权的侵犯。此外，对于某些纠纷如劳动争议、拆迁纠纷，为其起诉权行使设置必要的前置程序必须要有法律的明确规定，而且其立法目的是为了更有效地保障合法权益，但也要尊重权利人的意愿。

（三）起诉权是基石性诉权

诉权是介入实体权利与诉讼权利之间的一种独立的权利，它既是实体权利遭到破坏的情况下，过渡到诉讼权利的媒介和桥梁，又是诉讼权利的取得、行使、受到尊重的基石。[①] 诉权的具体表现形态是起诉权、反诉权、上诉权、再审诉权和应诉权。起诉权是诉权的最典型、最充分的体现，是诉权的核心内容，是最重要的一种诉权。对于民事纠纷的双方当事人

---

① 李汉昌、刘田玉：《权利保护机制与程序的最佳选择》，载田平安主编：《民事诉讼程序改革热点问题研究》，中国检察出版社 2001 年版，第 32 页。

来说，都享有起诉权，而且是平等的。任何一方当事人都有权首先向法院提起诉讼，而一旦一方当事人起诉后，另一方享有的起诉权表现为反诉权。只有通过起诉权启动了第一审程序，才可能发生基于上诉权启动的上诉审程序和基于再审诉权或者法院、检察院依职权启动的再审程序。起诉权、上诉权、再审诉权是启动诉讼程序的诉权，基于诉权平等和审判权平等保护双方当事人的原理，应诉方享有的诉权是应诉权。当事人行使起诉权提起诉讼是启动诉讼程序和法院对民事案件行使审判权的原动力，是当事人寻求司法保护的起点。从起诉权在诉权体系中的地位和功能看，起诉权是基石性诉权。从人类社会的发展历史来看，社会共同体成员的实体权利和利益受到侵犯后不能得到及时、有效的司法救济，主要是由于起诉权受限制、无法接近法院和进入司法程序，其次才是由于审判不公正。从这个意义上讲，"无救济即无权利"这句古老法谚，在一定程度上可以用"无起诉权即无权利"取而代之。基本人权中倘若缺失了起诉权，则会使实体性基本人权失去以国家强制力作为后盾的司法保障，因为起诉权是人由社会人成为"法律上的人"的基础性权利。

三、起诉权的功能

（一）启动第一审程序和接近正义

不告不理原则是指对未经起诉的事情法院不予受理的诉讼原则。即刑事诉讼必须有公诉人或自诉人起诉，民事诉讼和行政诉讼必须有原告人提出诉讼请求，法院才得受理；并在审理中受原告人提出的诉讼请求范围的约束，不审理诉讼请求范围以外的问题。[①] 这也被有的学者称为审判启动方面的被动性或应答性特征，而且也被视为司法活动区别于行政活动的一项重要标志。[②] 不告不理体现了"无诉即无审判"的诉讼原理，有利于法院保持其公正和中立的立场。不告不理原则有三个方面的要求：(1) 当事人未"告"的案件，法院不得开始和进行审判。由于实行诉审分离、审级制度、法院独立审判，不告不理原则的约束范围包括民事审

① 《中国大百科全书·法学》，中国大百科全书出版社 1984 年版，第 28 页"不告不理"词条。

② 参见陈瑞华：《刑事审判原理论》（第 2 版），北京大学出版社 2003 年版，第 8 页。

判的所有程序（第一审程序、第二审程序、再审程序[①]以及非讼程序）。(2)“理”的范围应限于“告”的范围之内。如《民事诉讼法》第151条规定：“第二审人民法院应当对上诉请求的有关事实和适用法律进行审查。”(3)法院不得对原告放弃“告”即撤回起诉的案件再进行审判。我国民事诉讼法规定是否准予撤诉由法院裁定，体现了法院对当事人处分权的干预，但有悖于不告不理原则。大多数国家规定一审中的撤诉发生在对方当事人实际答辩之后的，应当征得对方当事人的同意。不告而理背离了不告不理原则。不告而理是指未经当事人“告”，法院主动对案件进行审判。按照司法最终解决原则，法院应为当事人提供司法救济的途径并解决民事纠纷，即应当有告必理而不应告而不理。有告必理是指法院对于原告提起的民事诉讼应当受理并作出裁判。告而不理是指法院对于原告提起的民事诉讼不予受理或者驳回起诉。但当事人提起民事诉讼即起诉应当符合一定的条件。我国起诉与受理制度的关键问题在于立法对起诉条件的合理设定和法院对起诉条件的正确适用。

从不告不理原则和无诉即无审判的原理出发，诉对审判和诉讼程序开始的作用应当是决定性的。当事人的诉凡符合法定要件和具体要求，提出的程序合法，且不属于法定不予受理的情形，则必产生法院受理该诉并开始审理的结果。如果是起诉，就引起第一审程序的开始，导致第一审法院的审理得以进行；如果是上诉，则引起第二审程序以及第二审法院审理的开始。我国民事诉讼法允许当事人对不予受理的裁定和驳回起诉的裁定提出上诉和申请再审，实际上就是承认了合法的诉对审判开始的制约作用，承认了诉对诉讼程序开始的决定意义。诉如果对审判的开始无决定作用，诉就无法制约法院的受理权，其后果是受理权必被滥用，造成该受理的诉被拒之门外，不该受理的诉却顺利引起审判的开始。[②] 从我国现行的起诉与受理制度来看，原告虽然提起民事诉讼，但若法院不受理，起诉就不能导致审判和第一审程序的开始，起诉权的行使并不必然引起第一审程序的开始，因此司法实践中存在“起诉难”、“立案难”的现象。尽管在这种职权主义的诉讼模式下，第一审程序的启动仍然要依赖当事

---

① 我国《民事诉讼法》规定法院可以依职权发动再审，违反了不告不理原则，遭到了学界的非议和指责。

② 张晋红：《民事之诉研究》，法律出版社1996年版，第24—25页。

人行使起诉权,只有基于起诉权启动了第一审程序,才有可能发生一审当事人通过行使上诉权而启动第二审程序,以及当事人行使再审诉权、法院依职权发动、检察院抗诉引起的再审程序,因此,起诉权是整个诉讼程序启动的原动力。

宪法和法律赋予国民以自由权、人身权和财产权等权利,同时也相应地赋予在这些权利受到侵害或者发生争议时拥有平等而充分地寻求诉讼救济的权利。国家必须对国民开放民事诉讼制度,使国民享有向国家请求利用这一制度的权能,即起诉权。20 世纪 60 年代以来,许多西方国家在国民的诉讼需求大幅度上升,甚至出现局部性“诉讼爆炸”现象以及纠纷复杂化等背景下,掀起了“接近正义/司法”(access to justice)的运动,其目的在于保障国民接近和利用司法的权利,为国民寻求法律救济,实现个案正义创造更好的制度条件。[①] 在法治社会,法院是公平和正义的象征。国民享有起诉权为其提供了接近正义(或接近司法)、利用司法制度的机会,而行使起诉权提起诉讼并启动第一审程序是获得司法救济、实现正义的前提和基础。法院作出一审裁判后,如果当事人不服行使上诉权则启动第二审程序;若认为生效裁判有错误,行使再审诉权而启动再审程序。因此,起诉权的重要功能是启动第一审程序和接近正义。

意大利法学家卡佩莱蒂将现代民事诉讼的基本理念概括为程序保障和接近正义,论述了实效性接近司法救济之权利,认为应当扩大司法救济的范围,司法应能有效地为所有人接近,而不仅仅是在理论上承认对于所有人可以接近。影响当事人实效性接近司法救济的障碍主要有五个方面:(1) 律师费;(2) 法院成本和其他经济负担;(3) 诉讼的必要费用与诉讼标的额的比例不均衡;(4) 诉讼迟延;(5) 其他接近司法救济的事实上的障碍,如对专家协助日益增长的需求、当事人的愚昧无知等。[②] 有学者认为,诉讼迟延是影响民事司法制度的一个最重要的问题。[③] 美国法学家伦斯特洛姆认为,影响对法院的诉求的因素有技术性的,也有结构性的和环境上的。技术因素确定入门的条件,它包括管辖权及可司法解决

---

① 齐树洁主编:《民事司法改革研究》(修订版),厦门大学出版社 2004 年版,第 5 页。

② 〔意〕莫诺·卡佩莱蒂等:《当事人基本程序保障权与未来的民事诉讼》,徐昕译,法律出版社 2000 年版,第 39—46 页。

③ Adrian A. S. Zuckerman, Civil Justice in Comparative Perspectives of Civil Procedure, Oxford University Press, 1999, p. 83.

的事项；结构因素主要指法院的组织结构和承办案件的法官数量；环境因素包括积案之类的影响。[1] 归结起来，影响当事人行使接近正义/司法的普遍性因素主要是：诉讼的成本；解决争议所需要的时间；司法制度发现事实真相和适用法律的正确程度。[2] 为了实现民事诉讼司法公正与程序经济的基本目标，英国民事司法改革引入了案件管理制度，"有望治愈当事人倾向于以不适当、不公正、不效率的方式进行诉讼之顽疾"[3]。可以说，20世纪在世界范围内兴起的"接近正义"运动的浪潮，主要是针对许多国家的民事司法未能向纠纷当事人提供高效、低廉、公正的纠纷解决机制而出现的。

（二）保障实体权益和解决民事纠纷

民事诉讼目的，是指以观念形态表达的、国家进行民事诉讼所期望达到的目标或结果。[4] 关于民事诉讼目的论最具代表性的学说有：权利保护说，其以实体法规范的实现为着眼点，强调诉讼的目的在于保护实体权利；私法秩序维持说，认为国家设立民事诉讼制度旨在维护的私法秩序；纠纷解决说，该说拒绝引据实体法规范作为确立诉讼制度目的的基础，坚持认为民事诉讼的目的就是纠纷的强制性解决。[5] 此外，还有程序保障说、权利保障说、多元说、搁置说等。从近年来我国的研究状况看，基本上是在国外民事诉讼目的理论的基础上展开的，主要有以下观点：(1) 将民事诉讼与仲裁和调解这两种最相似的纠纷解决方式相比较，在民事诉讼的定位中探讨民事诉讼区别于其他民事纠纷解决方式的本质特征，并对几种主要的目的论学说进行分析和评价，提出了"程序保障论"的目的论观点。[6] (2) 国家设置民事诉讼制度的目的应当且只能通过实现程序利用者的目的来达成，因而民事诉讼目的论所要研究的目的应当主要围绕

---

① 〔美〕彼得·G.伦斯特洛姆编：《美国法律辞典》，贺卫方等译，中国政法大学出版社1998年版，第226—227页。

② John Leubsdorf, The Myth of Civil Procedural Reform, in Adrian A. S. Zuckerman, eds., Civil Justice in Crisis, Oxford University Press, 1999, p.55.

③ Neil Andrews, A New Civil Procedure Code for England: Party Control Going, Going, Gone, 19, January, Sweet & Maxwell, 2000.

④ 李祖军：《民事诉讼目的论》，法律出版社2000年版，第15页。

⑤ 李祖军：《民事诉讼制度为什么而设立》，载《社会科学研究》2002年第4期。

⑥ 章武生、吴泽勇：《论民事诉讼的目的》，载《中国法学》1998年第6期。

程序利用者的目的。民事诉讼制度的目的应是利益的提出、寻求、确认和实现,即利益保障说,否则难以发挥诉讼目的论的实效性。[①] (3) 法院的民事审判权必须通过民事诉讼的形式才能行使,而民事诉讼程序的启动和运行又依赖于法院审判权的行使和当事人请求权的行使。因此,国家设立民事诉讼的目的要体现这两种权利,即法院的民事审判权和当事人的民事请求权所追求的诉讼目的的结合。而解决纠纷作为民事诉讼目的的正体现了这种结合。[②] (4) 现代民事诉讼价值的多元化和相对性,决定了民事诉讼目的论的多重性。在现代社会里将民事诉讼目的个别化的企图是不足取的。民事诉讼目的并非仅仅是法院审判的目的,同时也是程序主体(当事人)参与诉讼的目的。[③] 解决纠纷是民事诉讼的直接目的,保障权利是民事诉讼的基本目的,维护社会秩序是民事诉讼的最终目的(或间接目的)。三者内容交叉,是相互依存、相互作用的统一体。[④] 笔者赞同民事诉讼目的多元论。

民事诉讼目的是从国家设置民事诉讼制度的立场出发,而民事诉讼是国家审判权与当事人诉权的互动与辩证统一,因此,民事诉讼目的的研究不应停留在理论的推演,既要研究当事人行使诉权的真正目的,又要探讨如何避免或消除审判权的具体行使者即法院和法官自身利益对实现民事诉讼目的的干扰和阻碍。[⑤] 当事人行使起诉权、利用民事诉讼制度的目的是保护实体权益和解决民事纠纷,也体现了起诉权的功能。[⑥] 当事人行使起诉权提起诉讼,法院应给予起诉人进入诉讼程序的机会,从而使其实现权益保障和解决纠纷具有可能性。行使起诉权的内在目的是要求

---

① 李祖军:《利益保障目的论解说——论民事诉讼制度的目的》,载《现代法学》2000 年第 2 期。

② 刘荣军:《论民事诉讼的目的》,载《政法论坛》1997 年第 5 期。

③ 江伟:《市场经济与民事诉讼法学的使命》,载《现代法学》1996 年第 3 期。

④ 何文燕、廖永安:《民事诉讼目的之界定》,载《中国法学》1998 年第 5 期。

⑤ 参见段厚省:《民事诉讼目的:理论、立法和实践的背离与统一》,载《上海交通大学学报》(哲学社会科学版)2007 年第 4 期。

⑥ 社会学中,功能是指一定组织或体系所发挥的作用,以及为发挥作用而应完成的一整套任务、活动与职责。参见〔法〕莫里斯 · 迪韦尔热:《政治社会学——政治学要素》,杨祖功、王大东译,华夏出版社 1987 年版,第 180 页。一般来说,功能与作用是不加区分的。实质上,功能是事物内在的能力,作用是功能的外在表现。“民事诉讼是被作为赋予法院的司法权的作用来行使的”(参见〔日〕竹下守夫:《民事诉讼法的目的与司法的作用》,载《现代法学》1997 年第 3 期),因此民事诉讼目的(权利保护、解决纠纷、维护私法秩序)与民事诉讼的功能、作用可以统一,或者说目的寓于功能、作用之中。

法院通过审判维护其实体权益。但法院的审查起诉除了应以国家设立民事诉讼制度的目的为指针外，往往还基于司法政策和法院自身利益的考量而产生偏离，造成该受理的起诉却被拒之门外。从近年来法院强化调解和“案结事了”等司法政策可以看出其以解决纠纷为主要的民事诉讼目的，同时实行审慎立案、把好受理关，因此与权利保护相比，我国法院更重视解决纠纷和维护私法秩序。

（三）贯彻司法最终解决原则

司法最终解决原则是指一切组织不能彻底解决的纠纷，均由法院通过审判的方式作为解决纠纷的最后手段；法院的裁判具有最高的权威性和法律效力，对其他机关、团体和个人都具有约束力。具体讲，该原则有两个方面的含义：一是国家其他机关、社会团体主管的民事纠纷，无法彻底解决时，都由法院主管，通过审判方式最终解决纠纷；二是一件纠纷涉及多个法律关系的，其中有属于法院主管的，该纠纷一并归法院主管，采用审判方式解决。[①] 唯一的例外是，仲裁实行一裁终局原则。我国《仲裁法》第 9 条第 1 款规定：“仲裁实行一裁终局的制度。裁决作出后，当事人就同一纠纷再申请仲裁或者向人民法院起诉的，仲裁委员会或者人民法院不予受理。”一裁终局原则的含义有二：一是针对某个争议的仲裁程序终结后，当事人不得就同一纠纷再次提请仲裁；二是仲裁裁决作出后，当事人不得就该纠纷向人民法院起诉。为此，我国《仲裁法》第 57 条和第 62 条进一步明确：裁决书自作出之日起发生法律效力。当事人应当履行裁决。一方当事人不履行的，另一方当事人可以依照民事诉讼法的有关规定向人民法院申请执行。受申请的人民法院应当执行。一裁终局原则是世界各国普遍接受的仲裁法原则，我国对此原则的确认，有利于仲裁制度进一步走向国际化和现代化，有利于保证仲裁裁决的权威性，提高解决纠纷的效率，突出仲裁便捷性的优点。[②] 谢怀栻先生认为，国家在一定的法律关系上承认仲裁制度，允许当事人可以在一定范围内排除国家审判权，既是私法关系的特点之一，又是私法自治原则的体现。[③] 笔者认为，

---

① 常怡主编：《民事诉讼法学》，中国政法大学出版社 2002 年版，第 131—132 页。

② 黄进等：《仲裁法学》，中国政法大学出版社 2008 年版，第 26 页。

③ 谢怀栻：《外国民商法精要》，法律出版社 2002 年版，第 8 页。

即使双方当事人在合同中订立了仲裁条款或者以其他书面方式在纠纷发生前或发生后达成了请求仲裁的协议,也不表明双方的意思表示均是为了排除自己的起诉权和法院的审判权,一裁终局的结果实质上是国家法律赋予仲裁协议和仲裁裁决的强制效力,排除审判权和起诉权是国家意志的体现,只不过是国家出于其利益和秩序的考虑,同时也是基于仲裁是兼具契约性、自治性、民间性和准司法性的一种纠纷解决方式。一裁终局原则也有例外。我国《仲裁法》第 9 条第 2 款规定:“裁决被人民法院依法裁定撤销或者不予执行的,当事人就该纠纷可以根据双方重新达成的仲裁协议申请仲裁,也可以向人民法院起诉。”根据我国《仲裁法》第 61 条的规定,如果仲裁裁决被法院发回重新仲裁,仲裁庭应视具体情形对原纠纷再次作出裁决。法院对仲裁裁决的撤销与不予执行,体现了司法对仲裁的监督和司法最终审查原则。

现代法治的一个基本命题是,司法是权利的最终救济方式和法律争议的最终解决方式。司法最终解决原则包括“司法解决”与“最终解决”两层意蕴。“司法解决”意味着公民接近司法正义愿望之实现,意指司法权的覆盖面,是就公民行使诉权的广度而言;“最终解决”意味着司法权之终局性,意指司法权之权威与公信,是就公民行使诉权的深度而言。基于公民诉权保障和法治之司法制约的立场,司法最终解决原则与诉权是同一问题不能偏废的两个方面。[①] 起诉权是贯彻司法最终原则必不可少的权利装置。司法最终解决原则也体现了对起诉权的保障。权利主张者在起诉时所受的处遇,将直接左右全体社会成员对程序利用的信心以及对司法制度的信赖,而此种信心和信赖对司法存在的价值和整个法律制度的未来必将产生决定性的影响。[②] 因此,只有切实保障当事人的起诉权,才能改变国民在权利受到侵害或发生纠纷时,首先想到的是去找党委、政府、人大或媒体解决的习惯思维方式,消除纠纷解决中的非法治化倾向。笔者认为,在确立司法最终解决原则的前提下,应当对现行的主管制度进行改革,树立权利本位观。

---

① 吴俊:《论司法最终解决原则——民事诉讼的视角》,载《法治论坛》2008 年第 1 期。

② 李祖军:《民事诉讼目的论》,法律出版社 2000 年版,第 196 页。

(四) 发挥和拓展司法功能

司法功能是指司法自身所具有的,以及在作用于诉讼过程中所表现出的能力。司法功能主要有以下几个方面:

其一,纠纷解决功能。它是指司法具有化解与消弭社会冲突的作用,这既是司法最古老也是其最直接的功能。日本法学家棚濑孝雄指出,审判制度的首要任务就是纠纷的解决。从社会学的角度看来,所谓诉讼案件实际上就是纠纷本身。[①] 美国法学家卢埃林也认为,解决争端是法院最重要的职能,并始终为其他功能的实施创造条件。[②] 纠纷解决功能具有以下特点:一是纠纷解决范围具有广泛性,即司法机关有权受理和处置广泛发生于社会生活中的大多数争议,现代社会中少有诉讼不能涉及的领域;二是纠纷解决方式具有被动性,即任何诉讼的启动均须遵循"不告不理"原则;三是纠纷解决过程中主体具有多样性;四是纠纷解决过程具有法定性;五是纠纷解决结果具有权威性、终局性。这些特点又决定了诉讼解决纠纷时具有正规性、过程性、对抗性。[③] 当事人行使起诉权将民事纠纷引入司法之门,通过诉讼机制予以解决。

其二,权利保障和利益保护功能。权利是多样化法律生活的最终抽象化,是一个具有发展性的概念。某种利益具有加以保护的必要时,得经由立法或判例学说赋予法律之力,使其成为权利。有的权利类型是在法律发展过程中逐渐形成的,若干权利因社会变迁及法律发展而调整其内容。[④] 权利的本质是利益,权利是法律规定的特定、类型化的利益。但利益并不都表现为权利。由于国家禁止私力救济,国家设立民事诉讼制度,并由法院依照实体法对当事人实体权利予以保护,因此司法功能之一是权利保障。但司法是否应当保护还未上升为法定权利的利益?值得探讨。随着经济社会的快速发展,出现了一些新型的社会纠纷。人们根据

---

① 〔日〕棚濑孝雄:《纠纷的解决与审判制度》,王亚新译,中国政法大学出版社2004年版,第1页。

② 〔英〕罗杰·科特威尔:《法律社会学导论》,潘大松等译,华夏出版社1989年版,第89页。

③ 樊崇义主编:《诉讼原理》,法律出版社2003年版,第62页。

④ 王泽鉴:《民法总则》,中国政法大学出版社2001年版,第86—87页。

"新的权利"(也称为"形成中的权利"[①])诉诸司法要求法院救济时,法院是将该当事人提出的无法定权利依据的请求视为对诉诸司法权利的滥用而不予受理或者驳回起诉,还是发挥司法能动性对当事人的正当利益予以救济并生成权利? 应当指出的是,"人们根据新的权利要求向法院请求救济的倾向十分强烈,不管法院愿不愿意都不得不肩负这一重任,而且法院还必须负起通过审判创制权利的责任。"[②]笔者认为,司法功能既包括保障法定权利,也包含对不是法定权利的正当利益进行保护,两者都需要当事人行使起诉权而请求法院行使审判权予以保护。国民行使起诉权,将没有相应的实体法规范作为裁判根据而又需要诉讼救济的合法利益诉诸司法,不仅通过起诉权的运作机制纠正实体法的滞后性,弥补实体法的漏洞,而且保护了尚未上升为权利的合法利益,在积累了解决同类纠纷和保护同类利益的丰富的司法实践经验后,修改法律时将这种特定、类型化的利益上升为法定权利,具有发展权利的功能。

其三,其他社会功能。它是指以纠纷解决功能为前提而派生或发展出来的延伸性功能,主要包括:控制功能,即通过对社会中纠纷的解决,司法能够实现对现存社会秩序和政治权威的维护;权力制约功能,即诉讼中通过司法审查权的行使,实现对包括立法权、行政权等其他政治权力的监督与制衡;公共政策的制定功能,即通过诉讼活动,司法能在一定程度上影响国家社会政策的制定与实施,参与国家宏观事务的决策。[③] 学界一般将公共政策的制定功能称为政策形成功能。政策形成功能主要体现在以下两个方面:一是由于实体法上空白法规、一般条款及不确定概念的日渐增多,要求法官在立法者所授权的一定范围内,运用司法自由裁量权,进行政策性的价值判断,作出符合法的目的且明确、具体、妥当的裁判,使法官通过民事司法活动而充当了一定程度的政策性角色。在政策判断中的权利创设是现有实体法规范的衍生和发展。二是现代型诉讼的出现,

---

① "新的权利"也称为"形成中的权利",它是一种正当利益,还不属于法律权利的范畴,往往无从纳入现行法律所承认的权利体制和框架之中。它一旦获得法院裁判的承认,则成为新的法律权利。诉之利益在诉讼生成权利方面具有不可或缺的作用,正是诉之利益将"形成中的权利"引入诉讼之中。参见左卫民等:《诉讼权研究》,法律出版社 2003 年版,第 75 页。

② 〔日〕谷口安平:《程序的正义与诉讼》(增补本),王亚新、刘荣军译,中国政法大学出版社 2002 年版,第 194 页。

③ 参见左卫民、周长军:《变迁与改革——法院制度现代化研究》,法律出版社 2000 年版,第 95—105 页。

要求法官必须综合全案的情况为价值判断，所做裁决为同类事件裁判先例，同时确认某种社会价值，发挥政策形成功能。司法裁判可以发挥修正、变更现存法律规范，以达到全面实现权利救济的目的。[①] 现代型诉讼是指围绕在公共利益产生的纠纷基础上形成的诉讼，如环境权诉讼、公害诉讼、消费者诉讼等。日本著名民事诉讼法学者小岛武司认为，在现代型诉讼中，要求司法在普通的诉讼程序框架内在法解释和程序运行方面作一定的特别考虑。其中还存在着需要通过修改法律或制定新的法律来修正一般性框架，以及创造新的程序形式的情形。[②] 对于政策形成功能，有学者认为，司法决策具有局限性，它表现在：(1) 司法的特性决定了法院只能是被动的、带有依赖性的决策者。法院不能主动寻找案件，只能等到当事人诉诸法院，在具体案件中形成政策。而行政、立法部门是主动决策。(2) 司法权的有限性决定了司法决策范围的有限性。法院的审判范围仅限于当事人起诉的案件，与立法或行政决策相比，法院决策的范围要小得多。(3) 司法权的先天弱小也要求法院在政策制定方面应当审慎进行。原则上讲，法院只能在极其必要的情况下才能发挥决策功能。(4) 面对广泛而复杂的社会问题，法官决策信息的有限性是其决策功能难以发挥的障碍。法官必须中立被动，不得主动积极收集信息，使法官只得依靠当事人双方提供的材料，而利益偏向与个人能力都可能导致当事人所提供的信息不充分。(5) 司法决策的影响有限。[③] 但毋庸置疑，重视发挥司法的政策形成功能对于拓展权利救济的广度和深度是有益的。

司法功能与诉讼目的的关系非常紧密，司法功能的发挥和拓展直接关系到诉讼目的的实现，而诉讼目的的实现又反过来影响司法功能的发挥。发挥司法功能的前提在于起诉权的保障程度。起诉权的作用也表现在能够发挥和拓展司法的纠纷解决、权利保障、利益保护和政策形成的功能。司法权的基本属性是被动性，奉行不告不理的原则。而起诉权是打开司法之门的钥匙。如果起诉权的行使不能启动诉讼程序，司法功能的

---

① 李祖军：《民事诉讼目的论》，法律出版社 2000 年版，第 190—193 页。

② 〔日〕小岛武司：《诉讼制度改革的法理与实证》，陈刚、郭美松等译，法律出版社 2001 年版，第 175 页。

③ 参见宋冰编：《读本：美国与德国的司法制度及司法程序》，中国政法大学出版社 1998 年版，第 560—567 页；左卫民、周长军：《变迁与改革——法院制度现代化研究》，法律出版社 2000 年版，第 104—105 页。

发挥就成为一句空话。对于现行法明确规定的民事权利义务关系的争议有既存权利依据的,当事人起诉的,法院应当受理并作出公正的裁判,实现司法解决纠纷和权利保障的功能。对于正当利益受到侵犯而没有既存权利依据的,当事人起诉的,法院亦应当受理,发挥司法能动性,秉承正义的法律价值和理念,遵循法律原则,并充分运用司法经验,行使裁判权,实现司法的纠纷解决、权利生成、利益保护功能和政策形成功能。

四、起诉权与纠纷的可诉性之关系

有的学者认为纠纷的可诉性,是指纠纷发生后,纠纷主体可以将纠纷诉诸法院的属性,或者说纠纷可以被诉诸法院从而能够通过司法最终解决的属性。① 也有学者认为纠纷的可诉性是指某项民事纠纷具有适于民事诉讼(程序)解决的可能性。② 但"适于"两字容易使法院将自己认为"不适于"民事诉讼而当事人又迫切寻求司法救济的案件排除在外,造成"起诉难",不利于保障当事人的起诉权。笔者赞同前一种界定。学界通常都是从法院的角度探讨法院的主管范围问题,而较少从当事人的角度探讨纠纷的可诉性,这明显是受现行法规定的法院受理民事诉讼的范围和权力本位观念的影响。从法院主管来看,当事人可以将哪些纠纷诉诸司法似乎是由法院决定的。从权利本位和保障起诉权的观念出发,应当从纠纷的可诉性角度来探讨法院的主管范围,实际上法院的主管范围取决于纠纷的可诉性的范围,只要纠纷具有可诉性,该纠纷就属于法院的主管范围。英美法中的可司法的事项或可起诉的争执,是指争议确定、具体而影响到有"对立法律利益"的当事人之间的法律关系的案件,并且这样一项争议或案件必须是"真实而有实际意义的,容许通过结论性的判决采取特别救济"。③ 大陆法系学者认为,可诉的民事纠纷是指通过适用法律能够终局性地解决对立当事人之间关于具体的民事权利义务的纠纷。④

---

① 刘敏:《论纠纷的可诉性》,载《法律科学》2003 年第 1 期。

② 邵明:《民事诉讼法理研究》,中国人民大学出版社 2004 年版,第 30 页。

③ 〔美〕彼得·G.伦斯特洛姆编:《美国法律辞典》,贺卫方等译,中国政法大学出版社 1998 年版,第 7 页"案件或争议"、第 253 页"可司法之事项"。

④ 参见〔日〕兼子一、竹下守夫:《民事诉讼法》,白绿铉译,法律出版社 1995 年版,第 14 页。

起诉权与纠纷的可诉性的关系主要体现在以下两个方面：一方面，起诉权是纠纷可诉性得以实现的权利依据，当事人通过行使起诉权使可诉性纠纷得以获得司法救济。纠纷不进入法院，这种纠纷也只能是理论上存在被诉诸司法的期待性。不告不理决定了对民事纠纷法院不能主动干预。而民事诉讼是国家设立的救济途径或方式，所以，纠纷可诉性的实现，既要有当事人的诉诸司法的行为，也有法院接受当事人的诉讼进而进行审判的行为。在此过程中，当事人就需要获得一种国家许可的相应权能，将民事纠纷引渡到民事诉讼之中，这种权利就是起诉权。作为基本人权的起诉权，意味着任何人都有权提起诉讼请求法院予以司法保护。如果法律对起诉权的行使设立了过高的条件，会使本来具有可诉性的纠纷难以进入诉讼轨道。另一方面，纠纷的可诉范围大小也影响起诉权的实现。因为不可诉，纠纷就不能进入法院，起诉权也就无法实现。当事人起诉权行使的范围与纠纷的可诉范围应当是一致的，因为纠纷的可诉性范围决定国民的合法权益可以得到司法保护的范围和程度，从而也影响着国民的起诉权受保障的状况。如果某些可诉的纠纷在司法实践中并不能够得到司法救济，那么可以说当事人享有的对该纠纷的起诉权是虚置的。例如，有些可诉的纠纷本身没有被纳入法院进行司法保护的范围，有些可诉的纠纷即使根据法律规定属于司法保护的范围但由于种种原因遭到拒绝。如果法院主管范围任意限制当事人将具有可诉性的纠纷诉诸法院，无疑也就限制了当事人的起诉权。

把握民事纠纷的可诉性，应注意以下几个问题：

第一，纠纷可诉性的范围包括民事法律所调整的民事法律关系发生的争议、应受民事法律保护的应有权利受到侵害引发的争议、宪法权利受到私法主体侵害所引发的争议。[①] 只要是平等主体之间的权利义务之争议，当事人都可以诉诸司法，要求法院通过民事审判予以解决。没有上升为法定权利的正当利益即“新权利”或者“形成中的权利”受到侵害的，也具有可诉性，当事人有权请求司法救济。宪法上的基本权利通常会通过立法被法律确认为具体的法律权利，当这些权利被侵害以后，当事人也可以通过民事诉讼得到司法救济。但是，从我国的立法来看，并不是所有的基本权利都被转化为法律权利的，这些宪法上的基本权利被私法主体侵

① 刘敏：《论纠纷的可诉性》，载《法律科学》2003 年第 1 期。

害以后，亦具有可诉性，当事人有权提起民事诉讼请求法院予以司法救济。值得探讨的是，社会、经济权利的可诉性问题。有学者认为，社会、经济权利的可诉性是人权领域争论激烈的重大理论问题。社会、经济权利的不可诉理论宣称，公民权利和政治权利具有可诉性，而社会、经济权利没有可诉性；社会、经济权利不是法律权利，社会、经济权利概念模糊不清，社会、经济权利仅是积极权利，社会、经济权利实施昂贵且相互冲突，司法裁决社会、经济权利违反分权原则，因而社会、经济权利不具可诉性。不可诉理论有其特定历史根源且具一定的合理性和合法性。但是，这种自由主义权利观随着经济、政治、文化以及人权本身的巨大发展早已不合时宜，社会、经济权利的可诉性是社会、经济权利发展的必然结果。[①]

第二，纠纷的可诉性是与宪法、法律的可诉性联系在一起的。宪法作为国家根本大法和整个法律体系中最重要的一部分，理应具有可诉性，这也是当代法治国家控制国家权力、树立宪法至上观念、保护公民基本权利和保证宪法实施的需要。[②] 法律的可诉性就是指当法律规定的权利受到侵犯的时候，公民可以诉诸司法机关通过诉讼程序维护自己权利的属性，它是法律的基本属性之一。[③] 如果法律不具有可诉性，那么，法律所确认的权利再多，在这些权利受到侵害时，当事人也不能通过诉讼程序获得司法救济，这种法律也就没有多少实际意义，只是停留在“宣示”的层面，缺乏应有的强制力，是“本本上的法律”，而不是“行动中的法律”或者“维权的法律”。宪法、法律的可诉性意味着当事人可以依据宪法或该法律诉诸法院，它是从宪法和法律本身的角度探讨纠纷的可诉性。可见，纠纷的可诉性与宪法、法律的可诉性是有联系的。但实际上，宪法、法律的可诉性是指宪法与法律具有可直接在诉讼程序中适用的价值，能直接作为法院裁判的依据。此外，在法学理论上，法律原则是法规范的一种，而在法律实务中，法律原则作为有效法规范被援引的合法性又常常受到质疑。法律原则在法学中的尴尬地位表明，法律本体问题在不同视角的关注下逐渐演变成了不同的法律方法问题。制定法中明确规定的法律原则具有实

---

① 龚向和：《论社会、经济权利的可诉性——国际法与宪法视角透析》，载《环球法律评论》2008 年第 3 期。

② 毛国辉：《论宪法的可诉性》，载《政治与法律》2001 年第 4 期。

③ 参见谢晖：《独立的司法与可诉的法》，载《法律科学》1999 年第 1 期；王晨光：《法律的可诉性：现代法治国家中法律的特征之一》，载《法学》1998 年第 8 期。

在法规范的效力，其直接适用不仅可以弥补制定法规则的不足，而且能扩大通过法律机制解决社会纠纷的合法性根据。[①] 在成文法存在漏洞的情况下，当事人应能依据法律规定的基本原则提起诉讼，法官也能依据法律的基本原则解释法律、填补漏洞而作出裁判，使纠纷通过正当的司法程序得以解决，保障当事人的起诉权和实体权益。

第三，对于具有可诉性的纠纷并不排斥当事人通过非诉讼的纠纷解决机制来解决，也不轻视行政机关或民间机构在纠纷解决过程中所起的重要作用。具有可诉性的纠纷只是表明该纠纷可通过法院解决，并不意味着只能运用诉讼机制解决，也不表明诉诸司法对所有的纠纷都是最好的解决办法。纠纷是复杂多样的，有的纠纷由非诉讼纠纷解决机制（ADR）解决更为适宜，如和解、调解、仲裁等。依据司法最终解决原则，如果其他机关、团体无法彻底解决的纠纷可以起诉到法院。法院作为当事人寻求解决纠纷的最后屏障，承担着不可推卸的重任。事实上，在民事纠纷解决领域，以非诉讼机制来解决民事纠纷，多是建立在民事纠纷可诉性的基础上。

第四，研究纠纷的可诉性并不排斥法院对非讼案件运用非讼程序适用非讼法理来受理和作出判决。非讼案件是指利害关系人在没有民事权益争议的情况下，请求法院确认某种事实和权利是否存在，从而引起一定的民事法律关系发生、变更或消灭的案件。[②] 这类案件虽然不是民事纠纷，但是可由法院主管，是各国的通例。我国亦由法院主管，这是基于国家具有保护国民之责，也是基于司法的裁决性、强制性、权威性等特点。

五、起诉权与审判权的关系

法院在民事诉讼中的职权表现为民事审判权，有权对民事案件进行审理和作出裁判，也是对国家和当事人应当承担的法定义务。它是权力和职责的统一。民事审判权在民事诉讼中具有极其重要的地位，它与当事人的诉权相互作用，共同推动了民事诉讼的发展。法院如何行使民事

---

① 刘治斌：《论法律原则的可诉性》，载《法商研究》2003 年第 4 期。

② 参见廖中洪：《制定单行〈民事非讼程序法〉的建议与思考》，载《现代法学》2007 年第 3 期。

审判权直接关系到当事人诉权的实现。民事审判权具有独立性、被动性、终局性等特点。其权能包括立案审查权、诉讼指挥权、释明权[1]、证据调查收集权以及裁判权。[2] 有学者认为,事实认定权、法律适用权和诉讼程序指挥权共同构成了民事审判权。应以对传统两便原则(即便于人民群众进行诉讼和便于人民法院办案)予以修正、丰富和发展后的新"两便原则"(即便于当事人利用民事诉讼制度和便于人民法院依法独立、公正和高效地行使民事审判权),作为民事审判权理论构筑及实践的具体指导思想。[3] 还有学者认为,法院是民事纠纷的裁判者,裁判权是其最基本的职权,然而,在围绕着这一职权的行使而展开的一系列程序中,又衍生出诸多权利,如程序控制权、程序事项裁决权、调查取证权、释明权、事实认定权等。程序控制权和程序事项裁决权是法院控制诉讼的发生、发展和终止的节奏和方式并对程序争议事项进行裁判的权力;调查取证权、释明权和事实认定权是法院的三大审理权。法院在民事诉讼中的职权包括审理权和裁判权,其中审理权包括程序控制权、调查权(询问证人、当事人)、取证权、释明权、证据审查权和事实认定权,裁判权包括程序事项裁决权和实体争议裁决权。[4]

诉讼在本质上是建立在双方平等对抗基础上,由中立的第三方即法院运用国家赋予的审判权就争议予以裁判的规则、制度。典型的诉讼包含有两层不同的诉讼主体结构:一是审判权与诉权的关系结构,强调平衡、制约;二是诉权相互之间的关系结构,强调平等、对等。其中,冲突主

---

① 诉讼指挥权是指法院(法官)为迅速、公平、切实地推进审判进程而依据职权对民事诉讼程序进行指挥和控制的权力。其主要内容包括:(1) 诉讼进行指挥权,如通知当事人参加诉讼、指定、变更或延长期间或期日、中止诉讼程序等;(2) 诉讼促进指挥权,如举证告知、明确举证时限、举证责任中的释明、对法律关系的释明等为整理争执焦点和进行审前准备而进行的诉讼促进行为以及庭审中法官必要的说明和询问等;(3) 庭审程序指挥权,如主持法庭调查、指挥当事人进行合理、有效的辩论、对当事人之间不明确、不清楚的陈述及主张行使释明权等;(4) 程序制裁权,如对妨害民事诉讼的人采取强制措施。释明权也称阐明权,是大陆法系民事诉讼法上一个十分重要的概念,并被认为属于法院诉讼指挥权的一种,是指在民事诉讼过程中,在当事人的声明或陈述意思不清楚或不充分,或当事人的声明或陈述不适当,或者当事人所举的证据不够而误以为已充分等情况下,法官以发问或晓谕的方式,提醒或启发当事人把不明了的予以澄清,把不充分的予以补足,把不适当的予以更正,以保障当事人充分行使诉讼权利或适当履行诉讼义务,它既是法官的权力又是职责和义务。

② 参见田平安主编:《民事诉讼法》,清华大学出版社 2005 年版,第 38—41 页。

③ 参见黄松有:《中国现代民事审判权论》,法律出版社 2003 年版,第 343—345 页。

④ 参见张卫平:《论人民法院在民事诉讼中的职权》,载《法学论坛》2004 年第 5 期。

体的诉权与裁判主体的审判权构成了诉讼过程的基本矛盾，二者的关系历来是诉讼法律关系理论所解决的主要课题。① 从一审程序来看，冲突主体的诉权分别为起诉权和应诉权，既有起诉权、应诉权与审判权的关系结构，又有起诉权与应诉权的关系结构，前者是权力与权利的关系，后者是权利与权利之间的关系。"在权利和权力的关系上，依据宪政国家的基本理论，公民的权利是国家权力配置和运作的目的和界限，权力要受到权利的制约，权利对权力具有最终的取舍力量。"②笔者认为，起诉权与审判权的关系体现在以下三个方面：

首先，起诉权是自然权利、程序性基本人权，是基于保护实体性人权的需要而产生的；审判权具有保护私权、解决纠纷、维护私法秩序的功能，是基于对实体性人权予以司法救济的需要而产生的；起诉权是任何人启动审判权以保护实体性人权的"钥匙"，是实体性人权与审判权之间的连接装置，审判权负有保护起诉权的职责和义务，更不能侵犯起诉权。

其次，当事人行使起诉权是法院行使审判权的前提；审判权对于起诉权具有应答性。由于民事纠纷的私法特性，国家虽有干预的职责，但并无主动干预的职权。"不告不理"是对民事纠纷进行公力救济的基本准则，也是尊重当事人享有是否行使起诉权的自由的体现。当事人的合法权益受到侵犯或发生争议后，其行使起诉权、提起诉讼是启动初审程序的唯一动因。在其未起诉的情况下，法院不得依职权启动诉讼程序。审判权最显著的特征是被动性，只有当事人起诉到法院，审判权才能启动和运行，被动性源于司法活动的内在要求，也是其中立性的反映。"审判权对于起诉权具有应答性，对于起诉权有求必应、有问必答。只要当事人起诉，法院就应当受理。对于当事人提出的诉讼请求，法院必须一一作出裁判。"③当事人行使起诉权提起诉讼的目的是为了解决纠纷保护其正当权益，对于当事人而言，诉讼是解决纠纷的最后选择也是最有效的途径，法院无权以任何理由拒绝当事人的请求，包括"法无明文规定"这个理由。法院不仅不能以"法无明文规定"为由拒绝裁判，而且许多新型权利的产生都是法官通过判决创设的，此即裁判的"权利生成"功能。强调审判权

---

① 樊崇义主编：《诉讼原理》，法律出版社 2003 年版，第 143 页。

② 刘敏：《论司法为民的实质——从裁判请求权与审判权的关系着手考察》，载《法律适用》2005 年第 3 期。

③ 吴英姿：《诉权理论重构》，载《南京大学法律评论》2001 年春季卷。

对起诉权具有应答性,有利于克服法院在受理诉讼上滥用审判权,将那些本应由法院保护的权益诉求拒之于司法的大门之外。不论民事诉讼程序打造得如何精密妥当,如果当事人无法有效地行使起诉权,那么,其正当民事权益就不能得到司法保障。我国将审判权中的立案受理权和对事实认定的审理权进行分解,立案审查权是立审分立的产物。立案审查制和司法实践中立案审查权的滥用和异化是当事人行使起诉权的障碍,所以许多学者主张实行立案登记制。

再次,起诉权制约审判权。诉权有三种功能:一是当事人对自己的实体权益的保护功能;二是当事人之间的对抗功能;三是当事人的诉权对审判权的制约功能。[①] 除了审判权的启动只能基于当事人行使起诉权外,起诉权对审判权的制约,还表现在法院必须在公民的诉讼请求范围之内进行事实认定和法律推理,既不能拒绝裁判或遗漏公民诉讼请求,也不能超越当事人的诉讼请求范围横加裁断。在社会主义市场经济条件下,诉权与审判权应当遵循这样的规则来调整彼此之间的相互关系:诉权以及作为其具体表现形态的各种诉讼权利所涉及的事项,均属当事人自身意志自主支配的自治领域,审判权不仅不能侵犯这一领域,而且应该充分保护这一领域的独立性和完整性,以当事人行使诉权为本位,为基点。与审判权相比,诉权应当被置于制约审判权行使的优先地位,而审判权的行使则应以保障当事人诉权的充分实现为宗旨。[②] 道理很简单,国家之所以要设置审判权并交由法院依法行使,其目的就是为了保障当事人诉权的充分行使与依法实现。

六、起诉权与相关权利的关系

(一)"重诉权轻起诉权"分析

从我国民事诉讼法学界的研究状况看,历来偏爱诉权而忽视起诉权,仅将起诉权隐于诉权之中予以论述,结果造成起诉权成为诉权的影子,诉权成为起诉权的躯体。但是,从学者们对诉权的内涵和保障的论述来看,

---

① 王福华:《论诉权对审判权的制衡功能》,载《烟台大学学报》(哲学社会科学版)1999 年第 4 期。

② 赵钢:《正确处理民事经济审判工作中的十大关系》,载《法学研究》1999 年第 1 期。

其阐述的对象主要指起诉权或者说以起诉权为样本。笔者简要列举几种学界的论述:(1) 诉权是指基于民事权益受到侵犯或与他人发生争议,国民请求法院行使审判权保护民事权益或者解决民事纠纷的权利。诉权是跨入法院"门槛"的权利或者说是"进入"法院的权利。民事审判权的作用范围是纠纷能否进入法院的第一道门槛,直接制约当事人诉权的行使范围和实现程度。我国宪法和民事实体法的规定不够健全,其可诉性存在欠缺,致使诉权的顺畅实现受到较大的阻碍。司法实践中,法院及其法官侵犯诉权的行为也时有发生,例如非法增加诉权行使条件或提起诉讼的条件,对于本来具有诉的利益的案件却认为不具有诉的利益而不予受理,以诉讼文书不能送达、判决不能执行等为由拒绝受理诉讼等。[①] (2) 有些案件最后被法院判决不属于人民法院民事诉讼范围或此案不属于法院主管范围,予以撤销,在当事人投入了大量的诉讼成本之后,法院才发现当事人有无诉权问题。从理论的角度上看,当事人有无诉权,在一审程序就应当确定。[②] (3) 由于长期受国家本位与权力本位的立法和司法理念之影响,在民事诉讼受案范围问题上历来显得过于保守,司法的功能未能得到有效的发挥,再加之诉讼政策的不合理性以及法院在社会中"自主性"的缺失,致使许多本应受理的案件长期被拒之门外,当事人的诉权得不到应有的尊重和保护。法院及法官随意限制和剥夺当事人诉权行使的现象仍十分突出,"起诉难"仍是我国司法实践中一个亟待克服和解决的问题。[③] (4) 在我国民事诉讼理论中,诉权被视为是一种抽象的权利,是起诉权和应诉权的基础,它的主要功能在于启动诉讼程序。[④] (5) 诉权是行使诉讼权利的前提和条件,无诉权则无法启动诉讼程序。诉权的保护,是当事人程序权利保护的起点。司法实践中对诉权保护的忽视,主要表现为限制当事人的起诉、反诉,人为设置不合理的起诉条件等。究其原因,与把诉权看做是国家"赋予"的有很大关系,而忽视了诉权起因于纠纷的发生这一事实。[⑤] 此外,2005 年 11 月 4 日最高人民法院

---

① 江伟等:《民事诉权新论》,法律出版社 2002 年版,第 150、342 页;江伟主编:《民事诉讼法专论》,中国人民大学出版社 2005 年版,第 27、66、109 页。

② 杨荣新、肖建华:《民事诉讼法学十年回顾、展望与法典的修改》,载杨荣新主编:《民事诉讼法修改的若干基本问题》,中国法制出版社 2002 年版,第 20 页。

③ 廖永安:《民事诉讼理论探索与程序整合》,中国法制出版社 2005 年版,第 49—50 页。

④ 张卫平、陈刚:《法国民事诉讼法导论》,中国政法大学出版社 1997 年版,第 61 页。

⑤ 刘荣军:《程序保障的理论视角》,法律出版社 1999 年版,第 88、263、264 页。

颁布的《法官行为规范(试行)》第8条也将"保障当事人依法行使诉权;便利人民群众诉讼;确保立案质量,提高立案效率"确立为立案的基本要求。这里使用的诉权主要指起诉权。

起诉权隐于诉权之中主要有两个原因:

其一,理论界对诉的定义主要以起诉为样本。诉权是诉存在的基础,诉是诉权的表现形式和行使诉权的起点。尽管关于诉的定义有四种学说:诉讼行为说、制度说、请求说、声请说[①],我国学者在教科书中将诉归结为向法院的请求、将起诉归结为诉讼行为,对诉的定义主要以起诉为样本。诉作为当事人向法院提出予以司法保护的一种请求,其表现形式有起诉、反诉、上诉、再审之诉和执行异议之诉等。起诉是诉的最重要、最典型、最普遍的表现形态。诉与起诉在概念上是种属关系,起诉只是诉的外延的一部分,而不是诉的全部内容。但人们往往将诉与起诉混用,原因是将诉仅仅理解为是原告向法院提出予以司法保护的一种请求。学者们关于起诉、上诉、再审之诉等的定义中包涵了请求,但归结点在诉讼行为,与诉的归结点在于请求有所不同。例如,诉是民事争议发生时一方当事人向法院提出的关于解决争议的请求[②];诉是指当事人依照法律规定,向人民法院提出的保护其合法权益的请求[③];诉是指当事人依照法律规定向法院提出的保护其实体权益的请求,这种请求的目的是要求法院通过审判来保护当事人受到侵犯或发生争议的实体权利[④];诉是指当事人向人民法院提出的保护法律权益的请求[⑤];诉是指当事人因民事权利义务发生争议,而向法院提出予以司法保护的请求[⑥];诉是指任何公民、法人和其他组织享有的民事合法权益,受到侵害或者发生争议时,依照民事诉讼法和民事实体法的规定,向人民法院提出保护实体权益的请求。[⑦] 也有学者认为诉的归结点是诉讼行为,诉是指当事人向法院提出的、请求特定的法院就特定的法律主张或权利主张(诉讼上的请求)进行裁判的诉讼

① 参见张晋红:《民事之诉研究》,法律出版社1996年版,第1—3页。
② 田平安主编:《民事诉讼法原理》(第3版),厦门大学出版社2007年版,第304页。
③ 常怡主编:《民事诉讼法学》,中国政法大学出版社2002年版,第87页。
④ 江伟主编:《民事诉讼法》(第2版),高等教育出版社2004年版,第7页。
⑤ 杨荣新主编:《民事诉讼法学》,中国政法大学出版社1997年版,第65页。
⑥ 谭兵主编:《民事诉讼法学》,法律出版社2004年版,第69页。
⑦ 柴发邦主编:《民事诉讼法学新编》,法律出版社1992年版,第54页。

行为。[①] 起诉是指公民、法人或者其他组织认为自己所享有的或者依法由自己支配、管理的民事权益受到侵害，或者与他人发生民事权益的争议，以自己的名义请求法院通过审判予以司法保护的诉讼行为；上诉是指当事人不服第一审法院所做的尚未生效的裁判，在法定期限内声明不服，要求上级法院撤销或变更该裁判的诉讼行为；申请再审，亦称再审之诉，是指当事人对已经发生法律效力的判决、裁定、调解协议，认为有错误，向原审人民法院或者上一级人民法院申请再行审理的行为。[②]

其二，诉权论与民事诉讼目的论紧密相连。民事诉讼目的论是诉权论的前提和出发点，有什么样的诉讼目的论，就应有与之相适应的诉权论。从历史上看，任何一种诉权学说的建立，都是基于对民事诉讼目的的特定认识。抽象诉权说认为民事诉讼目的在于维护法律秩序，保护当事人的起诉权，因而在诉权问题上，主张任何具有民事权利能力的人都享有请求法院作出判决的权利，而不问他是否享有民事权利，或者民事权利是否受到侵犯或发生争执。具体诉权说从民事诉讼目的是保护私权这一前提出发，认为诉权是请求法院作出有利判决的权利。凡是具有应受审判保护的民事权利的人都享有诉权，因而诉权只能由原告或被告一方享有。但是依据辩论主义查明的案件事实只能是形式上真实，起诉人未必就是实体权利享有人，这就产生了辩论诉讼中所固有的矛盾，即保护诉讼程序外的主体民事权利之诉讼目的与辩论主义诉讼之间的矛盾。本案判决请求说则主张民事诉讼目的是解决纠纷，按此，请求为本案判决的权利就是诉权，该诉权能否实现，取决于法院对该案件作出判决的诉讼要件是否具备。[③]

司法实践中，起诉权较之诉权更富有实践意义。在立案阶段，当事人通常最关心的是自己的起诉权能否得到保护；在案件审理阶段，最关心自己能否得到公正审判。法官们所言的诉权一般指起诉权。例如，我们常常听到某法官说，这个案件当事人没有诉权，实质上是说当事人提起的诉

---

① 张卫平：《民事诉讼法》，法律出版社 2004 年版，第 35 页。

② 江伟主编：《民事诉讼法》（第 3 版），高等教育出版社 2007 年版，第 279、362、375 页。其他教科书对起诉、上诉、再审之诉的定义也与此大同小异。我国 2007 年 10 月 28 日修改后的《民事诉讼法》规定当事人只能向作出生效裁判的上一级人民法院申请再审。

③ 江伟：《探索与构建——民事诉讼法学研究》（上卷），中国人民大学出版社 2008 年版，第 203 页。

讼不具备起诉的条件，不享有起诉权。在法院的裁判文书中，认为当事人的起诉不符合起诉条件而裁定不予受理或者驳回起诉，实际上是认为当事人不享有起诉权。至于案件做实体判决，无论是支持还是驳回当事人的诉讼请求，一般不使用诉权一词。司法实务中使用诉权的场合主要是指起诉权，起诉权更贴近于当事人和司法实务，因此，加强对起诉权的研究更具有实践价值，也更能体现诉权理论对司法实践的指导意义。

（二）起诉权与诉权的关系

诉权是当事人享有提起诉讼或者应诉并要求法院作出公正裁判以保护其民事权益的程序性人权，包括起诉权、反诉权、上诉权、再审诉权和应诉权。起诉权是公民、法人或者其他组织享有的作为原告要求法院启动审判程序，就自己提出的诉讼请求进行审判并给予司法保护的程序性人权。

笔者在前面提出了"诉权层次论"。诉权是一个权利体系。作为宪法层次的诉权，是宪法的基本权利，是程序性权利，是公民获得司法救济、实现权利的前提和基础。基于诉权启动的司法审判程序是保障人权实现的最有效的机制。诉权是诉讼制度的基础，无论是民事、行政、刑事诉讼还是宪法诉讼，都离不开诉权而存在。人权宣言、人权公约和外国宪法中有关诉权的规定，属于宪法层次的诉权。由宪法上的诉权派生出诉讼法（即部门法）意义上的诉权，包括宪法诉讼中的诉权、刑事诉讼中的诉权、行政诉权和民事诉权。民事诉讼法抽象层次的诉权，是对宪法层次的诉权在民事诉讼中的法律化，是对民事诉讼中当事人诉权的抽象概括，是连接宪法层次的诉权与当事人在民事诉讼中的所行使的诉权的桥梁和纽带。它应当规定在民事诉讼法典的总则中。民事诉讼法具体层次的诉权是指当事人在具体的民事诉讼活动中所享有和行使的诉权，包括抽象诉权的外在表现形式如起诉权、反诉权、上诉权、再审诉权和应诉权。民事诉讼法为保证这些诉权的实现而给当事人配置一系列诉讼权利，进而实施相应的诉讼行为。民事诉讼法规定的诉讼制度、诉讼程序是为当事人行使诉权和法院行使审判权、实现诉讼公正服务的。

在三个不同层次的诉权中，起诉权本质上是诉诸司法的权利，是打开司法之门的钥匙，是整个诉讼程序的原动力，因而起诉权在诉权体系中处于非常重要的地位。起诉权还包含着公正审判请求权，要求法院给予司法保护和司法救济，因为当事人不只是为了起诉而起诉，行使起诉权启动诉讼程序既是手段又是目的，但不是唯一目的，程序性目的是启动诉讼程序使纠纷或者案件形成诉讼系属状态，实体性目的是保护合法权益、解决纠纷（即通过法院审判解决实体权利义务的争议）。尽管民事审判中实体公正与程序公正既有内在联系又有各自的评判标准，民事诉讼是民事诉讼法与民事实体法相互作用的“场”，但正是因为起诉权和应诉权中包含了公正审判请求权，当事人不服或者认为裁判有错误，法律赋予上诉权或者再审诉权。起诉权是诉权的最典型、最充分的体现，是诉权的核心内容，是最重要的一种诉权。对于民事纠纷的双方当事人来说，都享有起诉权，而且是平等的。任何一方当事人都有权首先向法院提起诉讼，而一旦一方当事人起诉后，另一方享有的起诉权表现为反诉权。只有通过起诉权启动了第一审程序，才可能发生基于上诉权启动的上诉审程序和基于再审诉权或者法院、检察院依职权启动的再审程序。起诉权、上诉权、再审诉权是启动诉讼程序的诉权。基于诉权平等和审判权平等保护双方当事人的原理，应诉方享有的诉权是应诉权。从起诉权在诉权体系中的地位和功能看，起诉权是基石性诉权。从社会发展史来看，社会共同体成员的实体权利和利益受到侵犯后不能得到及时、有效的司法救济，主要是由于起诉权受限制、难以接近法院，其次才是由于审判不公正。基本人权中倘若缺失了起诉权，则会使实体性基本人权失去以国家强制力作为后盾的司法保障，因为起诉权是人由社会人成为“法律上的人”的基础性权利。

虽然按照前述的“层次论”，起诉权是最重要的一种诉权而不是诉权的全部内容，是处于第三层次的具体诉权，但第一层次和第二层次的诉权的核心内容是起诉权，如果从第一层次和第二层次中去掉了起诉权的内容，就会变得空洞无物，也不能称为诉权了，因为起诉权体现和承载了诉权的精髓，是诉权的权利品格的经典表现形式。如果没有起诉权，上诉权、再审诉权、应诉权就成为无源之水、无本之木。除源自于公正审判请求权外，上诉权由审级制度所确定，再审诉权由诉讼价值的实体公正和程序公正所决定，应诉权基于平等原则。

（三）起诉权与诉讼权利的关系

起诉权是当事人进入法院的前提性权利，当事人行使起诉权就产生诉讼系属的效力,而诉讼权利则主要是当事人在民事诉讼过程中所享有的权利,诉讼行为是行使诉讼权利的动态过程。

我国现行民事诉讼法规定了当事人诉讼权利的三种表现形态:(1)多数诉讼权利为当事人双方共同享有并由其各自独立行使即可实现。例如,《民事诉讼法》第12、50条规定的当事人辩论权(即辩论原则);第38条规定的提出管辖异议权;第50条规定的委托代理人,申请回避,收集、提供证据,提起上诉,申请执行,查阅复制本案有关诉讼材料和法律文书等诉讼权利;第74条规定的申请保全证据权;第76条规定的申请顺延期限权;第92条规定的申请财产保全权;第97条规定的申请先予执行权;第107条规定的申请缓、减、免交诉讼费用权;第120条规定的申请不公开审理权;第125条规定的在法庭上提出新的证据,向证人、鉴定人、勘验人发问,要求重新进行调查、鉴定或者勘验等诉讼权利;第133条规定的申请补正法庭笔录权,第147条规定的上诉权;第178、179条规定的申请再审权等。此外,第48条规定对回避决定不服的,第99条对财产保全或者先予执行的裁定不服的,第105条对罚款、拘留决定不服的,第202条规定的对执行异议的裁定不服的,均有申请复议的权利。(2)某些诉讼权利为当事人双方享有且须由双方共同行使才能发生实际效果。这些诉讼权利有《民事诉讼法》第50条规定的请求调解权;第51条规定的诉讼中的自行和解权;第66条规定的质证权;第207条规定的执行中的自行和解权等。(3)某些诉讼权利分别为原告和被告各自享有。如《民事诉讼法》第52条规定的放弃、变更诉讼请求权;第126条规定的增加诉讼请求权;第131条规定的申请撤诉权,就专属于原告所享有。而《民事诉讼法》第52条规定的承认、反驳诉讼请求权及反诉权;第113条规定的提交答辩状的权利,就专属于被告所享有。[①]

起诉权与诉讼权利的区别表现在以下五个方面:(1)权利的性质不同。起诉权是诉诸司法的权利,是宪法层次的诉权的核心内容,是程序性人权,而申请回避、收集、提供证据和质证等诉讼权利是民事诉讼法上的权利。当然,这并不排斥宪法规定一些重要的诉讼权利,如辩论权等。(2)产生的时间不同。起诉权是任何人所固有的自然权利,不能抛弃,不能转让,是存在于诉讼外的权利。严格来讲,起诉权不属于当事人的诉讼

① 参见李祖军:《简论诉讼权利平等原则》,载《西南政法大学学报》2002年第2期。

权利,因为当事人行使起诉权时诉讼程序还没有开始或者说诉讼程序的开始是行使起诉权的结果。而诉讼权利(除了申请诉前保全的权利外)存在于诉讼过程之中,包括一审、二审、再审和执行程序中,可以放弃,还可以委托他人代为行使。当然,反诉权作为特殊形态的起诉权也存在于诉讼过程中,是因为民事纠纷的另一方当事人率先提起诉讼,启动了诉讼程序。(3) 权利主体不同。起诉权是人人享有的基本权利,于个案之中,起诉权是原告(含反诉原告)所享有的权利,而诉讼权利不仅为双方当事人享有,当事人以外的证人、鉴定人等诉讼参与人亦享有。(4) 权利的行使条件不同。根据一事不再理原则,一般就同一纠纷,当事人仅可行使一次起诉权,而许多诉讼权利如提供证据权、质证权、辩论权等可由双方当事人多次行使。(5) 义务主体不同。起诉权的义务主体是法院和法官,有义务和职责保证当事人的起诉权的实现,而诉讼权利的义务主体除了法院和法官,还包括对方当事人及其他诉讼参与人。

起诉权与诉讼权利的联系表现在:其一,起诉权的行使是当事人行使诉讼权利的前提条件。行使起诉权后,诉讼中的每一项具体权利都存在实际被行使的可能性,并且每一次权利的行使也会产生一定的效果,起诉权的合法行使能启动诉讼程序、发生诉讼系属,如果割断了起诉权与这些权利的关系,就无法找到当事人实施这些行为的法律依据。因此,起诉权是诉讼权利的抽象概括和权源,是诉讼权利的基础。是否具备起诉要件,往往决定着某一诉讼能否成立,某一纠纷能否得到法官的审理,某一诉讼活动能否开始,没有起诉权也就谈不上诉讼权利的行使。其二,诉讼权利是起诉权的实现手段。起诉权需要一系列具体的诉讼权能来实现其实体权益,而民事诉讼法所规定的当事人的诉讼权利则体现了起诉权的具体诉讼权能。诉讼权利既是当事人维护自己的实体利益和程序利益的必要手段,又是保证法院公正地审理和裁判的重要手段。原告行使起诉权的目的不仅仅是使案件得到法院的受理,还有要求法院作出公正裁判的目的。提供证据权、辩论权、申请回避权、公开审判权等诉讼权利的行使均为了最大限度地实现程序正义和实体正义,因此,诉讼权利的行使是起诉目的的延续,有助于真实、全面地实现起诉权的目的,没有诉讼权利作为保障或者诉讼权利得不到充分行使,起诉权就只能得到形式性保护而难以获得实质性保障。其三,二者的终极目的具有同一性。通常情况下,当事人行使起诉权和诉讼权利的终极目的都是为了实现自身的实体权益。

只是由于二者的法律位阶、产生的时间、权利主体不同,而对终极目的发挥着各自独特的作用。

(四)起诉权与民事权利的关系

起诉权与民事权利之间的显著区别主要有:(1)起诉权是程序性权利,为宪法和民事诉讼法所规定,民事权利是实体权利,由民事实体法作出规定。因此,它们的实现方式、义务主体等不完全相同。就民事权利而言,它通常通过权利主体为或不为一定行为以及请求他人为或不为一定行为得以实现;民事义务主体根据权利的性质的不同而有所不同。绝对权如人身权、物权的义务主体是主体之外的一切人,相对权如债权义务主体是民事法律关系中的相对人。而起诉权的实现需要通过法院和法官实施的审判行为,义务主体是法院和法官。(2)诉讼功能不同。尽管人们进行民事诉讼最原始的动机常常在于实现实体公正,但是,没有程序公正,实体公正是很难实现的。诉讼过程公正即程序公正,主要指的是在司法程序运作过程中所应遵循的价值标准。其意义在于,它是正确选择和适用法律,体现法律正义的根本保障。公正的程序可以排除选择和适用法律过程中的不当偏向,公正程序本身就意味着它具有一套能够保障法律准确适用的措施和手段。程序公正的意义还在于正当的程序产生出正当的裁判结果。[①] 民事实体权利规范是对案件的实体内容作出裁判所依据的规范,起诉要件是否合法,尤其是其中诉讼要件是否具备,是法官作出实体判决的前提。二者如同一辆车的两个轮子,对诉讼的进行发挥着不同的作用,不可能存在主从关系。[②] 这也决定了二者有时会出现分离,享有起诉权未必真正享有民事权利或未必是享有民事权利的主体。起诉权的行使一般无严格的时间限制,民事权利的行使则有时效限制。

起诉权与民事权利又有着极为密切的联系:(1)起诉权产生的逻辑前提是社会存在民事权利义务的争执,如果没有争执,起诉权无存在的必要。从这个意义上讲,起诉权是为了解决民事纠纷,保护当事人的民事权益而存在的,因此,行使起诉权的人即原告于个案中通常是民事权利受到侵害或与他人发生争执之人。(2)起诉权的功能不仅可以保护法律规定

---

① 李祖军:《民事诉讼目的论》,法律出版社 2000 年版,第 55 页。
② 〔日〕兼子一、竹下守夫:《民事诉讼法》,白绿铉译,法律出版社 1995 年版,第 8 页。

的民事权利，而且能够通过法院裁判生成新的民事权利。起诉权是为了寻求实体权益的司法保护，否则，单纯的程序运作毫无意义。比较法学者一般认为，英美法系则是一个“救济先于权利”的法系，相反，大陆法系是一个“权利先于救济”的法系。大陆法系的民事权利类型化并形成体系之传统，有助于法律体系的完整和法律的适用，容易为一般人所理解和掌握，但弊端则是容易导致僵化，往往过分拘泥于法律明文规定的权利类型，使民事主体在法定权利类型之外的权利诉求难以得到周到的保护。这是因为，主体的权利诉求的无限性和意志的自由性，必然使民事实体法无法将所有的权利类型化，必然会存在一些没有被法律确认，而实际上法律又应当在目前或将来确认的权利，即所谓的“应有权利”。法定权利是已经类型化了的有名权利，只要能够严格执行法律的规定，其获得充分的保障应属自然。应有权利未得到制定法的正面确认，不具有明确的权利名称和构成要件，甚至没有行使和给予保护的先例。这样的权利，较之法定权利更加容易被人忽视，也更加容易受到侵害。应有权利虽未被法律确认，但它已构成了法定权利的价值基础，具备了法定权利的应有特征，只是立法者受主观或客观条件的限制未能将其明确归入现行权利体系当中，甚至在学说上也未作讨论和归纳。但应有权利的客观存在是不容置疑的，并且其涉及主体的人格尊严和财产利益，实有保护的必要。当事人有利益诉求而行使起诉权提起诉讼，启动民事诉讼程序，由法官依据民法原理、公共政策和利益衡量作出判断，通过判决对应予保护的合法利益确立为新型民事权利，从而发展和完善民事实体法。在我国，民事侵权诉讼中的精神损害赔偿请求权，一开始并不是实体法上规定的民事权利，而是通过司法实践由个别保护到全面保护，最后通过司法解释上升为民事权利的。

七、我国起诉权与起诉制度的历史考察①

我国著名法律史学家张晋藩先生在《中国民事诉讼制度史》导言中提出的问题是：中国古代有无民事诉讼制度？其发展状况如何？有何特点与经验？这些问题同中国古代有无民事法律一样，是法制史学长期困

① 该部分属于基础理论，从逻辑上欠妥，但有研讨的必要。

惑的问题之一。这也是民事诉讼法学界极少研究的问题。[①] 他主编的这本著作填补了该领域的空白。笔者搜集到的这方面资料较少,故主要参考这本著作。另外,原准备考察西方起诉权与起诉制度的历史变迁,并与我国进行比较,但由于搜集到的相关资料太少,也就放弃了。

在法制文明发达很早的中国,就诉讼而言,从西周起便开始了民事诉讼与刑事诉讼的初步分野,这是为史书和地下文物的新发现所证实了的历史事实。因此中国古代民事诉讼制度不仅具有悠久的历史,而且内容丰富,特色鲜明,它的发展轨迹是和社会经济的发展,尤其是和民事法律关系的发展相一致的。中国古代民事诉讼制度,经历了漫长的发展过程,大致上可以划分为四个时期:(1) 民事诉讼与刑事诉讼初步划分时期——西周;(2) 民事诉讼制度的定型时期——秦汉至唐;(3) 民事诉讼的发展时期——宋至清;(4) 民事诉讼制度转型时期——晚清。中国古代的民事诉讼制度,受特定的国情的影响与整个法制发展状况的制约,形成了以下特点:(1) 民事诉讼与刑事诉讼,分中有合,合中有分;(2) 民事诉讼的标的被视为“细故”;(3) 强调依礼解决民事争端;(4) 调解发挥特殊作用;(5) 等级特权原则。[②] 中国古代的成文法完全以刑法为重点;法典的编纂主要限于对社会长期流行的道德规范的整理、编辑;只有在其他行为规范不能约束人们的行为时,方才诉诸法律,否则法律条文很少被引用。中国的法律注重于刑法,表现在比如对于民事行为的处理要么不做任何规定(例如契约行为),要么以刑法加以调整(例如对于财产权、继承、婚姻)。保护个人或团体的利益——尤其是经济方面的利益——免受其他个人或团体的损害,并不是法律的主要任务;而对于受到国家损害的个人或团体的利益,法律则根本不予保护。制定行为规范的目的在于防止那些在中国人看来对整个社会秩序具有破坏作用的犯罪行为的发生,并对行为者施以严厉的刑罚,恢复社会的和谐。[③]

西周的民事诉讼制度在民事案件的审判主体、受理条件以及审判方

---

① 因我国古代对民事诉讼的过于忽视或者轻视,以致美国布迪和莫里斯教授在悉心研究“中华帝国”的法律遗产时,所精选的190个案例竟然全是刑事案件。参见〔美〕D. 布迪、C. 莫里斯:《中华帝国的法律》,朱勇译,江苏人民出版社1995年版,第3页。这当然不是他们对刑事诉讼的过分偏爱,而是事实上不容易寻找到较为完整的民事诉讼案件的记载。

② 张晋藩主编:《中国民事诉讼制度史》,巴蜀书社1999年版,导言第2—11页。

③ 〔美〕D. 布迪、C. 莫里斯:《中华帝国的法律》,朱勇译,江苏人民出版社1995年版,第2页。

式等方面，都有了明确的规定，并且建立了民事案件的复核制度。同时，对刑事案件采取较之于民事案件更为关注的态度，在程序上刑事案件也更为完备，体现了重刑轻民的特点。西周关于民事案件的审判，重视严格的审判程序，但并未强调对诉权的保护。发生民事纠纷后，下级不得控告上级，这是对起诉权的限制；如违反了这一规定，要对起诉人予以处罚。西周民事诉讼中，就审判主体而言，根据双方当事人的身份、地位不同，由不同的司法官管辖与审理。大贵族、大官僚之间的民事争讼，由东宫、周王直接受理，体现了奴隶主阶级的等级特权原则。其他民事诉讼案件由大司徒审理。至于案件受理的条件，《周礼·秋官司寇》说："以两造禁民讼，入束矢于朝然后听之"。就是说，在以财货为主要标的物的民事诉讼中，只有原告及被告缴纳了束矢之后，诉讼才能开始。"束矢"相当于近代民事诉讼中的诉讼费用，同时也具有信用保证金的含义。民事案件在被受理后，还可以根据不同情况实行委托审判。周王或上级司法机关可将属于自己管辖、审理的案件，交给下级，委托下级进行审理。①

从秦开始，随着高度集权政治制度、司法与行政合一的管理制度的确立，封建立法关于人身财产关系以及有关人身关系的法律调整，也表现出了新特点。封建法律在强调人身财产关系和有关人身关系的刑法调整的同时，附带规定了民事责任。由此决定，诉讼制度中必然是民事诉讼依附于刑事诉讼，民事权利主要通过刑事附带民事的方式加以保护。无需起诉人对民事部分作专门起诉，在对刑事被告人判处刑罚时同时判决其应承担的民事责任。唐律中极少有现代意义上的民事法律规范。对财产、人身关系的调整，唐律采取的是刑事、民事结合并用的办法，而非单纯的民事手段。汉、唐民事案件的管辖，地域管辖实行以被告住所地为案件管辖的原则，级别管辖则实行一切民事案件不论大小均由县廷、县衙受理并断结的原则；在审级上实行三级三审制度。由于实行诬告反坐的诉讼制度，对老、幼、残疾等享受免于拷讯及刑罚减免特权的人，限制老、幼、残疾之人的诉权。而且，由于强调法律对封建伦常关系的保护，又严禁子孙告发祖父母、父母。汉、唐颇为重视告诉与受理制度的贯彻实施。唐律对当事人越诉和司法官违反法定诉讼程序的行为，规定了严密的法律责任。当事人不"从下至上"辞诉，司法官违反律令受理越诉，当事人持有"不理

① 参见张晋藩主编：《中国民事诉讼制度史》，巴蜀书社 1999 年版，第 5—6、15、19、21 页。

状"依法上诉司法官推抑而不受理,当事人"请状上诉"而司法官"不给状",有人邀车驾及挝登闻鼓及上表申诉主司却不接受,如此等等违反告诉与受理制度的行为,《唐律·斗讼》都规定了相应的法律责任,予以刑事制裁,以确保告诉与受理制度的实施。汉、唐民事诉讼制度主要有三个特点:(1) 教化为主,以求无讼;(2) 德礼为本,缘情以断;(3) 重实体而轻程序。[①]

宋代的民事起诉主要包括以下内容:其一,原告人的条件。原告必须是本案的直接利害关系人,法律禁止非直接关系人提起诉讼。禁止"不干己事"者妄诉,是为了防止形成告讦之风。老人、病残人及妇女提起的诉讼,可以由家人代理。亲属之间发生的民事纠纷可以互相论告。其二,民事起诉的时间。在中国古代社会,以农立国是历朝统治者的基本国策之一。为了减少民事诉讼活动对农业生产的不良影响,在唐律中便有了"务限"的规定,民事诉讼的提起只能在每年的 10 月 1 日以后至次年的 3 月 30 日之间的农闲时节。宋初制定的《宋刑统》便沿用了唐律的这一规定,并且更为详细,起诉的时间是每年的 10 月 1 日以后至次年的正月三十日之前,而官府必须在 3 月 30 日之前审理完毕,但与农业生产无关的民事诉讼仍可随时起诉。其三,书写诉状。宋律规定民事起诉的形式主要是用起诉书呈控。法律对诉状的书写有一定的要求。诉状书写符合规定的起诉,官府才受理。其四,受理民事诉讼的有关规定。(1) 根据宋律的规定,对于符合起诉条件的民事诉讼,有管辖权的机构必须受理。应受理而不受理者要治罪,"应合为受推,抑而不受者,笞五十,三条加一等,十条杖九十"。[②] 对于不符合起诉条件的民事诉讼,则不允许官司受理。不应受而受理者,也要治罪。(2) 不得受理证佐不明之诉。宋律规定,对于民事纠纷所争之客体年代久远,或因有关当事人已死亡,无法取证的诉讼不得受理。(3) 不得受理越诉。宋代法律规定民事起诉必须从县衙开始,然后可以经本州、转运司、提点刑狱司、尚书本部、御史台、尚书省逐级上诉,禁止越诉。(4) 不得受理诉事而自毁伤者之诉。在古代的司法诉讼中,时有当事人做出自毁身体,必欲胜诉的举动。这种情况的出现主要有以

---

① 参见张晋藩主编:《中国民事诉讼制度史》,巴蜀书社 1999 年版,第 24—25、27、31、42—46 页。

② 《宋刑统》卷二十四"越诉"门。

下两个原因:一是当事人抱负冤抑,不能自伸,因而自残其躯,以求直于宫府;二是嚣讼之人为胁迫官府,自假毁伤,撼动一时之听。[①] (5) 不得受理超过法定时效之诉。宋代民事诉讼中的时效制度比之前代有了很大的发展,凡超过法定时效之诉,官府不再受理。[②]

在元朝的法典中,第一次出现了"诉讼"专篇。"诉讼篇"是以唐宋律"斗讼"篇为基础,并将其中有关诉讼的内容分别编纂而成的。元朝专列"诉讼"篇意味着立法者有意将实体法与程序法加以区分,以适应诉讼活动日益增多的形势需要。根据元律,书状是提起民事诉讼的首要条件。元朝在唐宋律关于诉状等规定的基础上,对书状的格式作出具体、严格的规定:要求书状的格式整齐划一;须注明年月,指陈事实,不得称疑;对于诉讼请求要书写明白,凡是诉讼请求不明确的书状,司法机关可要求具状人补写明白,然后方予受理;一状不得告二事;在诉讼请求中,"若重事得实,轻事虚招"者免罪,"轻事若实,重事诬者,依条反坐",目的在于"庶望少革侥悻之弊"。在元朝成年男子具有完全的告诉权。对诉讼原告人的资格限制:一是随着纲常名教影响的深入,逐渐剥夺了妇女在民事纠纷中的告诉权;二是对于血亲关系人之间的告诉,以及奴婢告主都有严格的限制;奴婢也不得擅行告主,而应为主容隐。官府在受理民事诉状时,要审查其诉状是否符合法定的格式,证验是否齐全,如不合要求则不予受理。如应受理而不受理者,主管官吏也要受到惩罚。元朝对老弱废疾的民事案件优先受理。根据《元典章·刑部·诉讼·代讼》、《元史·刑法志》及《事林广记》的记载,元朝民事代理制度日趋定型,并得到法律形式的确认,这是中国民事诉讼制度史上具有重要意义的。对于明清时期民事代理制度的进一步发展,奠下了历史的基础。代理主要适用于民事案件。[③]

明代法律规定了口头和书面两种民事起诉的形式。口头形式的起诉明代又称"口告",这种形式一般是那些没有文化不能书写的原告起诉时所使用的。原告口诉时,审判机关必须将口诉内容记录清楚,一般的审判机关内都设有专门人吏负责此项工作。书面形式是明代统治者所提倡的,一般要求要有起诉书,当时称为"词状"或"本状",可以自己书写,也

---

① 《清明集》卷一三《钉脚》。

② 参见张晋藩主编:《中国民事诉讼制度史》,巴蜀书社 1999 年版,第 60—69 页。

③ 同上书,第 97—98、107—114 页。

可以请人帮助书写，帮助书写词状的人叫“代书人”。为了使民事诉讼不至影响封建伦理道德，避免奸民滥诉而造成当事人不必要的诉累，影响生产与社会秩序，明代对民事起诉规定了一系列的条件限制：(1) 原告人的条件。原告必须是与本案有直接利害关系的个人；原告必须是有诉讼权利能力和行为能力之人，老人、儿童、病残人以及妇女等均属于无或者限制权利能力和行为能力之人，只有在确实没有亲人（民事代理人）的情况下，才能充当原告人；官吏充当民事诉讼的原告人时，有特殊的限制；原告人不得以伤残自己身体的办法来胁迫官府、图赖财物。(2) 诉状内容的要件。一是内容必须真实，有事实根据，不能“添捏虚情”或“捏词妄诉”，以诬告陷害；二是诉状内容不能“摭拾旁事”以至事态扩大、牵连人众或隔别府卫军民。(3) 亲属之间相告的条件。“同居相隐”本来是封建法律的一个重要原则。但明代法律针对民事诉讼的不同特点而相对放宽了某些同居相隐的要求，允许有条件的对自己的同居亲属提起诉讼。(4) 民事起诉不能违反法定时效。(5) 对越级起诉的限制。不应受理而受理的责任，“官司受而为理者，笞五十。”应该受理而不受理的，要追究其刑事责任：“斗殴、婚姻、田宅等事，不受理者，各减犯人罪二等，并罪止杖八十。受财者，计赃以枉法从重论。”依照“原告就被告”的原则，被告所在机关应受理却“推故不受理者，罪亦如之。”①

在清代，民事案件的起诉必须呈递符合程式要求的诉状，分为正状和副状。诉状的具体要求：文字有限定；诉状的内容包括案发时间、案情梗概、被告姓名住址、告诉人及抱告、代书的姓名、住址以及告诉人的签押等，所请求的内容要符合法律、情理并有实体的请求权；注重书证；允许代书，但不得增减事实。严禁民间的讼师包揽词讼。一般在起诉后便可得到“准理”或“不准理”的明白批示。州县官无故不受理民事案件的法律责任：凡“告……婚姻、田宅等事不受理者，各减犯人罪二等，并罪止杖八十。受财者，计赃以枉法从重论。”②在民事案件的审理中，只有州县长官才有审理权。州县官应受理而未受理的民事案件，或违反审案期限，未经展限而过期结案，或由于故意、过失使判决有出入，均须承担法律责任。清末法律改革的结果，在诉讼制度中实现了诉讼法与实体法的分立，民事

---

① 张晋藩主编：《中国民事诉讼制度史》，巴蜀书社 1999 年版，第 140—148 页。
② 《大清律例》卷三十《刑律·讼诉·告状不受理》。

诉讼与刑事诉讼的分立，从而产生了近代意义上的中国民事诉讼制度。在光绪三十三年（公元1907年）颁布的《各级审判厅试办章程》中，区分了刑事案件与民事案件，并对民事诉讼的几个主要环节做了规定。光绪三十三年完成了《刑民事诉讼法》（草案），宣统二年（公元1910年），沈家本等又完成了《民事诉讼律草案》，从而开创了中国近代民事立法的先例，建立了近代化的中国民事诉讼法体系。[①]

综上所述，我国古代起诉制度对起诉权做了许多限制性的规定，主要表现在以下几个方面：(1) 起诉权并非人人享有而成为身份特权。我国古代是一个等级森严的社会，贵贱尊卑的身份不同，在民事诉讼中的地位也不同，法律明文规定有些人是无权向司法机关提起诉讼的。而且"起诉必须合乎礼的原则，又要受到礼的限制。礼的基本原则亲亲、尊尊必然反映和贯彻于起诉制度之中。"[②]在西周，宗法制度明确规定儿子不准告父亲，如果"父子将狱，是无上下也"；奴隶主贵族之间的起诉权同样存在不平等，他们进行奴隶交易发生民事纠纷后，大贵族可以随时起诉小贵族，但是后者不得起诉前者，否则对起诉人予以处罚。汉、唐限制老、幼、残疾之人的诉权，严禁子孙告发祖父母、父母。在元朝，只有成年男子具有完全的告诉权，妇女在民事纠纷中的告诉权被剥夺；对于血亲关系人之间的告诉，以及奴婢告主都有严格的限制。(2) 规定的起诉条件严格。西周在以财货为主要标的物的民事诉讼中，只有原告及被告缴纳了束矢之后，诉讼才能开始。"束矢"相当于近代民事诉讼中的诉讼费用。在中国古代民事诉讼程序的启动方面，"正式的法律总是以垂直方式发生作用，即由国家指向个人，而不是以水平方式在个体之间发生作用。如果甲乙两人之间发生纠纷，甲不得直接向乙提起诉讼，而必须向政府提出控诉，由政府决定是否向乙提起诉讼。"[③]也就是说，民事诉讼程序启动的决定权由政府享有。在原告人的条件方面，宋代规定原告必须是本案的直接利害关系人，禁止非直接关系人提起诉讼，禁止"不干己事"者妄诉；明代也规定原告必须是与本案有直接利害关系的个人，原告必须是有诉讼权利

---

① 参见张晋藩主编：《中国民事诉讼制度史》，巴蜀书社1999年版，第186—193、222—224、229—230页。

② 李交发：《中国诉讼法史》，中国检察出版社2002年版，第80页。

③ 〔美〕D. 布迪、C. 莫里斯：《中华帝国的法律》，朱勇译，江苏人民出版社1995年版，第2页。

能力和行为能力之人,老人、儿童、病残人以及妇女等均属于无或者限制权利能力和行为能力之人。在诉状的要求方面,宋律规定诉状书写符合规定的起诉,官府才受理;根据元律,书状是提起民事诉讼的首要条件,一状不得告二事,元朝在唐宋律关于诉状等规定的基础上,对书状的格式作出更为具体的、严格的规定,官府在受理民事诉状时,要审查其诉状是否符合法定的格式,证验是否齐全,如不合要求则不予受理。(3) 起诉期限的限制。在中国古代社会,以农立国是历朝统治者的基本国策之一。为了减少民事诉讼活动对农业生产的不良影响,在唐律中便有了"务限"的规定,民事诉讼的提起只能在每年的 10 月 1 日以后至次年的 3 月 30 日之间的农闲时节。宋初制定的《宋刑统》便沿用了唐律的这一规定,并且更为详细,起诉的时间是每年的 10 月 1 日以后至次年的正月 30 日之前,而官府必须在 3 月 30 日之前审理完毕。在清代,每月也只有 6 至 9 天受理民事诉讼,在每年的 4 月 1 日至 7 月 30 日的农忙季节,凡涉及到户、婚田土及各类轻微之事的争讼则概不受理。当然,州县官在每月特定的这几天里必须亲自坐堂接受人们的控告。他的第一个步骤是通过当堂质问,决定控告是应当受理还是应当驳回。在诉状的末尾写有一批,或宣布受理,或说明不受理的理由。这些定日限期接收起诉的制度,实际上起到迟延受理案件的作用,有助于压制当事人的诉讼要求,促使当事人在起诉前自行和解。① 对起诉期限的限制,不利于老百姓及时行使起诉权,不利于社会矛盾的及时化解,往往导致矛盾的激化,并不利于社会的稳定与和谐。(4) 民事诉讼依附于刑事诉讼,起诉权因长期缺乏完善的程序而丧失独立的权利品格。西周就体现了重刑轻民的特点。从秦开始,封建立法在强调人身财产关系和有关人身关系的刑罚调整的同时,附带规定了民事责任,民事诉讼依附于刑事诉讼,民事权利主要通过刑事附带民事的方式加以保护。无需起诉人对民事部分作专门起诉,在对刑事被告人判处刑罚时即将同时判决其应承担的民事责任。我国古代起诉制度对起诉权限制的原因主要是,"基于对无讼强烈追求之结果,对宗族社会内部调解机制过于重视的结果,家国一体社会结构的客观要求,统治者基于对

---

① 瞿同祖:《瞿同祖法学论著集》,中国政法大学出版社 2004 年版,第 455—456 页。

国家和社会进行统治与控制的需要”。[①] 在以和谐为核心内容的法文化背景下，诉讼的对抗性容易影响社会和谐，无讼状态是古代中国社会的必然要求和理想状态，因此，限制诉讼、强调调解是必然之举。

当然，我们也应看到，中国古代的起诉制度中也有先进之处，有些立法规定的制度甚至是当今中国民事诉讼法所望尘莫及的。例如，规定了应当受理而不予受理的法律责任（侵犯原告的起诉权要承担刑事责任），重视告诉与受理制度的贯彻实施。当事人持有“不理状”依法上诉司法官推抑而不受理，当事人“请状上诉”而司法官“不给状”，有人邀车驾及挝登闻鼓及上表申诉主司却不接受，如此等等违反告诉与受理制度的行为，《唐律·斗讼》都规定了相应的法律责任，予以刑事制裁。根据宋律的规定，对于符合起诉条件的民事诉讼，有管辖权的机构必须受理。应受理而不受理者要治罪，“应合为受推，抑而不受者，笞五十，三条加一等，十条杖九十”。对于不符合起诉条件的民事诉讼，则不允许受理。不应受而受理者，也要治罪。在元朝，如应受理而不受理者，主管官吏也要受到惩罚。明代规定了不应受理而受理的责任，“官司受而为理者，笞五十。”应该受理而不受理的，要追究其刑事责任，“斗殴、婚姻、田宅等事，不受理者，各减犯人罪二等，并罪止杖八十。受财者，计赃以枉法从重论。”依照“原告就被告”的原则，被告所在机关应受理却“推故不受理者，罪亦如之。”在清代，州县官无故不受理民事案件的法律责任是：凡“告……婚姻、田宅等事不受理者，各减犯人罪二等，并罪止杖八十。受财者，计赃以枉法从重论。”州县官应受理而未受理的民事案件，或违反审案期限，未经展限而过期结案，或由于故意、过失使判决有出入，均须承担法律责任。此外，汉、唐民事案件在审级上实行三级三审制度。

在中国古代社会，民众的起诉权具有不平等性、受限制性、服从性等缺点，起诉权实际上由政府与民众分享或完全由政府独享，在这种社会背景下，是不可能产生现代意义上的起诉权的。作为公民的一项基本人权，起诉权只有在民主社会才能产生。我国的起诉权立法最早见于清末预备立宪。鸦片战争失败以后，不少有识之士意识到要富国强民，必须改变中国传统的法律制度及诉讼制度，实行变法维新。其中以康有为、梁启超为

---

① 张嘉军、乔苹苹：《论我国古代起诉制度对诉权的限制》，载陈桂明主编：《民事诉讼法学专论》（2007年卷），厦门大学出版社2008年版，第377—379页。

首的资产阶级维新派,发动了一场争取资产阶级民主宪政的运动,揭开了中国宪政运动的序幕。清末统治者为保住其统治,玩弄了预备立宪的骗局,于1908年公布了《钦定宪法大纲》,该大纲"臣民权利义务"部分规定了"臣民可以请法官审判呈诉之案件",由于其同时规定皇帝具有至高无上的权威,即"总揽司法大权",故这种权利仍然是统治者单方授予的,不是现代意义上的起诉权,但是,毕竟这是第一次以"宪法"的形式规定了起诉权。孙中山先生领导的辛亥革命胜利后,于1912年颁布了《中华民国临时约法》,它是中国历史上第一部资产阶级民主性质的宪法性文件,其第9条规定"人民有诉讼于法院,受其审判之权",这是第一次以人民的名义、以根本法的形式明确规定人民的起诉权。此后,北洋政府颁布的《中华民国约法》等宪法性文件也都明确规定了国民有"诉讼于法院之权"。1946年南京国民政府制定的《中华民国宪法》也规定了国民的"诉讼权"。[①] 自清末到民国,虽然引进和移植了一整套西方诉讼制度,例如,以"人民"或"国民"的名义,明确将起诉权载入国家的根本大法,但受传统文化强大排外作用的影响,这些制度在中国几乎难以生存,中国诉讼文化中轻视个人权利的传统,丝毫没有因为这些制度的引进和移植而减弱。[②]

在新民主主义革命时期,我国曾经制定了一些人权保障条例,其中涉及人民有诉诸司法的权利(即起诉权)。1942年陕甘宁边区政府公布的《陕甘宁边区保障人权财权条例》规定,区乡政府对该管区的居民争讼事件,得由双方当事人同意为之调解。如不服调解,当事人得自行向司法机关起诉,不得拦阻或者越权加以处分。人民诉讼,司法机关不得收受任何费用。[③] 新中国成立之后,国家基于政治上的考虑等因素,废除了当时颇具一定立法水准的六法全书,又没有及时制定各类新法典,实体法严重缺位。尽管如此,公民的起诉权还是得到持续而有力的保护,诉讼案件的类型和数量逐年上升。新中国成立后,我国相继颁布了1954年、1975年、1978年和1982年宪法,然而这四部宪法,虽然制定的历史条件相异,但

---

① 刘敏:《裁判请求权研究——民事诉讼的宪法理念》,中国人民大学出版社2003年版,第101—103页。

② 李祖军:《民事诉讼目的论》,法律出版社2000年版,第48页。

③ 刘敏:《裁判请求权研究——民事诉讼的宪法理念》,中国人民大学出版社2003年版,第103页。

在“公民的基本权利和义务”一章中,都未规定公民的起诉权。现行宪法规定了一些公民起诉权的保障性条款,如“中华人民共和国人民法院是国家的审判机关”、“人民法院审理案件,除法律规定的特别情况外,一律公开进行”、“人民法院依照法律规定独立行使审判权,不受任何行政机关、社会团体和个人的干涉”等。我国从 1979 年 9 月开始起草民事诉讼法,1982 年 3 月第五届全国人大常委会第二十二次会议通过了《民事诉讼法》(试行),在普通程序中规定了起诉与受理制度,1991 年《民事诉讼法》对其作了修改和补充。2007 年 12 月修正的《民事诉讼法》只对审判监督程序和执行程序作了修改,其他部分未作修改。由于第二章对我国现行民事诉讼法规定的起诉与受理制度以及起诉权做了分析,此处不再赘述。

第二章 起诉权比较论

一、起诉权行使的条件

(一) 大陆法系的起诉要件与诉讼要件

在大陆法系国家,诉讼过程在理论上被分为三个阶段:为了让法院就诉讼进行审理、判决,首先诉讼必须适法提起(第一阶段)。使诉讼适法提起的要件称为“起诉要件”;其次,一旦具备这一要件,事件便系属于法院,其系属在程序上必须适法(第二阶段)。使诉讼适法系属所必须具备的要件称为“诉讼要件”;经过以上阶段,最后就原告的请求(本案)进行审理、判决(第三阶段)。要使法院裁判原告的请求有理,必须满足实体上的构成要件,使其主张得到认可,这称为“权利保护要件”或“本案要件”。①

“诉讼要件”是指法院对本案实体权利义务争议问题继续进行审理并做出实体判决的要件。② “诉讼要件”的表述在字面上是一种误导,它让人以为是指诉讼成立所需的要件,其实不然。诉讼要件只是指为了做成本案判决所需的要件;即使欠缺诉讼要件,也不妨碍诉讼的成立和审理的开始。但是,在判明欠缺诉讼要件的时候,法院应作出驳回诉的判决,停止对本案的审理。③

---

① 〔日〕中村英郎:《新民事诉讼法讲义》,陈刚等译,法律出版社2001年版,第152页。

② 〔日〕新堂幸司:《民事诉讼法》,日本弘文堂1989年版,第203页。

③ 〔日〕高桥宏志:《重点讲义民事诉讼法》,张卫平、许可译,法律出版社2007年版,第2页。

1. 德国。只要诉状符合法定的形式要件,经法院送达被告后,即产生诉讼系属,而无需相关的受理程序。虽然区分正当当事人和程序当事人,但在起诉受理阶段,当事人的地位纯粹取决于起诉状,只要起诉状列明即可。[①] 因此,法院并不对起诉的当事人资格进行实体审查。诉讼要件是法院对当事人的起诉是否作出实体裁判所依据的标准。德国民事诉讼法将诉讼要件分为绝对的诉讼要件和相对的诉讼要件。绝对的诉讼要件是指法院依职权应该予以审查的条件,而不论被告是否提出异议;相对的诉讼要件,又称诉讼障碍,是指仅在被告提出异议时,法院才予以审查的条件。[②] 绝对的诉讼要件,主要有:(1) 管辖权;(2) 当事人能力(第 50 条)与诉讼能力(第 51 条);(3) 其他同样诉讼在系属中(第 261 条第 3 款);(4) 既判力,是指对同一诉讼不存在既判力的判决,即不违反"一事不再理"原则。相对的诉讼要件主要有仲裁协议和诉讼费用担保。

2. 日本。起诉要件是指诉的适法提起所必需的要件。欠缺此要件时,即使存在起诉行为,其起诉在诉讼法上也视为不成立。起诉要件有:(1) 诉状中必须写明必要记载事项;(2) 贴用收入印纸,交纳规定的手续费;(3) 将诉状送达于被告。审判长依职权调查诉状是否具备以上要件。如果具备,诉才算适法的诉;欠缺以上要件时,由审判长规定一定期间责令其补正,原告补正后,才产生起诉的效果。如果原告没有进行补正,审判长将以命令驳回诉状。[③]

原告若要获得诉所要求的胜诉判决(也即达到诉之目的),其针对被告提出的权利主张(请求内容)必须获得认可;而诉讼要件,是法院在审理及判断是否认可该权利主张时必须具备的事项。对构成请求内容之权利主张妥当与否作出的审判,被称为本案判决,因此,诉讼要件可以说是作出本案判决之要件。[④] 显然,"这里的诉讼要件并不是指诉讼开始的要件,而是可以对本案实体权利义务争议进行判决的要件,其法律效果在于,如果不具备对本案实体请求或实体权利义务争议判决的要件,也就不

---

① 参见〔德〕狄特·克罗林庚:《德国民事诉讼法律与实务》,刘汉富译,法律出版社 2000 年版,第 4 页。

② 崔峰:《敞开司法之门——民事起诉制度研究》,中国政法大学出版社 2005 年版,第 51 页。

③ 〔日〕中村英郎:《新民事诉讼法讲义》,陈刚等译,法律出版社 2001 年版,第 152—153 页。

④ 〔日〕新堂幸司:《新民事诉讼法》,林剑峰译,法律出版社 2008 年版,第 213 页。

能够对原告的实体请求或实体权利义务争议作出判决。”①法院就诉讼请求的正确与否进行审理、裁判，其前提是其系属在程序法上必须具备诉讼要件并且适法。诉讼要件包括：(1) 有关法院的诉讼要件：当事人起诉到法院后，法院先要审查的是本法院对本案有无裁判权和管辖权；(2) 有关当事人的要件：当事人必须具备完成诉讼的能力，即当事人应具有当事人能力和诉讼能力，如果无诉讼能力者，需由其法定代理人适法代理，起诉后，其诉讼代理权的存在也成为诉讼要件；(3) 有关诉讼标的的要件：诉讼标的必须特定化，且当事人对诉讼标的具有诉的利益，对同一诉讼不存在有既判力的判决。这些要件由法院依职权进行审查，不用等待当事人的申请。“诉讼上的障碍”指妨碍诉讼依法系属的事项，包括仲裁协议与诉讼费用担保，在被告提出抗辩时才进行审理，而不由法院依职权进行审查。具备诉讼要件时，诉讼进入本案审理阶段。本案审理法官将判断原告的诉讼请求及理由是否成立，其判断的标准就是“权利保护要件”(或称为“本案要件”)。原告的诉讼请求就是本案审理的对象，它包括权利主张和权利根据两个方面。其具体标准由实体法来规定。② 日本学者伊藤真认为诉讼要件通常包括以下内容：当事人实际存在；具有当事人能力；当事人适格；当事人实施起诉行为；实施了有效送达；不属于二重诉讼；具有诉的利益；属于法院裁判权范围；属于审理本案的法院管辖等。③

通过对德国、日本的相关探讨，可以看出：其一，“起诉要件”是指提起诉讼所必须具备的条件，又称“诉讼成立要件”。缺乏诉讼成立要件，起诉不能成立，法院将作出驳回诉状的命令；只有具备诉讼成立要件，诉讼才系属于法院，同时法院也具有了审判的义务。诉讼成立要件仅仅是形式性的，一份形式完备的诉状就能启动诉讼程序，法院对原告的起诉不进行任何实体性审查。由于诉讼成立要件是形式性的，原告向法院进行登记后诉讼便系属，又称为立案登记制度。其二，即使起诉合法后，法院也并不总是能对权利争议作出实体判决。诉的合法系属是法院进行实体判决的前提，诉只有符合诉讼法规定的程序性要件才能够合法系属，使诉

---

① 张卫平：《起诉条件与实体判决要件》，载《法学研究》2004 年第 6 期。

② 〔日〕中村英郎：《新民事诉讼法讲义》，陈刚等译，法律出版社 2001 年版，第 153—157 页。

③ 〔日〕伊藤真：《民事诉讼法》，日本弘文堂 2002 年版，第 221 页，转引自张卫平：《起诉条件与实体判决要件》，载《法学研究》2004 年第 6 期。

合法的程序性要件称为诉讼要件。由于诉讼要件是进行本案实体审理的前提条件,因此又称“实体判决要件”。由于起诉要件是形式性的,因此诉讼要件发挥着过滤不合格诉讼的重要作用。诉讼要件的内容一般包括:法院有裁判权和管辖权;当事人有当事人能力、诉讼能力,代理人适法代理,当事人适格;诉讼对象特定,有权利保护利益(即诉的利益),不属于重复起诉,不存在对同一事件有既判力的判决。① 诉讼要件是法院依职权调查之事项,无论当事人是否主张。诉讼要件的审查发生在诉讼系属后的任何阶段,在诉讼系属之前,法院对诉状进行形式审查时,不允许对诉讼要件存在与否进行判断。其三,诉只有在具备诉讼要件后,才能进入本案审理即实体判决,诉讼要件是本案审理的前提。使法院认同原告请求所必须具备的要件,即是本案要件,又称权利保护要件。权利保护要件一般是指诉讼标的的法律关系要件。在大陆法系国家,理论上对权利保护要件的审理应当在诉讼要件审理之后,因为后者是前者的前提,但在实践中,诉讼要件的审理与本案实体争议的审理是并行的。对权利保护要件的审理都不应当发生在诉讼系属之前。其四,欠缺权利保护要件,法院将作出诉无理由之实体判决,欠缺诉讼要件,法院将作出诉不合法之诉讼判决。

3. 法国。提出诉讼请求属于独立的法律行为,应当具备作为法律行为的形式条件和实质条件。形式条件包括诉讼请求的起草形式和通知形式应符合法定要求;实质条件是指原告提出诉讼请求系自愿以及具备进行诉讼的能力。只有具备这些条件,诉讼请求才能有效,否则提出诉讼请求的文书无效,诉讼也因此无效。这种无效通过“程序上的抗辩”来提出。诉讼请求是否有效与诉讼请求是否受理是不同的概念。诉讼请求的受理是要求提出诉讼请求的人享有诉权。享有诉权以及诉讼具有可受理性的必要条件有:提起诉讼请求的人与诉讼请求的成立与否有正当利益;具备提出诉讼请求的行使诉权的资格;必须是没有做判决的事由;必须在一定期限内提起诉讼。如果不具备上述条件,诉讼请求不予受理。这种“不可受理性”是通过一种程序上的方法即“诉讼不受理”提出的。另一方当事人运用这种防御方法,目的在于使法院不经实体上的审理,即宣告

① 〔日〕中村英郎:《新民事诉讼法讲义》,陈刚等译,法律出版社 2001 年版,第 153—156 页;〔德〕奥特马·尧厄尼希:《民事诉讼法》,周翠译,法律出版社 2003 年版,第 178 页。

对方当事人的诉讼请求因无诉讼请求权而不予受理。按照法国《新民事诉讼法典》的规定,“诉讼不受理”在诉讼的任何阶段都可以提出,法官基于公共秩序性质、诉讼无利益等情形,也可依职权提出诉讼不受理。[①]

(二)英美法系起诉权行使的条件

1. 美国。美国在立法上并未对原告的起诉条件进行规定,在理论上也不对起诉要件与诉讼要件之间的区别加以探讨。根据《美国联邦民事诉讼规则》第 3 条的规定:“民事诉讼从原告将诉状提交至法院时开始。”当法院在收到原告所提交的诉状之后,由法院书记官签发传唤状,在此基础上由原告向被告直接送达诉状。对待当事人的起诉,在美国的民事诉讼中并不存在由法官直接把关的问题。因不具备诉讼要件而申请驳回诉讼的抗辩是由当事人进行的,被告可以以答辩状提出,也可以在提出答辩状之前以申请的形式提出驳回诉讼的答辩,这些事项具体是:欠缺事物管辖权;审判地不适合;传唤被告的传唤状不具备要件;传唤被告不符合法定程序;没有叙述所要求的救济请求;没有按照规则第 19 条规定的必要共同诉讼当事人参加诉讼。当事人提出驳回诉讼申请时,对上述几项抗辩应尽可能一次合并提出,否则就视为放弃其余事项的抗辩请求权。但是,下列情况例外:第一,法院欠缺事物管辖权;第二,诉状没有叙述要求救济的请求;第三,必要共同诉讼人没有参加诉讼;第四,对请求没有叙述法律根据。[②] 从美国既有的司法判例来看,对于原告方启动诉讼所依据的诉状所存在的有关缺陷是本着从宽掌握的原则,以便使其尽量不影响原告起诉行为的有效性。例如,美国联邦最高法院 1957 年在一项判例中指出:“除非原告不能证明其请求的基础和所救济的权利的事实关系,即使在请求的记载上有欠缺也不得驳回起诉。”[③]

2. 英国。在英国,民事诉讼由法院基于原告之申请,签发诉状格式时提起。诉状格式是法院基于原告的申请,向被告签发的一种命令,通知被告必须满足诉状格式所载之诉讼请求或者必须把送达认收书交至法院,否则将很可能导致败诉后果。《英国民事诉讼规则》第 16·2 条规定

① 常怡主编:《比较民事诉讼法》,中国政法大学出版社 2002 年版,第 561—562 页。
② 同上书,第 563 页。
③ *Conley* v. *Gibson*, 355 U. S. 41(1957).

诉状格式包括以下内容:准确陈述诉讼请求的性质;确定原告请求的救济;如原告提起给付金钱之诉的,须载明金额陈述;载明有关诉讼指引规定的其他事项。诉状格式的送达既可以由法院进行,也可以由当事人自行进行。除了诉状格式之外,原告还需向被告送达诉状明细。诉状明细是原告对案件的陈述,它可以记载于诉状格式中,也可以单列,与诉状格式一并或随后送达被告。①

(三)我国起诉权行使的条件

我国现行《民事诉讼法》第 108 条至第 111 条确定了起诉条件的具体内容。第 108 条、第 111 条规定了起诉的实质要件。第 108 条规定了起诉的积极要件,第 111 条规定了起诉的消极要件。第 108 条规定:"当事人起诉必须符合以下条件:(一)原告是与本案有直接利害关系的公民、法人和其他组织;(二)有明确的被告;(三)有具体的诉讼请求和事实、理由;(四)属于人民法院受理民事诉讼的范围和受诉人民法院管辖"。只有符合形式及实质起诉要件的起诉才能被法院受理,否则,人民法院将裁定不予受理。第 109 条、第 110 条规定了起诉的形式要件,即起诉方式有口头起诉与书面起诉两种,起诉状需记载三项内容:当事人、诉讼请求与事实理由、证据。

与大陆法系国家"起诉要件"、"诉讼要件"、"权利保护要件"的"三诉讼阶段论"相比,我国的起诉条件具有以下特点:

(1)包含起诉要件(诉讼成立要件)。在德国、日本等大陆法系国家,起诉要件仅仅限于形式上的,其具体内容一般是起诉状记载必要事项、交纳诉讼费用。而我国起诉条件的内容广泛,既包括形式要件,也包括实体要件。

(2)包含诉讼要件(实体判决要件)。尽管在我国"诉讼要件"并非一个法律概念,但是我国起诉条件的部分内容与诉讼要件相对应。我国《民事诉讼法》第 108 条第 1、2 项规定原告必须与本案有直接利害关系,被告需明确,相当于当事人适格要件。尽管从条文看,法律对被告并无适格要求,但司法实践中被告适格也是起诉条件之一。第 108 条第 4 项规

---

① 参见乔欣、郭纪元:《外国民事诉讼法》,人民法院出版社、中国社会科学出版社 2002 年版,第 22 页。

定起诉必须属于人民法院主管及受诉法院管辖，这是有关法院的诉讼要件。第111条第1项规定“依照行政诉讼法的规定，属于行政诉讼受案范围的，告知原告提起行政诉讼”，相当于德国的诉讼途径管辖权，即民事诉讼与行政诉讼的区分，案件性质上不属于平等主体之间的民事纠纷的，若符合行政诉讼的条件，法院应不予受理，告知当事人另行提起行政诉讼；第2项规定“依照法律规定，双方当事人对合同纠纷自愿达成书面仲裁协议向仲裁机构申请仲裁，不得向人民法院起诉的，告知原告向仲裁机构申请仲裁”，相当于相对的诉讼要件，即仲裁协议排除法院管辖；第3项规定“依照法律规定应当由其他机关处理的争议，告知原告向有关机关申请解决”，第4项规定“对不属于本院管辖的案件，告知原告向有管辖权的人民法院起诉”，这两项规定重申了有关法院的诉讼要件；第5项规定“对判决、裁定已经发生法律效力的案件，当事人又起诉的，告知原告按照申诉处理，但人民法院准许撤诉的裁定除外”，是相当于有关诉讼标的要件，即不存在对同一事项的生效判决；第6项规定“依照法律规定，在一定期限内不得起诉的案件，在不得起诉的期限内起诉的，不予受理”，第7项规定“判决不准离婚和调解和好的离婚案件，判决维持收养关系的案件，没有新情况、新理由，原告在6个月内又起诉的，不予受理”，这两项规定是指在人事诉讼中，法定期间不得起诉的特殊规定。由于我国缺乏诉讼要件的系统理论，诉讼要件的某些要素尚未在立法中体现，如诉的利益、当事人能力等，但是基于民事诉讼原理，在司法实践中，具备当事人能力是法院受理案件的前提，将诉的利益作为重要的考量因素，以不属于法院主管为由裁定不予受理或驳回起诉。我国将有关诉讼要件的内容纳入起诉条件中，于诉讼系属之前由立案法官进行审查。

（3）包含权利保护要件。我国除了将大陆法系的诉讼要件作为起诉条件，置于诉讼系属之前审查外，还把部分胜诉条件溶入起诉条件中。如对起诉证据及起诉时事实根据的要求，以及要求直接利害关系人才有行使起诉权的资格。我国《民事诉讼法》第108条第3项规定“起诉必须有具体的诉讼请求及事实理由”，第110条第2项规定“起诉状必须记载诉讼请求及所依据的事实理由”。第110条第3项规定原告在起诉状中记明“证据和证据来源，证人姓名和住所”，被认为是起诉证据的法律渊源。从语义解释来看，可以理解为起诉的时候只需在起诉状中记明证据目录与证据来源，无需提供证据原件或复制件。然而，1997年最高人民法院

《关于人民法院立案工作的暂行规定》却作出了更为严格的解释，即原告起诉时必须提交主要证据。有的法官认为主要证据包括：起诉人的主体资格证据；与诉讼请求有关的事实证据；确定管辖权的证据。并强调起诉证据应当与胜诉证据区分，对起诉证据只进行形式审查。[①] 司法实践中，法院对于起诉证据的掌握标准宽严不一，有的法院只要求原告在形式上提交一份至数份起诉证据，而有的法院则对起诉证据则进行实质性审查。由于缺乏相应的规范性法律文件对起诉证据进行统一界定，同一法院对起诉证据的标准要求也不具有确定性。因个案的具体情况不同，法院对起诉证据的要求时而是形式性的，时而是实质性的。法院以缺乏起诉证据为由裁定不予受理时，标准就是实体性的。诉讼理论界大多把起诉证据视同于"证据材料"，例如，有学者指出，起诉时要求原告记明并提供的"证据和证据来源"，仅指原告用来证明自已的诉讼请求与案件事实的证据材料及其获取途径。至于它们是否具备证据资格和证明力，以及在多大程度上具有证明力，最终能否作为认定案件事实的根据，则有待于案件开庭审理后，由受诉人民法院来审核认定。因此，起诉时不可对原告作预先的苛求。否则，将会对当事人行使起诉权形成障碍。[②] 田平安先生精辟地指出："起诉阶段，当事人提供的法院收集的尚未经诉讼程序检验的'证据'，只能是一种粗糙的含水分的证据材料，只有那些经过质证、辩论后证明案件真实情况的证据材料才是民事诉讼证据。法院判决不是凭证据材料，而是凭证据定案。"[③]

（4）隐含政策性条件。上述所分析的"起诉要件"、"诉讼要件"和"权利保护要件"是以现行《民事诉讼法》为根据，以纠纷解决为目标。但除此之外，法院可以根据第 108 条第 4 项"属于人民法院受理民事诉讼的范围"即主管为依据，认为当事人的起诉不属于法院主管的范围或者不属于民事纠纷而不予受理或者驳回起诉。法院将其作为政策性起诉条件，自由裁量。所谓政策性条件，是指法院基于实施国家政策的考虑，就部分纠纷排除在司法解决之外。政策性条件总是披着"主管"这件法律外衣，一方面，法院主动作出司法解释，以规范性法律文件的形式普遍地排除部分

① 胡文伟：《浅议起诉证据》，载《人民司法》1998 年第 2 期。
② 江伟主编：《民事诉讼法》（第 2 版），高等教育出版社 2004 年版，第 264 页。
③ 田平安：《民事诉讼证据初论》，中国检察出版社 2002 年版，第 4 页。

纠纷,如部分证券纠纷、拆迁纠纷、非法集资纠纷、企业改制中的纠纷等;另一方面,通过行使自由裁量权,法官在个案中自觉地贯彻实施国家政策,如某些涉及行政机构或垄断企业的敏感性民事案件,法院常常以法律关系性质不属于民事案件受理范围拒绝受理。[①] 政策性起诉条件随着政策、形势的变化而变化,以政策、精神、指示等形式散见于最高人民法院的领导讲话、司法解释以及各种立案指导文件中,并被灵活地贯彻到具体的司法实践中,体现为关于立案工作的司法解释和司法政策。例如,法院出于自身审理能力的考虑,将还不具备审理条件的部分纠纷排除在司法的大门之外;将部分案件的纠纷解决权让渡给其他机关。

我国除起诉条件的高标准外,还存在立案审查的行政化。《民事诉讼法》第 112 条只是笼统地授权法官立案审查权,至于审查的程序、方法,法律并无明文规定。法律也未赋予当事人在立案阶段的程序参与权,立案阶段是不受程序规制的诉讼外阶段。

(四) 比较

通过以上的考察,两大法系国家民事诉讼法中都规定了较低的起诉条件。其共同点有三个方面:(1) 民事诉讼以原告向法院提交合格的诉状作为启动条件,没有原告的起诉法院不能依职权启动诉讼程序。各国的民事诉讼法均未明确规定我国民事诉讼法这样的"起诉条件",有学者认为"诉讼理论上几乎也没有所谓'起诉条件'的表述与议论,只有'起诉方式'的说法。在他们看来,上述有关起诉的规定实在谈不上什么条件,而只是一种方式上的要求。"[②](2) 一份合格的诉状就能够导致诉讼程序的启动,法院因此具有了审判的义务。对起诉条件的规定,一般包括提交记载法定事项的诉状、交纳诉讼费。诉状是诉讼审理的基础,因而各国民事诉讼法都很重视对诉状内容的规范。诉状应记载的内容虽不尽相同,但总体上来说只要记载的内容使诉讼特定即可,此阶段不做质与量的要求。因此,诉状应记载的事项一般包括当事人的基本情况、明确的诉讼标的及请求的原因。请求的原因,仅指能够使诉讼标的得以特定所需的最

---

① 肖建华、黄华珍:《民事起诉条件论》,载陈桂明主编:《民事诉讼法学专论》(2007 年卷),厦门大学出版社 2008 年版,第 127—128 页。

② 张卫平:《民事诉讼:关键词展开》,中国人民大学出版社 2005 年版,第 78 页。

低限度的事实。至于原告支持其胜诉的案件事实以及作为攻击和防御方法的举证等在起诉时都不作为必要条件，仅需要简单的说明即可。(3)法院不对当事人的起诉行为进行实质审查，无需在实体上审查原告起诉的事实和理由是否成立，也不要求原告是“正当当事人”。只对原告的诉状作形式审查后，通过简单的登记程序就确认原告起诉行为的效力，法院在起诉中的职责仅仅是登记、备案、送达。总之，两大法系主要国家的起诉非常容易，当事人起诉就发生诉讼系属。如果说对起诉有什么限制的话，也主要是起诉状的格式要求。“在这种理念下，两大法系主要国家的可诉范围相当广泛，起诉条件非常宽松，尤其是进入20世纪以来，西方国家出现了民事领域的公益诉讼、行政领域的民众诉讼等诉讼形式，更是体现了各国起诉条件不断放宽、降低甚至取消的趋势。”[①]尽管诉讼的剧增及复杂化使美国成为“诉讼超级大国”，“拥有比世界上任何一个国家都更多的律师、更多的法律和更多诉讼”，而且诉讼必然要求从美国经济中开支一笔巨大的费用。在20世纪最后30年的时间，美国民事诉讼改革的总体焦点集中于如何将民事诉讼的成本问题和诉讼迟延问题最小化[②]，而不是考虑如何通过起诉条件的设置使一部分当事人难以进入司法之门。

我国的起诉条件揉合了起诉要件、诉讼要件甚至权利保护要件、政策性要件，导致起诉的门槛高。这虽然能将那些欠缺诉讼要件的案件排除在诉讼程序之外，防止当事人滥诉，但也不可避免地带来了一系列严重的问题，主要表现为：将诉讼要件置于起诉条件中，就必然抬高了诉讼开始的门槛和起诉的门槛，导致起诉或诉讼开始的“高阶化”，也就发生了只有我国才有的所谓“起诉难”现象；把诉讼要件作为诉讼开始的要件由立案机构在双方当事人均未参加的情况下单方面予以审查，有悖程序公正的基本理念；将诉讼要件置于起诉条件之中，诉讼程序尚未开始法院便开始对诉讼要件进行审查，审理程序的前移使立案审查程序成为一种“前民事诉讼程序”。[③]

---

① 左卫民等：《诉讼权研究》，法律出版社2003年版，第87页。

② Rechard L. Marcus, Malaise of the Litigation Superpower, in Adrian A. S. Zuckerman, Civil Justice in Comparative Perspectives of Civil Procedure, Oxford University Press, 1999, p. 66.

③ 张卫平：《起诉条件与实体判决要件》，载《法学研究》2004年第6期。

二、起诉权行使的方式

(一)大陆法系起诉权行使的方式

1. 德国。根据《德国民事诉讼法》第253条的规定,起诉,以书状(诉状)之送达为之。诉状的必要记载事项有:当事人与法院;提出的请求标的与原因,以及一定的申请。在法院管辖决定于诉讼标的的价额,而诉讼标的并不是一定的金额时,诉状应记明诉讼标的的价额。① 诉状中需记载的请求原因仅指使诉讼请求得以特定所需的最低限度的案件事实,这种事实足以使法院和被告确定原告想要什么样的判决。原告支持其胜诉的案件事实以及攻击和防御的方法等,作为诉状的任意记载内容。在德国,起诉通过两个行为进行诉状在法院书记处呈交,然后送达转达给被告。起诉不合法的情况极其少见,法院只允许在以下情况下拒绝送达诉状:(1) 受诉法院缺少职能管辖权;(2) 诉只是附条件提起,或只是草稿。例如缺乏有效之签名;(3) 未支付诉讼费用;(4) 法院对被告或争议案件没有裁判权。仅仅是因为诉讼要件的缺乏不允许拒绝送达诉,尤其在诉仅仅是不正当的情况下不允许拒绝送达。②

2. 法国。起诉的方式有五种:由当事人提出,经法院执达员送达传唤状;双方当事人向法院书记室提交共同诉状;非诉案件提交诉状;向法院书记室提交诉之声明;当事人自愿出庭。③ 通过传唤状启动诉讼程序是一种传统方式。根据《法国新民事诉讼法典》第56条的规定,传唤状应当记载以下事项,否则无效:指出已向哪一法院提起诉讼;诉讼标的并陈述理由;指明如被告不出庭应诉,将受到仅依起诉方提供的材料做出的判决;相应场合,有关在不动产公告栏进行公告时所要求的对不动产的说明事项。④ 传唤状还包括对诉讼请求所依据之文书、材料的说明,对此,法律并无后果规定,即如果传唤状未提出证据并非无效。此外,传唤状对

---

① 《德意志联邦共和国民事诉讼法》,谢怀栻译,中国法制出版社2001年版,第61页。

② 〔德〕奥特马·尧厄尼希:《民事诉讼法》,周翠译,法律出版社2003年版,第212、214页。

③ 〔法〕让·文森、塞尔日·金沙尔:《法国民事诉讼法要义》(上),罗结珍译,中国法制出版社2001年版,第702页。

④ 《法国新民事诉讼法典》,罗结珍译,中国法制出版社1999年版,第15页。

诉讼标的理由的陈述既包括法律理由也包括事实理由，由于法律对于事实陈述的程度并未作出具体规定，因此这是由法院自由裁量的问题。学者认为只有对那些简易的案件才能做到“完整陈述”的要求，而复杂案件不适宜在传唤状中就暴露出所有的诉讼细节，对诉讼请求理由的详细说明应当置于“最终陈述准备书”阶段。[①] 从判例上看，法院受理案件的时间是自“案件在庭期表上登记”之时。法官一旦受理案件，即产生必须对案件进行审理裁判的义务，否则，将以拒绝审判罪论处。[②]《法国新民事诉讼法典》第 12 条规定：“除当事人可以向法院书记室提交诉状或声明以及诸当事人自愿出庭，诉由此提起之情形外，本诉得以当事人提出传唤状或向法院书记室提交共同诉状提出。”传唤状和共同诉状是法国民事诉讼法中的主要诉状形式。根据该法第 55 条、第 56 条的规定，传唤状是原告用以传唤对方当事人至法院应诉的执达员文书。传唤状不仅具有引起诉讼发生的作用，还具有将被告传唤到法院应诉的功能。共同诉状是诸当事人用以向法官提出各自的诉讼请求、当事人之间争议的问题及其各自依据之理由的共同书状。共同诉状的应载事项包括：(1) 有关当事人的应载事项；(2) 指出向哪一级法院提出诉讼请求；(3) 请求的标的；(4) 指明共同诉状已经提出的各项证据材料；(5) 在争议涉及不动产的情况下，应写明不动产公告所要求载明的事项。[③] 法国民事诉讼法规定原告起诉以后就进入登记程序，即当事人将传唤状副本呈交书记室，并经书记室予以正式立案的程序。

3. 日本。《日本新民事诉讼法》第 133 条规定：提起诉讼，应当向法院提出诉状。诉状应记载下列事项：当事人及法定代理人；请求的目的和原因。[④] 具体的请求事实、举证需要的事由以及与该事实相关的重要事实和证据，仅仅是任意记载事项，欠缺任意记载事项不导致起诉不适法。[⑤] 根据第 137 条规定，诉状向法院送达后，审判长有审查诉状的权限，如果诉状不符合应当记载的事项的要求或没有交纳提起诉讼的手续

---

① 参见〔法〕让·文森、塞尔日·金沙尔：《法国民事诉讼法要义》(上)，罗结珍译，中国法制出版社 2001 年版，第 702—707 页。

② 同上书，第 196、712 页。

③ 参见常怡主编：《比较民事诉讼法》，中国政法大学出版社 2002 年版，第 556 页。

④ 《日本新民事诉讼法》，白绿铉编译，中国法制出版社 2000 年版，第 68 页。

⑤ 〔日〕中村英郎：《新民事诉讼法讲义》，陈刚等译，法律出版社 2001 年版，第 152 页。

费，则审判长应当指定适当的期限，命令原告在该期限内补正缺陷；如果原告不补正缺陷时，审判长应以命令驳回诉状。王亚新教授分析日本民事诉讼的启动程序时认为，诉状上所记载的请求原因只要足以使请求能够得到特定即满足法律上的最低要求。例如要求被告支付一定数额的给付请求，既可能因买卖货物的事实也可能因借贷的事实等而得到支持，诉状上只要指明根据什么事实提起的请求即可。从这样的角度出发，请求的原因也被定义为“为了使请求得到特定而必须写明的事由”。另外，民事诉讼规则要求原告把能够支持请求的更大范围的事由或者能够作为请求的间接性的原因事实记载在诉状上，以及按想证明的事项在诉状上记载基本的证据的规定，属于程序的所谓“训示规范”，原告即使不遵从这种规范，没有在诉状上记载上述事由和证据，也不会导致诉状的不受理。[①]

（二）英美法系起诉权行使的方式

1. 美国。美国现行的民事诉讼程序由诉答程序、审前程序和审理程序三个阶段构成。诉答程序是其中的第一个阶段。联邦诉讼案件是通过向恰当的联邦法院书记官办公室，以邮寄或亲自提交起诉状的方式而启动。[②]《美国联邦民事诉讼规则》第 3 条规定，民事诉讼以原告向法院提交起诉状时开始。在第 8 条第 1 款规定了起诉状中必须包括的内容：(1) 简短而清晰地陈述该法院管辖权的依据，但法院已经具有管辖权且该请求不需要新的管辖权依据支持的除外；(2) 简明地陈述表明诉答人有权获得请求的救济；(3) 诉答人所要求的救济判决的请求。可以要求可选择的或有几种不同形式的救济。[③] 起诉是民事诉讼开始的标志，民事诉讼开始与否的决定权属于原告。他只需在起诉状中“简短而清晰”地表明他有权获得某种救济请求，只要起诉状的描绘使得相对方能够知道原告向他起诉的事项就可以，而并不需要对有关事实细节及证据进行

---

① 王亚新：《对抗与判定：日本民事诉讼的基本结构》，清华大学出版社 2002 年版，第 31 页。

② 〔美〕史蒂文·苏本、玛格瑞特·伍：《美国民事诉讼的真谛：从历史、文化、实务的视角》，蔡彦敏译，法律出版社 2002 年版，第 98 页。

③ 《美国联邦民事诉讼规则·证据规则》，白绿铉、卞建林译，中国法制出版社 2000 年版，第 23 页。

具体详细的陈述。为了使诉状不至于成为各方当事人刺探对方立场和情报的路径。美国联邦最高法院在 1992 年的另一项判例中再次重申，“根据联邦民事诉讼规则，并不应当要求原告在起诉时详细列明其诉讼请求所依据的事实”。[①] 因此，起诉状的功能不是在于明确焦点，发现事实，而仅仅是对有关的当事人予以有关案件性质的通知，从而足以使当事人进行审前和开庭审理的准备。[②] 作为判例法国家，美国承认“潜在的权利人”。《美国联邦民事诉讼规则》第 17 条第 1 款规定，每一个诉讼应以真正有利害关系的当事人的名义提起。但是，“真正有利害关系”并不以实体法明文规定的权利根据为前提，而是指客观上存在的法律应予救济的某种权益。而且这里的“真正利害关系”也不是指实质上的利害关系，而是形式意义上的利害关系。也就是说，原告只要声称他的起诉是为了保护他的合法权益即可。[③] 大致相当于大陆法系民事诉讼理论中的程序当事人。同时，“有利害关系的人并不限于其本人，基于特定身份或法律关系，法律特别规定的为他人利益而有权以自己名义起诉的人，也被视为有利害关系的人。如遗嘱执行人、遗产管理人、监护人、受托保管人、明示信托的受托人、为他人利益订立契约或以自己的名义为他人订立契约的当事人、或经法律授权的当事人，可以为未参加诉讼的当事人的利益以自己的名义起诉。”[④]

2. 英国。根据《英国民事诉讼规则》，向高等法院和郡法院起诉适用统一的规则，提起诉讼的方式也统一为提出诉状。原告备齐了诉状后，法院基于原告的申请签发诉状即为提起了一个诉讼。法院在诉状上载明的日期即为诉状签发时间。该规则第 16.2 条规定了诉状须包括的内容：(1) 准确陈述诉讼请求的性质；(2) 确定原告请求的救济；(3) 如原告提起给付金钱之诉的，依该规则第 16.3 条之规定载明金额陈述；(4) 载明有关诉讼指引的其他事项。诉状中应载明诉状明细，如果诉状中未载明诉状明细，或者未随诉状一并送达的，则原告须在诉状中陈述，诉状明细

---

① Leatheman V. Tarrant, Country Narcotics Intelligence and Coordination Unit, 507 U. S. 163 (1992)。转引自毕玉谦：《民事诉讼起诉要件与诉讼系属之间关系的定位》，载《华东政法学院学报》2006 年第 4 期。

② 参见汤维建主编：《美国民事诉讼规则》，中国检察出版社 2003 年版，第 136 页。

③ 同上书，第 79 页。

④ 崔峰：《敞开司法之门——民事起诉制度研究》，中国政法大学出版社 2005 年版，第 83 页。

将随后送达。①

（三）我国起诉权行使的方式

关于我国起诉权行使的方式，《民事诉讼法》规定在第109条、第110条，理论界将之称为起诉的形式要件。第109条规定，起诉人应当向人民法院递交起诉状，并按照对方当事人的人数提供副本。书写起诉状确有困难的，可以口头起诉，由人民法院记入笔录，并告知对方当事人。第110条规定："起诉状应当记明下列事项：（一）当事人的姓名、性别、年龄、民族、职业、工作单位和住所，法人或其他组织的名称、住所和法定代表人或主要负责人的姓名、职务；（二）诉讼请求和所根据的事实与理由；（三）证据和证据来源，证人姓名和住所。"

1997年最高人民法院《关于人民法院立案工作的暂行规定》，确立了人民法院内部立审分离制度，对起诉受理阶段的有关事实问题提出证明要求，正式产生了"起诉证据"概念。该规定第8条要求人民法院收到当事人起诉，应当依照法律规定和司法解释规定的立案条件进行审查：起诉人应当具备法律规定的主体资格；应当有明确的被告；有具体的诉讼请求和事实根据；属于人民法院受理案件的范围和受诉人民法院管辖。这一规定从审查立案的角度，把民诉法的起诉条件具体化，将民诉法起诉条件之一的"有具体的诉讼请求和事实、理由"具体为"有具体的诉讼请求和事实根据"。2002年最高人民法院《关于民事诉讼证据的若干规定》第1条规定，原告向人民法院起诉或者被告提出反诉，应当附有符合起诉条件的相应的证据材料。

（四）比较

（1）相同点。各国关于起诉权行使的方式的立法存在下列相同之处：一是都在一审普通诉讼程序中对起诉的形式加以规定；二是基于民事诉讼解决私权纠纷的特点，各国民事诉讼程序都遵循当事人处分原则，即由当事人而不是法院来决定提起诉讼以及确定诉讼标的；三是对起诉形式的要求主要体现在对诉状的内容上。各国均要求诉状必须具备法定的必要的记载事项，这些事项通常包括当事人的基本概况，特别是明确的被

---

① 《英国民事诉讼规则》，徐昕译，中国法制出版社2001年版，第76页。

告、明确的诉讼请求及原因、受诉法院。当然,由于诉讼传统不同,大陆法系国家与英美法系国家对诉状内容的要求程度不完全相同。在大陆法系国家,诉状的内容一般包括当事人、起诉的法院、请求的标的和原因。而英美法系国家受历史传统的影响,普通法院曾长期实行严格的令状制度。为了适应时代发展的需要,英美法系国家纷纷修改法律,以简单、统一的诉状格式取代令状。其中,在案情陈述书送达之前,当事人可以自由而任意修正其内容,送达后的修正则要获得各方当事人的书面同意或法院许可,当事人还可以向法院申请要求对方就陈述书中的一些事项进行补充和完善,法院也可依职权要求当事人进行补充和说明。在美国,原告必须主张能够表明他有权获得某种救济请求的简短而清晰的陈述,以便被告能够答辩,并了解其何以被诉。英国,诉状格式须准确陈述诉讼请求的性质,确定原告请求的救济。①

(2) 区别。虽然我国和国外一样,都通过起诉状对起诉的形式作出必要的要求,但我国对起诉形式的要求要远远高于国外民诉法确定的标准。主要区别有:一是我国在要求原告于起诉状中载明当事人基本概况的基础上,对原告的身份做了限制,规定原告必须是与提起的诉讼有"直接利害关系的公民、法人和其他组织",这一点国外没有做要求。这就排除了间接利害关系等民事纠纷进入民事诉讼的可能性,民事诉讼的保护功能较国外有所缩小。二是同样在要求诉讼请求明确的基础上,我国又要求诉讼请求必须有具体的事实根据,并于诉状中载明证据和证据来源、证人姓名和住所,于诉状外提供证据材料,作为起诉状必要的附件,即所谓的起诉证据要件。而在国外立法中,案件的具体事实以及理由往往为任意记载事项,更没有要求对诉讼请求于起诉时就提供一定的证据证明。

三、法院对起诉权的审查

(一) 大陆法系国家的法院对起诉权的审查

按照大陆法系的理论,民事诉讼的过程,分为三个阶段:为了让法院就诉讼进行审理、判决,诉讼必须适法提起,使诉讼适法提起的要件称为

① 参见常怡主编:《比较民事诉讼法》,中国政法大学出版社 2002 年版,第 558 页。

起诉要件。当事人以合乎法定起诉要件的形式提起诉讼,并引起诉讼系属的效果。诉讼系属后,案件进入审理阶段。民事诉讼审理实际上由两部分构成:一部分是解决法院能否和有必要作出判决的问题;另一部分是法院如何对争议的法律关系作出判决的问题。这也就构成了民事诉讼审理的二元构造——实体判决要件的审理(也称为诉讼要件审理)和对本案诉讼请求判决的审理(也称为本案要件审理)①,即诉讼审理和本案审理。其中,诉讼审理是对本案是否具备诉讼要件进行审查,其解决的是当事人提起之诉的合法性问题,从法院的角度看就是能否和是否有必要作出判决的问题。② 大陆法系的显著特点是区分诉讼要件与起诉要件。当事人起诉时仅需满足起诉要件就可使诉讼系属于法院,但被当事人系属于法院的诉讼程序必须满足诉讼要件的要求,法院才能进一步作出本案的实体判决。

笔者看了许多学者在著作或者期刊论文中一致认为大陆法系国家对当事人行使起诉权的审查仅针对起诉要件;由于起诉要件规定为提交合法的起诉状和交纳案件受理费,非常容易达到这个形式上的条件,所以称为立案登记制。为什么这样理解?原因是仅仅认为起诉权就是启动诉讼程序的权利,诉讼程序启动后起诉权就完成了其使命和任务。其实,大陆法系国家对起诉权的审查包括两个阶段:一是在提起诉讼时审查起诉要件。起诉要件是没有实质性限制的条件,起诉人只要提交了合法的起诉状和交纳案件受理费,就启动了诉讼程序,形成诉讼系属,因此没有设置障碍,立案登记制使当事人"进入司法之门"相当容易;二是在形成诉讼系属后,法院对起诉权行使的诉讼要件进行审查,称为诉讼审理阶段。如果欠缺诉讼要件,令当事人补正,不能补正的,法院就以"诉不合法"为由作出驳回起诉的判决,即"诉讼判决",这与我国立案后经审理认为不符合起诉条件而裁定驳回起诉是相同的,只不过我国严把进入司法之门的第一关。

大陆法系国家的法院在对起诉权的审查的第一阶段,实行立案登记制。法院书记室或类似部门仅审查诉状是否具备法律规定的形式要件。例如,在德国,原告起诉后,只要诉状符合法定的形式要件,经法院送达被

① 〔日〕高桥宏志:《重点讲义民事诉讼法》(下册),日本有斐阁 2004 年版,第 2 页。
② 参见张卫平:《民事诉讼:关键词展开》,中国人民大学出版社 2005 年版,第 75 页。

告后，即产生诉讼系属，而无需相关的受理程序。虽然区分正当当事人和程序当事人，但在起诉受理阶段，当事人的地位纯粹取决于起诉状，只要起诉状列明即可。在日本，当事人提起诉讼后，法院对诉状是否具备必要记载事项以及是否张贴了印花税进行审查，如符合条件，则进入审理程序。在法国，当事人提起诉讼，法院审查后予以登记，从而完成案件的受理。类似于我国民事案件的受理程序，其书记室类似于我国的立案庭，专门负责法院受理案件总目录的填写和立案工作。[①] 当事人不仅对实体请求方面有处分权，而且对诉讼程序也享有妨诉抗辩的诉权。一般法院不主动审查当事人起诉是否合法，而是把审查起诉行为是否具备合法的诉讼要件的责任作为被告的妨诉抗辩的诉权。[②]

起诉权审查的第二阶段是对是否具备诉讼要件进行诉讼审理。诉讼审理的对象是诉讼要件，它是诉讼程序上的事项。如果诉讼审理中认为原告之诉欠缺诉讼要件而又不能补正，那么已经系属法院的诉便是不适法的，此时法院就应以“诉不合法”为由作出驳回起诉的判决，即“诉讼判决”。如果诉讼审理后认为诉讼要件是齐备的，那么法院无需制作特别的文书，便可继续进行本案审理裁判。经过诉讼审理，具备诉讼要件的诉讼进入本案审理阶段。在本案审理阶段，法院将对当事人的请求是否满足权利保护要件进行审查，解决的是法院如何对争议法律关系作出判决的问题。本案审理的对象是当事人提出的实体请求，因而其判决是针对请求的实体裁判，称为“本案判决”。如果法院认为原告请求满足权利保护要件，则应作出支持请求的实体判决；如认为原告请求没有满足权利保护要件即本案要件，则应以“诉无理由”作出驳回原告请求的实体判决。例如，在德国，当事人能力、管辖、代理权、法律保护之必要性都属于诉讼要件，具备诉讼要件才产生诉的有效性。只有对诉的有效性已经作出审查并予以肯定的情况下，才能作出实体判决。对诉讼要件的审查，属于程序事项，法官须在诉讼程序的任何阶段依职权进行。在日本，诉讼要件是法院进行审理裁判必须具备的前提条件。是否具备诉讼要件属于程序事项，由法院依职权进行调查。不具备诉讼要件，依驳回起诉的判决而终结

---

① 姜启波、李玉林：《案件受理》，人民法院出版社 2005 年版，第 75 页。

② 常怡主编：《比较民事诉讼法》，中国政法大学出版社 2002 年版，第 563 页。

诉讼。[①]

诉讼要件的审理方式是依职权审查。大部分诉讼要件都属于职权调查事项,但仲裁协议、不起诉的合意、提供诉讼费用担保等属于抗辩事项的诉讼要件。所谓职权调查事项的诉讼要件,是指即使当事人没有提出法院也必须依职权斟酌的要件;所谓抗辩事项的诉讼要件,是指只要被告没有主张就不能作为审查对象的要件事项。大多数职权调查的事项应采用探知的方式来收集资料,但在任意管辖、诉的利益、当事人适格等方面,则采用辩论主义的方式收集资料。[②] 诉讼要件是诉讼的合法性要件,涉及法院、当事人和诉讼标的诸方面,对诉讼要件的审查通过诉讼审理进行。由于诉讼要件是当事人追求纠纷的公权力解决时法律秩序所要求的要件,因而其"合法性"体现的是公益性,因此对诉讼要件的审查原则上也是法院的职责。[③] 例如,《日本新民事诉讼法》第 140 条规定,对于起诉不合法并且不能补正其缺陷时,法院可不经口头辩论以判决驳回诉讼。德国《民事诉讼法》第 56 条第 1 款规定,法院对于当事人能力、诉讼能力、法定代理人的资格以及进行诉讼的必要授权是否合法,应依职权进行调查。虽然对诉讼要件实行职权审查的原则,但由于不具备诉讼要件意味着诉讼不具有合法性而需要驳回,因此过于严格的审查标准不利于当事人通过诉讼解决纠纷这一救济途径的畅通。所以,司法实践中的态度一般是放宽对诉讼要件审查的标准。诉讼障碍事项依抗辩审查,即需在被告提出抗辩后,法院才能调查其存在与否。如诉讼障碍中的仲裁协议事项,德国《民事诉讼法》第 1032 条规定,被告在就本案进行言词辩论前提出此项责问的,法院应以诉不合法驳回之;对于诉讼障碍中的诉讼费用担保事项,根据德国《民事诉讼法》第 113 条、日本新民事诉讼法第 78 条的规定,法院均可依据被告申请,驳回原告之诉。由于诉讼要件的构成事项多与案件的实体争议存在联系,如当事人是否适格、是否有诉的利益往往依据的是一些实体关系上的因素进行判断,因此难以将诉讼要件的审理和本案要件的审理截然分开。大陆法系国家如德国、日本,诉讼要件的

---

① 宋朝武:《民事诉讼受理制度改造的理性视角》,载《法学论坛》2007 年第 3 期。

② 〔日〕高桥宏志:《重点讲义民事诉讼法》,张卫平、许可译,法律出版社 2007 年版,第 5、7 页。

③ 参见〔日〕三月章:《日本民事诉讼法》,汪一凡译,台湾五南图书出版公司 1995 年版,第 342 页。

审理与本案实体争议的审理是并行的,法院根据当事人提供的资料依职权判断诉讼要件是否成立是贯穿于整个审理过程中的。也就是说,诉讼要件是否具备,应在最后一次言词辩论终结前进行判断。[①] 如果有的诉讼要件在起诉时存在欠缺,则可以在诉讼程序中进行补正。只要及时进行补正的,并不妨碍诉之合法性的具备。

诉权要件,是指就特定的民事纠纷,国民拥有诉权所必须具备的法定要件。[②] 诉权理论在从私法诉权说向公法诉权说的过渡中产生过多种学说。这些诉权学说各有缺陷,很难说哪种学说是完美的,但目前在理论和实务界影响最大的是权利保护请求权说和本案判决请求权说。按照权利保护请求权说的观点,诉讼要件被看做诉权存在的前提要件或诉权行使条件,是诉讼程序上具有的合法性要件;而权利保护要件是当事人诉权的核心部分,被认为是当事人获得实体胜诉裁判需满足的要件。由此可见,诉权要件包括诉讼要件(诉权行使要件)和权利保护要件,诉讼要件被视为诉权要件的一个组成部分。根据本案判决请求权学说的主张,实体上的权利保护要件被剔除在诉权要件之外,而只有诉讼的权利保护要件(包括当事人适格要件和诉的利益之要件)才是真正的诉权要件。如果当事人欠缺此类要件,法院应在程序上驳回当事人的诉。权利保护要件与诉讼要件是同等位阶的概念,前者是当事人能够获得实体胜诉判决的基础,是法院进行本案审理,判断当事人的诉有无理由并作出本案判决的依据;而后者是使诉讼具有合法性的程序上要件,是法院进行诉讼审理,判断当事人的诉是否具有合法性,并作出诉讼判决的依据。诉权要件是诉讼要件的组成部分,当事人具有诉权是其诉讼合法性的要件之一,当事人适格和权利保护利益是诉权的构成要件。[③] 诉权要件的抽出,使得诉权在功能属性上被诉讼要件所吸收。从大陆法系各国家和地区的民事诉讼立法来看,总则部分是对法院、当事人、诉讼标的以及其他在诉讼程序必须满足的一般性事项进行规定,而分则部分对各种诉讼程序的设计、运行等制度问题进行具体规定。通过对诉讼要件进行审查,排除程序上不具有合法性的诉讼进入到本案审理阶段,避免了法院进行不必要的审理活动,节

---

① 参见〔日〕中村英郎:《新民事诉讼法讲义》,陈刚等译,法律出版社 2001 年版,第 155 页。

② 江伟等:《民事诉权研究》,法律出版社 2002 年版,第 167 页。

③ 参见冯珂:《诉讼要件与我国民事起诉条件研究》,载《研究生法学》2006 年第 5 期。

省了司法资源。

（二）英美法系国家的法院对起诉权的审查

与大陆法系国家的成文化传统不同，英美法系国家从经验主义传统出发，很少像大陆法系国家那样以抽象的概念和严谨的逻辑体系来构建法律体系，民事诉讼中没有关于诉讼要件的概念，诉的合法性的条文散见于民事诉讼法律中。基于当事人进行主义，因不具备诉讼要件而申请驳回诉讼的抗辩是由当事人进行的。例如，被告以欠缺事物管辖权、对人管辖权、审判地不适合、传唤被告的程序不合法定程序等事由，提出请求法院驳回诉讼的抗辩。应当说，英美法系对待诉讼要件的问题，采取了与大陆法系国家不同的理念。由于英美法国家在观念上把诉讼看成是当事人的私人事务，是当事人之间的对抗，因此将程序问题交给当事人协商处理。关于诉讼要件的审查，也由当事人提出申请、法官作出裁决，体现了诉讼的当事人进行主义原则。而在大陆法系国家，对于诉讼要件的问题，往往被视为法官职权判断的事项，仅在个别情况下由当事人的抗辩进行，体现了大陆法国家民事诉讼的职权进行主义特征。① 英国民事案件的立案由诉讼的提起与答辩构成。当事人填写法院提供的格式化文本，法院审查签发后完成案件的受理，法院只对当事人的起诉是否符合格式要求进行形式审查。美国民商事案件审查程序主要由诉答程序组成。美国法律认为，诉讼是当事人的私事，程序问题由当事人协商处理，法官仅审查诉状是否符合格式并作出裁决，体现了当事人自由原则。②

（三）我国法院对起诉权的审查

我国现行立法将起诉要件和诉讼要件揉合在一起，要求当事人起诉时不仅具备起诉要件，还必须符合诉讼要件，为纠纷进入诉讼渠道设置了相对较高的“门槛”。与起诉条件规定的内容相应，我国民事诉讼法上还设立了法院“受理”制度。起诉只是当事人提起诉讼的行为，法院受理才是当事人能否启动诉讼程序的关键，受理案件的标志是案件在法院“立案”。至于法院能否受理当事人起诉，则取决于当事人能否达到起诉条件

---

① 参见冯珂：《诉讼要件与我国民事起诉条件研究》，载《研究生法学》2006 年第 5 期。
② 宋旺兴：《论民事诉讼立案审查制度》，载《西南政法大学学报》2008 年第 2 期。

的要求。虽然我国民事诉讼法将起诉条件单独规定,但并未区分起诉条件和诉讼要件,也没有在理论上探讨诉讼要件究竟应为诉讼成立要件还是诉的合法性要件,只是简单地将两者等同并混淆规定在起诉条件当中。立案审查,是审查当事人的起诉条件是否充分并能否立案,并且法院内部也设立了相应的机构即立案庭来专门负责此项事务。在起诉时就阻止欠缺诉讼要件的案件进入诉讼,有利于防止当事人滥诉。但也带来了一系列严重的问题,例如,过高地提升了程序启动的"准入条件",造成"起诉难"的现象,偏离了"便于接近司法"的基本理念;把诉讼要件置于起诉条件部分,在诉讼审理开始之前就进行审查,本应给予当事人的充分辩论机会被法院的职权审查所淹没,法院通过对当事人的起诉进行审查并决定是否受理,实际上是法院掌控诉讼程序的决定权,起诉权的行使不能独立发生诉讼系属效力,不利于保护当事人的程序利益和实体利益;在立案后仍然对诉讼要件进行审查。

从诉讼要件涉及的相关事项看,虽然我国民事诉讼法上不将这些事项作为诉讼要件看待,并且也与起诉条件混同规定在一起,但即使这样,我国民事诉讼法上仍然欠缺对某些诉讼要件事项的规定,例如,欠缺对诉之利益问题的规定。诉的利益是一个以"通过本案判决使得纠纷得以实效性地解决"为内容的诉讼要件。如果当事人起诉欠缺此种利益时,即遭到法院驳回诉讼的裁判。是否具备此种诉讼上的利益,从结果看应当取决于原告、被告以及法院三者之立场及利害的平衡关系。① 诉的利益是在实体权益面临危险时,利用诉讼程序请求法院予以司法保护的利益。诉的利益可以界定司法权作用的范围,能促使实现诉讼生成权利。虽然我国《民事诉讼法》第3条规定"财产关系和人身关系"纠纷在我国可以进行诉讼,是对诉的利益问题的原则性规定。但此规定过于粗糙,不能明晰诉讼与其他民事纠纷解决组织之间的权力界限,而且,对于制定法没有规定的权利是否可以提起诉讼的问题也没有规定,这限制了诉的利益要件的作用空间,不利于保护可能出现的各种新型权益。

大陆法国家民事诉讼理论上区分形式当事人和正当当事人。形式当事人或程序当事人,是起诉时的原告及其在诉状中所表明的被告,是起诉

---

① 转引自〔日〕高桥宏志:《民事诉讼法制度与理论的深层分析》,林剑锋译,法律出版社2003年版,第283页。

条件的形式要求事项；而正当当事人则是具有诉讼实施权的适格当事人，属于诉讼要件的事项。在诉讼法上区分形式当事人使纠纷便于系属于法院，但如果对形式当事人不加限制又可能造成滥诉和纠纷解决的不正当性，因此正当当事人的概念，一方面有利于排除不适当的当事人，避免无意义的诉讼程序；另一方面，适格当事人以诉的利益为基础，使实体权利主体与诉讼主体在一定程度上能够分离，扩大了司法解决纠纷的功能。①我国对原告要求是直接利害关系人，即要求原告须为实体上的适格当事人，不利于扩大权利保护的范围。而对被告仅要求明确，即采取程序当事人的观念，不要求为适格当事人，不利于排除非正当当事人。之所以发生这样的问题，正是由于诉讼要件的缺失，才导致正当当事人取代了形式当事人的地位，成为起诉条件的事项。

（四）比较

各国民事诉讼的起诉与受理制度均仅对起诉做形式上的限制，实行登记立案，对原告是否与本案有直接利害关系及是否属于受诉法院管辖这类诉讼要件放在诉讼程序过程中进行审查。这种制度设置源于司法最终解决原则、程序当事人与实体当事人的区分、当事人适格（正当当事人）理论。为了避免形式化的起诉条件与登记立案制造成当事人滥用诉权，浪费审判资源，也设立了相应的配套法律制度。② 起诉要件一般包括提交记载法定事项的诉状、交纳案件费用和及时送达被告这几个方面。诉状的内容一般包括当事人的基本情况、明确的诉讼标的以及案件事实等与诉的要素相关的几个方面。在送达方式上，大陆法系国家多依靠法院进行，英美国家则为当事人自行送达，在法国则视为当事人和法院的共同行为。此外，起诉状所须记载的诉讼请求原因，仅指能使诉讼标的特定化或者能被识别所需的最低限度的事实，至于原告支持其胜诉的案件事实以及作为攻击和防御方法的举证等，在起诉时都不作为必要条件，仅需要简单的说明即可。应当说，各国规定的此种相对宽泛简单的起诉要件制度，有利于当事人充分行使自己的起诉权，利用诉讼制度救济权利。

---

① 肖建华：《民事诉讼当事人研究》，中国政法大学出版社 2002 年版，第 81—82 页。

② 宋朝武：《民事诉讼受理制度改造的理性视角》，载《法学论坛》2007 年第 3 期。

四、起诉权行使的效力

（一）国外起诉权行使的效力

当事人行使起诉权提起诉讼后，产生一系列法律后果，国外法律一般赋予诉讼法上的效力和实体法上的效力。

1. 德国。《德国民事诉讼法》第 261 条第 1 款规定，诉讼案件于起诉后即发生诉讼系属。"所谓诉讼系属，就是因为诉的提起，在特定的当事人之间，就有争议的民事权利或法律关系，受有管辖权的法院审判的状态。在诉讼已经发生诉讼系属以后，到诉讼终结的时候止，称为在诉讼系属中。"[①]诉讼系属在诉讼法上的效力表现在：(1) 如果就同一标的已向另一个法院起诉，被告有权提出抗辩（第 261 条第 3 款）；(2) 第一审法院的管辖权不受以后任何事态变化的影响，即受诉法院的管辖恒定（第 261 条第 3 款）；(3) 诉讼标的的固定（第 263 条），诉状送达后只有经被告同意，或者法院对最终和解方案的批准，才能被修改或变更。按照德国民事诉讼法第 262 条和实体法的规定，诉讼系属也具有显著的私法效力，它或者表现在权利获得上，通过停止时效（《民法典》第 204 条），或者表现在权利扩张上，通过自诉讼系属起支付利息（《民法典》第 291 条），或者表现在责任的加剧上（《民法典》第 292、989 条）。[②] 罗森贝克等认为，起诉对于它所启动程序的内容和范围具有决定作用，它开启了诉讼，并且使所提出的请求权发生诉讼系属。起诉是向法院提出并要求法院提供法律保护，但起诉的效力和它带有后果的诉讼系属不是基于原告的意思，原告通过起诉希望实现的东西（判处给付、确认、权利形成）都不是起诉的后果，而是审理和判决的后果。[③]

2. 日本。一旦起诉，案件便系属于法院，即法院必须对案件进行审理并作出判决。这是依据诉讼系属而在诉讼法上产生的一般效果，另外起诉在诉讼法上还产生以下效力：受诉法院的确定；当事人的确定；诉讼

---

① 王锡三：《民事诉讼法研究》，重庆大学出版社 1996 年版，第 335 页。

② 〔德〕奥特马·尧厄尼希：《民事诉讼法》，周翠译，法律出版社 2003 年版，第 222 页。

③ 〔德〕罗森贝克等：《德国民事诉讼法》（下），李大雪译，中国法制出版社 2007 年版，第 643—644 页。

标的的确定;禁止重复诉讼等。起诉在实体法上产生的法律效力主要有权利保存的效力、权利扩张的效力和权利强化的效力。① 新堂幸司认为,在起诉发生诉讼系属的效果中,禁止重复起诉尤为重要,此外,起诉产生限定法院审判对象的效果。起诉行为也产生时效中断等实体法上的效果。②

3. 法国。《法国民事诉讼法典》第54条列举了民事诉讼开始的5种方式,常用的方式是向法院书记室提交传唤状和共同诉状。起诉将产生下列实体法上的法律效果:(1) 中断诉讼时效;(2) 督促义务的履行;(3) 从请求之日起,被告应给付争议物在这以后所生的孳息;(4) 请求提出后,诉权可以转移。③ 起诉在诉讼法上产生两种效力:一是起诉乃是法官受理案件的必要条件,而法官一旦受理案件,即产生必须对案件进行审理裁判的义务,否则以拒绝审判罪论处;二是争议恒定原则,它是指诉讼一经提起,其各项要素与诉讼范围均不得变更,不能用第三人来取代某一诉讼当事人,不能改变诉讼当事人的身份,也不能变更"开始诉讼的请求"的标的或者提出新的诉讼请求,法官被限制在诉讼当事人所划定的诉讼范围之内。④

4. 美国。原告的起诉是美国民事诉讼程序的起点,其规则是由诉答程序来调整的。诉答程序是指原告起诉和被告答辩的程序。因对抗制是民事诉讼制度的基础,其民事诉讼程序的第一阶段诉答程序也体现了对抗制的特征。原告将诉状提交法院之后,必须将诉状连同法院的传票一起送达被告。如果被告不在规定期日应诉和答辩,将会根据原告的诉请对被告作出缺席判决,因此传票和诉状送达被告之后,被告必须对诉状进行回应的时效开始计算。⑤

---

① 〔日〕中村英郎:《新民事诉讼法讲义》,陈刚等译,法律出版社2001年版,第149—151页。

② 〔日〕新堂幸司:《新民事诉讼法》,林剑锋译,法律出版社2008年版,第161页。

③ 张卫平、陈刚:《法国民事诉讼法导论》,中国政法大学出版社1997年版,第105—106页。

④ 〔法〕让·文森、塞尔日·金沙尔:《法国民事诉讼法要义》(上),罗结珍译,中国法制出版社2001年版,第196、629页。

⑤ 常怡主编:《比较民事诉讼法》,中国政法大学出版社2002年版,第559页。

（二）我国起诉权行使的效力

我国法院对原告提起的诉讼依法进行审查，只有法院认为符合受理条件的才予以立案。即我国民事诉讼实行立案审查制，而不是国外的登记立案制，这使诉讼的启动即起诉效力的起点是法院的受理行为，而国外的起点是原告的起诉行为。我国起诉权行使的效力体现为法院受理的效力，如果法院不予受理则无诉讼系属等法律效力。按照学界通说，原告的起诉经法院审查受理后，产生以下法律后果：（1）受诉法院依法取得对本案的审判权，开始具体运作审判程序；（2）案件的利害关系人取得了本案诉讼当事人的地位，各自依法享有诉讼权利、承担相应的诉讼义务；（3）诉讼时效中断；（4）除法律另有规定外，法院受理起诉后，当事人不得就同一诉讼标的、同一事实和理由再行起诉，法院也不得对此再次受理。① 由于我国民事诉讼法制定之初，理论研究不够深入，起诉权立法技术较其薄弱，对起诉后诉讼标的是否恒定、一事不再理的主客体范围、纠纷是否一次性解决等制度，法律没有作出明确规定，实务中因理解不同而造成司法标准严重不一的混乱现象。对此，江伟教授主持的《民事诉讼法典专家修改建议稿》提出了相应的立法建议，其第184条规定“当事人将起诉状提交人民法院之时发生诉讼时效中断的效力”；第188条规定“当事人提起诉讼后不得就同一诉讼标的再行提起诉讼；请求权竞合的案件，当事人全部胜诉或者部分胜诉的，不得根据其他请求权另行提起诉讼”；第194条规定“被告答辩后，非经被告同意，原告不得进行诉的变更，但有下列情形之一的，不受前述规定的限制：对事实或者法律陈述进行补充或更正；增加或者减少诉讼请求的。”②

（三）比较与借鉴

大陆法系与英美法系国家关于起诉的效力是有所区别的。大陆法系国家一般在民事诉讼法典和实体法中明确规定起诉的效力，在理论上提出和发展了诉讼系属理论。英美法系国家，在法律渊源方面具有多元性，

---

① 田平安主编：《民事诉讼法原理》（第3版），厦门大学出版社2007年版，第327页。

② 江伟主编：《民事诉讼法典专家修改建议稿及立法理由》，法律出版社2008年版，第215、218、224页。

其民事诉讼规则中一般没有关于起诉效力的直接规定。大陆法系国家起诉最重要的效力是禁止重复起诉,英美法系国家则通过判例发展了既判力与间接不可否认原则。“既判力与间接不可否认是指就某项诉讼原因的实质作出的终局判决,对试图在同一法院系统内就同一诉讼原因重新起诉时产生的效力。不问在第一次诉讼中实际争讼的是哪些争执点,对同一诉讼原因不得再一次争讼。”①根据此原则,法院就某项诉讼作出了终局、实质性的判决,当事人对同一诉讼原因不得再一次争讼。为了减轻法院的司法负担,维护生效判决的稳定性,避免就同一事项作出前后互相矛盾的判决,两大法系民事诉讼都体现了禁止重复诉讼,维护判决既判力的要求。同时,两大法系在诉的要素的固定方面亦有差异。大陆法系国家比较强调诉的要素的恒定,如当事人的确定、诉讼标的的确定和法院管辖的恒定。英美法系国家基于纠纷一次解决的理念,在诉的要素的确定方面更灵活。以当事人的确定为例,大陆法系国家民事诉讼的特征是规范出发型,能够成为诉讼当事人的,只能是实体法上的权利人与义务人,这决定着诉讼采用两当事人对立主义的构造,因此,诉讼系属后当事人就确定了。英美法系国家民事诉讼的特征是事实出发型,在事实出发型诉讼之下,从事件中发现法就成为其诉讼的基础,诉讼当事人就是所有的事件相关人,所以当事人的确定比大陆法系更灵活。② 而我国由于本身缺乏起诉权系程序性人权的理念,没有给予起诉权应有的法律定位,加之长期以来诉讼理论习惯和满足于释解法条,有时还将受理与政治问题联系在一起,使起诉权效力理论无法或不敢深入下去,内容简约。而只有精细的规则才能赋予和更好地保障当事人的起诉权。因为“一个好的诉讼规则将精确规定诉讼过程,并详细规定程序参与人的权利。同样也可防止某个参与人滥用诉讼的可能性。这样的预防是必要的,因为法官、当事人和律师都是人,不同的时间状态下,可能这次担心法院,下一次也许就更担心当事人和他的代理人。这种担心与关于程序的诉一样,很少有完全消失的时候。在国家权力超强的时代,国家必然不信任当事人,并且当事人的怀疑也针对国家。”③

---

① 沈达明编著:《比较民事诉讼法初论》,中国法制出版社 2002 年版,第 105 页。

② 参见常怡主编:《比较民事诉讼法》,中国政法大学出版社 2002 年版,第 560 页。

③ 〔德〕奥特马·尧厄尼希:《民事诉讼法》,周翠译,法律出版社 2003 年版,第 10 页。

我国应当借鉴大陆法系起诉效力特别是诉讼系属的理论与立法，具体内容包括以下两个方面：

（1）起诉的诉讼系属及其诉讼法上的效力。

在传统民事诉讼理论中，特别是在大陆法系国家和地区的民事诉讼中，诉讼系属是一个耳熟能详的法律概念，它反映了某个诉讼现正处于某个法院的审理过程中，是对诉讼自起诉时起至诉讼终结之整个诉讼过程的高度概括。[①] 我国立法规定民事诉讼由若干个诉讼阶段组成，例如起诉与受理、审理前的准备、开庭审理、评议与宣判等，但其中任何一个阶段都不能说明从原告起诉时起至诉讼终结这一过程与状态，也就不能合理地解释这一过程和状态所具有的法律效果，有必要在理论和立法上引入诉讼系属这一概念。

关于诉讼系属发生的时间，一般认为，应当以起诉之时为诉讼系属的发生时间，具体来说，如果是以书面方式起诉，自起诉状送交于法院时而发生诉讼系属；如果是口头方式起诉，自法院书记官作成笔录时发生诉讼系属；如果是在言词辩论时起诉的（例如诉之变更、追加、反诉），则以言词陈述起诉之时发生诉讼系属。[②] 根据日本的民事诉讼理论和立法，通说认为自起诉之时即发生诉讼系属是比较妥当的解释，而不应当以起诉状副本送达于被告之时为准，因为第 147 条规定时效的中断或者其他为遵守法律上期间所必须的审判上的请求，是在起诉之时或者将诉之变更的申请提交于法院之时即发生效力。[③]《德国民事诉讼法》第 253 条和第 261 条则明确规定起诉后即发生诉讼系属，而起诉是以诉状送达时为准，因而在德国，诉状送达时即认为是诉讼的开始并产生诉讼系属的效力。[④] 从各国的法律规定来看，诉讼系属因终局判决的确定、达成诉讼上的和解、当事人撤回诉讼、当事人死亡无人承受诉讼或依法律规定视为当然终结等原因而消灭。[⑤] 我国现行民事诉讼法规定了一个独立的受理阶段，其意旨似乎是不经过法院的立案审查阶段，诉讼程序就没有真正开始，学

---

① 刘学在：《略论民事诉讼中的诉讼系属》，载《法学评论》2002 年第 6 期。

② 参见王甲乙等：《民事诉讼法新论》，台湾三民书局 1998 年版，第 246 页。

③ 参见〔日〕中村英郎：《新民事诉讼法讲义》，陈刚等译，法律出版社 2001 年版，第 149 页；《日本新民事诉讼法》，白绿铉编译，中国法制出版社 2000 年版，第 70 页。

④ 参见《德意志联邦共和国民事诉讼法》，谢怀栻译，中国法制出版社 2001 年版，第 61、63 页。

⑤ 参见陈计男：《民事诉讼法论》（上），台湾三民书局 1994 年版，第 236 页。

界通说也认为受理后才发生诉讼系属的效力，但根据我国《民法通则》第140条的规定，当事人提起诉讼时即发生诉讼时效中断的效果，两者相矛盾。解决这一问题的合理途径是：应当规定从起诉时起即发生诉讼系属，同时废除现行审查受理制度、实行立案登记制并完善驳回起诉制度，这样有利于保障当事人的起诉权。

诉讼因原告诉之提起而系属于法院后，法院对该诉讼负有予以审理和裁判的义务，当事人在诉讼中可以自由地提出攻击防御方法，第三人在一定条件下可以参加该诉讼等。这些是诉讼系属在诉讼法上所发生的一般效果，除此之外，大陆法系的民事诉讼法一般还规定，诉讼系属还发生受诉法院的管辖恒定、当事人的确定与恒定、诉讼标的之恒定、禁止重复起诉等效果。① 诉讼系属后，所生上述各种诉讼法上的效果之规定，目的是维持诉讼程序之安定与进行之顺利。否则，诉讼程序将随时因管辖、当事人、诉讼标的等各种因素的变动，而发生混乱情况，无从顺利进行。其影响所及不仅对当事人双方不利，且有害于公益。② 以下分别简要阐述诉讼系属所生的诉讼法上的效力：

第一，受诉法院的管辖恒定。确定法院的管辖，以起诉时为准。诉讼系属时，受诉法院如果有管辖权，那么该法院就始终有管辖权。在诉讼进行过程中，即使据以确定管辖的情况发生了变化，例如被告的住所地发生变更等，受诉法院的管辖权并不因此受到影响，也就是说，受诉法院并不因为情况的变化而丧失对该诉讼的管辖权。这一效果在理论上一般称为管辖恒定原则。我国现行民事诉讼法并没有确立管辖恒定原则。《适用意见》第34、35条规定："案件受理后，受诉人民法院的管辖权不受当事人住所地、经常居住地变更的影响。有管辖权的人民法院受理案件后，不得以行政区域变更为由，将案件移送给变更后有管辖权的人民法院"。它以列举的方式部分地规定了管辖恒定之效果。这一解释性规定虽然在一定程度上消弭了立法上的缺陷，但正如有学者所指出的，由于上述司法解释将确定管辖权的基准时界定在法院受理案件之时，而不是当事人起诉之时，并且仅仅是关涉地域管辖恒定之适用，而未涉及级别管辖恒定问题，

---

① 参见陈计男：《民事诉讼法论》（上），台湾三民书局1994年版，第237—239页；〔日〕中村英郎：《新民事诉讼法讲义》，陈刚等译，法律出版社2001年版，第149—150页。

② 陈荣宗、林庆苗：《民事诉讼法》，台湾三民书局1996年版，第387页。

因而其缺漏之处仍然是显而易见的。[1] 笔者认为，我国民事诉讼法对于一般民事案件应当实行立案登记制，明确规定诉讼系属的时点和管辖权的确定以起诉时为准。

第二，当事人的确定与恒定。诉状中所载的原告、被告即为本案的当事人，诉讼因原告起诉而系属于法院后，本案的当事人即因之确定，如将原告或被告变更，即属于诉的变更。另外，诉讼系属还产生当事人恒定的效果。所谓当事人恒定，是指除法律有特别规定外，在诉讼系属后，当事人将诉讼标的之法律关系移转于第三人时，对诉讼亦无影响。

第三，诉讼标的之恒定。诉讼系属后，原告不得随意将原诉变更或追加他诉，这一效果称为诉讼标的之恒定。规定诉讼系属具有这一效果，目的在于更好地为被告提供程序保障，避免原告对被告造成诉讼突袭，同时也可减少诉讼迟延。在法律有明文规定的情形下，则可以允许诉讼标的的变更，例如《德国民事诉讼法》第 263 条规定："诉讼系属后，在被告同意或法院认为有助于诉讼时，准许为诉之变更"《日本民事诉讼法》第 143 条规定："原告以不变更请求的基础为限，在口头辩论终结之前，可以变更请求或者请求的原因。但是，由此而使诉讼程序显著拖延的，则不在此限。" 诉讼系属不仅发生诉讼标的恒定的效果，而且诉讼标的之价额（或称金额）也因诉讼系属而恒定。所谓诉讼标的价额之恒定，是指计算诉讼标的价额，应以起诉时的价额为准，诉讼系属后，关于该诉讼标的价额的核定，不因起诉后物价涨落而受影响。[2]

第四，禁止重复起诉。禁止重复起诉，是指诉讼系属后，当事人不得就已经起诉的事件，向法院再行起诉。如果当事人对已经诉讼系属的事件再行起诉的，法院应以诉不合法为由裁定驳回。禁止重复起诉的立法目的，主要是为避免法院就同一诉讼重复审判而造成诉讼的不经济与发生前后判决的矛盾，又为保护被告，避免强迫被告为不必要的诉讼。有无重复起诉的判断标准，通说认为以当事人的同一和诉讼标的之同一两个方面之考虑为标准。[3] 禁止重复起诉是诉讼系属所生的尤为重要的效果，即当事人已就某一纠纷提起诉讼后，禁止该当事人或对方当事人再以

---

① 占善刚：《略论民事诉讼中的管辖恒定原则》，载《法学评论》2001 年第 6 期。

② 参见杨建华：《问题研析民事诉讼法》（一），台湾三民书局 1994 年版，第 199 页。

③ 陈荣宗、林庆苗：《民事诉讼法》，台湾三民书局 1996 年版，第 387 页。

同一诉讼标的向法院起诉。

禁止重复起诉与一事不再理是何关系？张卫平教授认为，一事不再理的积极作用是：一个案件经过法院的审理，判决生效后，其他的法院就不能够再受理和进行审理；消极作用是：当事人不能就同一案件再行起诉，起诉了法院也不受理。既判力的作用在于已经生效的判决排斥其他法院再次受理和两次判决，禁止重复起诉则彻底排除了其他法院能够作出审理和判决的可能性。[①] 也就是说，一事不再理原则包括既判力的消极效力和诉讼系属效力（体现为禁止重复起诉）两个方面的内容。

我国《民事诉讼法》第115条第5项规定："对判决、裁定已经发生法律效力的案件，当事人又起诉的，告知原告按照申诉处理，但人民法院准许撤诉的裁定除外。"现行法中规定了已经作出生效判决的，当事人只能申诉，这是基于法院判决的既判力。但如果没有作出生效判决时怎么办？民事诉讼法没有明确规定禁止重复起诉。《适用意见》第33条则从确定法院管辖权的角度规定："两个以上人民法院都有管辖权的诉讼，先立案的人民法院不得将案件移送给另一个有管辖权的人民法院。人民法院在立案前发现其他有管辖权的人民法院已先立案的，不得重复立案；立案后发现其他有管辖权的人民法院已先立案的，裁定将案件移送给先立案的人民法院。"这一规定虽然部分地具有禁止重复起诉的作用，但并不能涵盖禁止重复起诉原则的全部内容。因为，禁止重复起诉首先是对当事人所产生的效果，然后才是禁止法院的重复立案问题，而上述规定并没有直接反映出诉讼系属对当事人所产生的效力。而且禁止重复起诉之效果应当从诉讼系属之时，也即起诉时起产生，但上述条款是在现行立法规定有单独的法院受理阶段之条件下予以适用的，因而从严格的意义上来讲，它并不能产生从起诉时起即禁止当事人重复起诉的法律效果。[②] 因此，我国全面修改民事诉讼法时应当确立禁止重复起诉，可以规定：对于诉讼系属中的案件，当事人不得重复提起诉讼。

按照我国《民事诉讼法》第115条第5项的规定，除撤诉案件可以重新起诉及受理外，对于其他判决、裁定已经发生法律效力的案件，不论是否经过实体审理都是只能按照申诉处理。此规定没有区分实体性的判决

---

① 张卫平：《民事诉讼法前沿理论问题》，载《国家检察官学院学报》2006年第6期。

② 刘学在：《略论民事诉讼中的诉讼系属》，载《法学评论》2002年第6期。

与程序性的裁定，存在缺陷和漏洞，注释中的案例①反映了此问题。为了弥补此缺陷，保障当事人的起诉权，《适用意见》第142条中规定："裁定不予受理、驳回起诉的案件，原告再次起诉的，如果符合起诉条件，人民法院应予受理。"此案A公司第一次提起诉讼时因主体不适格而被驳回起诉，案件尚未进入实体审理程序，根本未做实质性裁决，A公司在取得主体适格的证据后可以重新提出诉讼，法院应予受理，案件才首次进入实体审理程序，因此不存在对一事进行两次审理的情况，不属于一事不再理的适用范围之列。

司法实践中，当事人重复起诉的主要类型有：一是选择性管辖下的重复起诉。对案件具有管辖权的法院不唯一，一方当事人起诉后，对方当事人又以同一民事法律关系或同一法律事实，向另一法院起诉，多见的是当事人各自向其住所地法院起诉，从而使法院之间发生管辖权争议。二是任意管辖协议下的重复起诉。当事人在以书面形式约定管辖法院时作出"由原告住所地法院管辖"、"由守约方住所地管辖"等看似明确、实则多元的任意性管辖约定，导致多头受理现象的出现。三是放弃反诉下的重复起诉。有的案件中，本诉被告本可以本诉的原告作为被告，直接向受理本诉的法院提起反诉。但本诉被告暂不提起反诉，而在本诉审结后再向其他有管辖权的法院另行起诉，或者不切实际地扩大诉讼标的额，跨越级别管辖界限，向上级法院起诉，以规避本诉法院的管辖。四是违法受理下的重复起诉。个别情况下，有的法院明知外地法院已依法受案，仍以同一

---

① 2005年12月，A公司以B公司生产的某产品芯片所使用的软件侵犯其注册的软件著作权为由起诉B公司，要求B公司停止侵权行为并赔偿损失。B公司以该软件注册的著作权人是A公司的法定代表人黄某而非A公司，原告主体不适格为由要求法院驳回A公司的起诉。法院采纳了B公司的主张，裁定驳回了A公司的起诉。裁定下达后，A公司没有提出上诉，该裁定已经发生法律效力。2006年2月，A公司以黄某与其签订有软件著作权独占许可合同、其具有原告的主体资格为由，再次起诉B公司，并向法院提供了其于2003年4月与黄某签订的软件著作权独占许可合同（该份合同上一次起诉时未提供）。对于此案，法院是否应适用一事不再理的原则作出不予受理的裁定？一种观点认为，根据我国《民事诉讼法》第111条第5项的规定，对判决、裁定已经发生法律效力的案件，当事人又起诉的，告知原告按照申诉处理，但人民法院准许撤诉的裁定除外。本案中A公司对B公司就某产品芯片软件著作权的侵权诉讼已经被法院裁定驳回起诉，且该裁定已经发生法律效力，因此，A公司在取得2003年4月与黄某签订的软件著作权独占许可合同后只能申请再审，不能重新起诉，法院应裁定本案不予受理。另一种观点认为，本案在第一次诉讼时因原告主体不适格而被驳回起诉，案件并未进入实体审理程序。A公司在取得证明其主体资格的证据后重新起诉，法院重新受理后才首次进入实体审理程序，故并不违反一事不再理的原则。对于本案，法院应予受理。参见陈荣奋：《一事不再理原则内涵之辨析》，载《人民法院报》2006年4月26日第3版。

事实、理由重复立案，甚至更改立案时间，以对抗外地法院的受理。[①] 从当事人的角度看，重复起诉是为了寻求先诉案件之外的利益保护途径。有的当事人被起诉后却无心应诉，转而向所在地或有关系的法院进行起诉，其原因是为了寻求地方保护主义，传统人情世俗观念使当事人坚信人熟好办事，法官素质不平衡使有的当事人不信任相对落后地区的法院和法官。从法院方面看，"一事再理"即法院受理重复起诉，甚至争取管辖权，是"为当地经济建设保驾护航"和人情关系等地方保护主义所致，是对法院居中裁判职能的偏离。但受理重复起诉的法院可能就同一案件作出不同裁判，将会损害司法的统一性、严肃性和权威性。解决的办法是："法官在向被告送达起诉状副本和应诉通知后，如果被告抗辩已先行在其他法院起诉并提出管辖权异议，法官应主动与先诉法院取得联系，确认案件是否已经受理的事实。在确定案件已被其他法院受理后，应立即裁定被告管辖权异议成立，驳回原告的起诉；上级法院在处理下级法院间因当事人重复起诉引起的管辖争议过程中，应查明事实，依法确认案件的管辖权，对恶意争取管辖权的法院要予以惩戒，对负领导责任和直接责任的人员要依法依纪予以处理。"[②]此外，引入诚实信用原则作为排斥重复起诉的重要措施，规制滥用起诉权，建议在全面修改民事诉讼法时确立诚实信用原则和完善管辖制度。

第五，提起反诉之准许。诉讼系属后，被告可以提起反诉。从有关国家和地区的规定来看，被告提起反诉，须在诉讼系属后，言词辩论终结前向本诉所系属的法院提出，并且一般应当与本诉的标的或防御方法有关联。[③]

（2）起诉的实体法上的效力。

一方面，起诉是当事人要求国家行使审判权，并产生以上诉讼法上的效力或效果；另一方面，起诉是当事人就诉的内容（即诉讼上的请求）主张实体法上的权利，故亦发生实体法上的效力。至于有哪些实体法效果，则取决于各国实体法的具体规定。但通常具有如下几个方面的实体法效力：

第一，权利保存的效力。诉讼系属所产生的权利保存的效力主要是诉讼时效的中断和除斥期间的遵守。原告起诉被告的目的，就诉讼法而

---

① 王子伟等：《当事人重复起诉引起的管辖争议问题研究》，载《人民法院报》2007 年 1 月 29 日第 5 版。

② 同上。

③ 参见陈计男：《民事诉讼法论》（上），台湾三民书局 1994 年版，第 223—227、239 页。

言,系为获得法院对其为胜诉判决,但就实际而言,系为获得实体法上的权利满足为目的。起诉行为的作用与债权人请求债务人履行义务的作用相同,其对于请求权的时效中断的效果也相同。因此,各国民法一般都规定,诉讼时效(或消灭时效)因提起诉讼而发生中断,从而具有权利保存的效力。除斥期间,是指法律规定某些形成权的行使,必须于一定期间内以起诉方式进行,如逾除斥期间未为起诉的,则丧失该权利。民法或其他实体法规定,某种形成权应于一定期间内以起诉方法行使,如果权利人不于此期间内起诉者,即丧失其形成权,如撤销权的除斥期间。实体法所规定的除斥期间,同时也是形成之诉的原告提起诉讼的期间限制。因此,在除斥期间内提起诉讼,具有保存该权利的效果。①

我国《民法通则》第 140 条规定:"诉讼时效因提起诉讼、当事人一方提出要求或者同意履行义务而中断。从中断时起,诉讼时效期间重新计算。"关于在"提起诉讼"的情形下,诉讼时效期间应从何时中断,存在争议,分别有从当事人向法院提起诉讼之日、人民法院受理之日和起诉状副本送达义务人之日中断三种观点。笔者认为,权利人以"提起诉讼"的方式主张权利的,由于其请求保护权利的对象为法院,故只要其向法院提交起诉材料或者口头起诉,就应认定其向法院提出了权利主张,诉讼时效中断,而无需等待法院受理。根据我国《民事诉讼法》第 109 条的规定,最高人民法院《关于审理民事案件适用诉讼时效制度若干问题的规定》第 12 条规定:"当事人一方向人民法院提交起诉状或者口头起诉的,诉讼时效期间从提交起诉状或者口头起诉之日起中断。"规定诉讼时效"从提交起诉状或者口头起诉之日起中断"而非"法院依法受理之日中断",更符合诉讼时效中断制度的立法目的,也有利于保护权利人的权利。应予注意的是,"提起诉讼"具有诉讼时效中断效力,其前提条件是当事人向法院提起的诉讼足以认定权利人向义务人主张了争议的权利。② 也就是说,权利人提起的诉应为符合我国《民事诉讼法》第 108 条规定的起诉要件或者特殊诉讼要件的合法之诉,或者虽未完全具备上述要件,但其具备的起

---

① 参见陈荣宗、林庆苗:《民事诉讼法》,台湾三民书局 1996 年版,第 394 页;陈计男:《民事诉讼法论》(上),台湾三民书局 1994 年版,第 240 页;〔日〕中村英郎:《新民事诉讼法讲义》,陈刚等译,法律出版社 2001 年版,第 150 页。

② 《最高人民法院民二庭负责人就〈关于审理民事案件适用诉讼时效制度若干问题的规定〉答本报记者问》,载《人民法院报》2008 年 9 月 1 日第 3 版。

诉要件应足以证明权利人以提起诉讼的方式向义务主体主张了争议的权利。[①] 此规定虽为起诉行为发生诉讼系属的效力创造了条件,但起草者的解释会导致司法实践中法官对大多数不予受理和驳回起诉认定不具有诉讼时效中断的效力,与第12条的文义解释相矛盾,不能充分保障当事人的起诉权。《适用意见》第153条规定:"当事人超过诉讼时效期间起诉的,人民法院应予受理。受理后查明无中止、中断、延长事由的,判决驳回其诉讼请求。"该规定有利于保障当事人的起诉权,避免当事人起诉时法院认为已经超过诉讼时效而不予受理。最高人民法院《关于审理民事案件适用诉讼时效制度若干问题的规定》第3条规定:"当事人未提出诉讼时效抗辩,人民法院不应对诉讼时效问题释明及主动适用诉讼时效的规定进行裁判。"诉讼时效抗辩权本质上是义务人的一项民事权利,义务人是否行使,司法不应过多干预,这是民法意思自治原则的根本要求。当事人一方根据实体法上的诉讼时效抗辩权在诉讼中提起的诉讼时效抗辩是实体权利的抗辩,是需由当事人主张的抗辩,当事人是否主张,属于其自由处分的范畴,司法也不应过多干涉,这是民事诉讼处分原则的应有之义。该规定也与法院居中裁判的地位相适应。司法解释结合我国民事诉讼法的相关规定对诉讼时效抗辩权的行使阶段进行了限制,第4条规定:"当事人在一审期间未提出诉讼时效抗辩,在二审期间提出的,人民法院不予支持,但其基于新的证据能够证明对方当事人的请求权已过诉讼时效期间的情形除外。当事人未按照前款规定提出诉讼时效抗辩,以诉讼时效期间届满为由申请再审或者提出再审抗辩的,人民法院不予支持。"

关于起诉后撤诉是否具有诉讼时效中断的法律效力,我国《民法通则》及其司法解释并未规定。我国《海商法》第267条规定:"时效因请求人提起诉讼、提交仲裁或者被请求人同意履行义务而中断,但是,请求人撤回起诉、撤回仲裁或者起诉被裁定驳回的,时效不中断。"综观各国立法例,关于该问题的规定主要有两种模式:一是起诉后撤诉,不具有诉讼时效中断的效力。大多数采用此立法例,如法国、日本及我国台湾地区、澳门地区民法典的规定。《法国民法典》第2247条规定:"有下列情形之一者,不认为时效中断:传唤因欠缺形式而无效时;原告撤回其诉时;原告因

---

① 最高人民法院民事审判第二庭编著:《最高人民法院关于民事案件诉讼时效司法解释理解与适用》,人民法院出版社2008年版,第238页。

不遵守诉讼期间而丧失诉权时;原告之诉被驳回时。”①《日本民法典》第149条规定:“裁判上的请求,于诉被驳回或撤回时,不发生时效中断的效力”。② 二是起诉后撤诉,不具有诉讼时效中断的效力,但权利人在六个月内重新提起诉讼的,诉讼时效视为因提起前次诉讼而中断。其典型立法例是《德国民法典》第212条的规定,“如果撤诉或者因被未审理诉讼事实而作出的判决驳回起诉时,因起诉而中断的时效视为未中断。如果权利人在六个月之内再次起诉时,时效自前次起诉之时视为中断。对该期间准用第203条、第206条、第207条的规定。”③

对起诉后又撤诉是否导致诉讼时效中断的问题,实践中主要有三种观点。一种是肯定说,理由是:原告起诉后撤诉,不能视为没有起诉;原告只要向法院起诉,表明权利人在诉讼时效期间内积极主张过权利的事实,诉讼时效就应中断;权利人起诉后撤诉的,要承担一半的诉讼费,其提起诉讼主张权利是有成本的,且该诉讼也是法院的一个案件,不能视为未起诉。④ 另一种是否定说,理由是:原告起诉后又撤诉,应视为未起诉,不发生诉讼时效中断的法律后果。如果说起诉是当事人积极主张权利的体现并导致诉讼时效的中断,那么撤诉就是对起诉的完全否定,包括对起诉导致诉讼时效中断的法律后果的否定。起诉表明当事人在行使权利,但撤诉又表达了相反的愿望,即不愿意行使权利。如果权利人一而再再而三地起诉、撤诉、起诉,当事人的矛盾长期处于一种不定状态,不利于及时解决纠纷,法院有限的司法资源也将疲于应付。⑤ 第三种观点是区分说。最高人民法院民二庭的观点是:撤诉应否具有诉讼时效中断的法律效力,应依在撤诉时,是否已将起诉状副本送达义务人或者以口头告知等方式将权利人以提起诉讼方式主张权利的意思表示告知义务人为区分标准,如果送达或告知的,撤诉具有诉讼时效中断的效力,反之,未送达和未告知的,则不具有诉讼时效中断的效力。这既符合撤诉的法理和诉讼时效中断的法理,也有利于保护权利人的权利。但鉴于争论较大,诉讼时效司

---

① 《拿破仑法典(法国民法典)》,李浩培等译,商务印书馆1979年版,第316页。

② 《日本民法》,曹为、王书江译,法律出版社1986年版,第32页。

③ 《德国民法典》(修订版),郑冲、贾红梅译,法律出版社2001年版,第42页。

④ 参见许金朝、刘静:《撤诉是否导致诉讼时效中断》,载《人民法院报》2008年10月7日第6版;周逵:《起诉后撤诉能否引起诉讼时效的中断》,载《人民法院报》2005年6月26日。

⑤ 参见刘晓军:《起诉后撤诉是否导致诉讼时效中断》,载《人民法院报》2004年8月24日;刘量力:《起诉后撤诉能否引起时效中断》,载《人民法院报》2005年9月11日第4版。

法解释最终未对该问题进行规定。①

本书赞成肯定说,即起诉后撤诉引起诉讼时效中断②,理由如下:一是起诉后撤诉,能否引起时效中断,关乎当事人起诉权的保障程度,进而关系到当事人民事权益之司法保障的深度和广度。这是一个立场问题。应作有利于保护当事人起诉权和实体权益的解释,更不能纵容义务人不履行义务甚至是恶意逃债的不诚信行为。二是从诉讼法理和诉讼时效中断的原理看,原告起诉后又撤诉,视为未起诉,允许当事人在撤诉后再起诉,既保护了当事人的起诉权,又不违背一事不再理。③ 起诉是原告要求法院行使审判权以解决纠纷和保护民事权益的行为,与其说它与《民法通则》第140条规定的"当事人一方提出要求"具有同等的效力,不如说向法院起诉的效力更强,因为法院是国家设立的保护民事权益的机关,行使国家的审判权。原告起诉行为本身已经说明其并未放弃权利,也未怠于行使自己的权利,而只是由于某种原因而撤回起诉。我国《民事诉讼法》第113条规定:"人民法院应当在立案之日起5日内将起诉状副本发送被告。"如果未送达,原因在法院,不能因为法院没有向被告送达应诉手续,就使原告承担没有主张过权利、诉讼时效不中断的法律后果,因为这是法院的责任。最高人民法院《关于贯彻执行〈中华人民共和国民法通则〉若干问题的意见(试行)》第174条规定:"权利人向人民调解委员会或者有关单位提出保护民事权利的请求,从提出请求时起,诉讼时效中断。"④由此看出,权利人向调解委员会或有关单位提出保护民事权利的请求后诉

① 最高人民法院民事审判第二庭编著:《最高人民法院关于民事案件诉讼时效司法解释理解与适用》,人民法院出版社2008年版,第247、250页。

② 不予受理和驳回起诉也发生诉讼时效中断的效力,其理由与起诉后撤诉引起诉讼时效中断相同。

③ 通说认为,撤诉行为一旦实施,诉讼就其撤销部分归属于未起诉。撤诉意味着诉讼从开始之初便归于消失,因而不妨碍原告就同一事件进行再次起诉。德国、法国、日本等国民事诉讼立法均遵从此说。我国民事诉讼法没有规定撤诉的效果,但《适用意见》第144条作了补充规定:"当事人撤诉或人民法院按撤诉处理后,当事人以同一诉讼请求再次起诉的,人民法院应予受理。"只不过在离婚案件中受到限制。撤诉并不是放弃请求,也不是放弃诉权。参见叶自强:《民事撤诉的理论、制度解释与立法建议》,载卞建林主编:《诉讼法学研究》(第12卷),中国检察出版社2007年版,第107、115—117、126页。

④ 最高人民法院《关于审理民事案件适用诉讼时效制度若干问题的规定》(自2008年9月1日起施行)第14条也作了相同的规定:"权利人向人民调解委员会以及其他依法有权解决相关民事纠纷的国家机关、事业单位、社会团体等社会组织提出保护相应民事权利的请求,诉讼时效从提出请求之日起中断。"

讼时效就中断，并不以告知对方当事人为要件，而且对于权利人的请求是否合法、合理、有无其他情况一概没有涉及，实际是否得到结果也一概不问。同样道理，向法院提起诉讼后诉讼时效也应中断，至于诉讼过程或诉讼结果，与诉讼时效中断的认定没有必然的关系。规定起诉后撤诉引起诉讼时效中断，可以避免撤诉后仍可起诉而超过诉讼时效期间的情形下的起诉权被虚置，切实保护当事人的起诉权。三是笔者在第三章从2002—2010年全国法院司法统计公报提起数据对裁定撤诉结案的一审民事案件的数据进行了统计和分析，近九年一审民事案件裁定撤诉数量不断增加、撤诉率逐年上升，年均1125283件，年均撤诉率23.11%。每年大约有上百万件的案件撤诉，如果权利人的权利没有得到兑现，再次起诉特别是在我国的诉讼时效期间短的情况下，会有多少权利人因为不中断而超过诉讼时效期间得不到司法保护？权利人会有一种被戏弄的感觉，更主要的是告状无门。法律制度应从保护当事人的起诉权和合法权益为出发点，更要基于中国国情解决中国问题。四是有许多论者以法国、德国、日本等国家的民法典规定撤诉不中断诉讼时效以依据，但存在两个问题。一个问题是这些国家规定的诉讼时效期间长，而我国的诉讼时效期间短。《法国民法典》第2262条规定："一切关于物权或债权的请求权均经过30年的时效而消灭，主张时效的人无须提出权利证书，并不得对其援用恶意的抗辩。"《德国民法典》第195条规定："普通时效期间为30年。"①《日本民法典》第167条规定："债权，因10年间不行使而消灭。债

① 2002年德国颁布的《债法现代化法》对诉讼时效制度进行了重大改革，内容包括：(1)普通消灭时效期间规定为3年(第195条)，以请求权产生当年的年终，以及债权人知道或者在不具有重大过失的情况下应当知道产生请求权的事由及债务人时起算(第199条第1项)。(2)对一些请求权增加了为期10年和30年的较长期间的长期消灭时效的规定，主要是一些与土地相关的请求权(第196条)、物权上的、婚姻法上、继承法上的请求权或者已确认发生法律效力的请求权(第197条)。上述时效期间，仍以请求权产生之时起算(第200条)。(3)对普通消灭时效规定了最长时效期间限制的规定。第199条第2项规定，因生命、身体、健康和自由受到侵害而产生的损害赔偿请求权，自实施侵害行为之日起因30年不行使而归于消灭。其他损害赔偿请求权，自请求权产生之日起因10年不行使而归于消灭。除损害赔偿请求权以外的其他请求权，自请求权产生之日起因10年不行使而归于消灭(第199条第2—4项)。修正后的《德国民法典》规定的3年普通诉讼时效期间与我国《民法通则》规定的2年普通诉讼时效期间，尽管看起来仅有一年差异，但是考虑到各自相关制度的配合和补充，二者对于权利人利益的关注出现了较大的分野，它并未表现出对权利人的漠视和苛刻。参见霍海红：《对我国诉讼时效期间的多维反思》，载《法制与社会发展》2008年第3期；李蕊：《诉讼时效期间立法模式之我见》，载《河北法学》2008年第3期。

权或所有权以外的财产权，因 20 年间不行使而消灭。”反观我国民事立法，除了 2 年普通诉讼时效期间之外，法律也规定了短期诉讼时效期间（如《民法通则》第 136 条规定了适用 1 年诉讼时效期间的四种情形）、较长诉讼时效期间（如《合同法》第 129 条规定的 4 年诉讼时效期间）。[①] 我国《海商法》规定撤诉后时效不中断，即使不考量其是否合理，它也是特别规定，不应普遍适用。由于时效期间较短，加之信用不良，义务人很容易将“欠债不还”拖过“2 年”的期限，特别是在熟人社会中权利人往往由于碍于关系和情面，只要是自己并不急需用钱就不会及时追讨。另一个问题是法国、德国、日本等规定撤诉不中断时效，从某种程度上保护了债务人的利益，不宜借鉴。正如民二庭负责人所言：“通过对权利人的权利进行限制的方式对社会公共利益进行保护应有合理的边界，该边界就是应在保护社会公共利益的基础上进行利益衡量，不能滥用诉讼制度，使诉讼时效制度成为义务人逃避债务的工具，随意否定权利本身，违反依法依约履行义务的诚实信用原则。”[②]最后，最高人民法院《关于审理民事案件适用诉讼时效制度若干问题的规定》第 13 条是对《民法通则》第 140 条规定的“提起诉讼”这一具有诉讼时效中断效力事项的扩张解释，对与“提起诉讼”具有同等中断诉讼时效效力的事项进行了规定。[③] 而起诉后撤诉，曾经原告实施过起诉行为，与这些事项相比，也应当发生诉讼时效中断的效力。

最高人民法院《关于适用〈中华人民共和国公司法〉若干问题的规定（一）》（法释〔2006〕3 号）第 3 条规定：“原告以公司法第二十二条第二款、第七十五条第二款规定事由，向人民法院提起诉讼时，超过公司法规

① 我国《民法通则》第 135 条规定：“向人民法院请求保护民事权利的诉讼时效期间为 2 年，法律另有规定的除外。”第 136 条规定：“下列的诉讼时效期间为 1 年：身体受到伤害要求赔偿的；出售质量不合格的商品未声明的；延付或者拒付租金的；寄存财物被丢失或者损毁的。”

② 《最高人民法院民二庭负责人就〈关于审理民事案件适用诉讼时效制度若干问题的规定〉答本报记者问》，载《人民法院报》2008 年 9 月 1 日第 3 版。

③ 最高人民法院《关于审理民事案件适用诉讼时效制度若干问题的规定》第 13 条规定：“下列事项之一，人民法院应当认定与提起诉讼具有同等诉讼时效中断的效力：（一）申请仲裁；（二）申请支付令；（三）申请破产、申报破产债权；（四）为主张权利而申请宣告义务人失踪或死亡；（五）申请诉前财产保全、诉前临时禁令等诉前措施；（六）申请强制执行；（七）申请追加当事人或者被通知参加诉讼；（八）在诉讼中主张抵销；（九）其他与提起诉讼具有同等诉讼时效中断效力的事项。”

定期限的，人民法院不予受理。”[①]我国《公司法》分别对股东因规定事由提起诉讼的期限作出了限制性规定，但对超过该期间后提起诉讼的，法院如何处理的问题，《公司法》没有规定。该司法解释规定，对于决议撤销之诉和请求公司收购股权之诉，一旦法定期间届满，股东就丧失了通过诉讼途径保护其利益的权利，即使其向法院提起诉讼，法院也将裁定不予受理。那么，《公司法》规定的起诉期限是什么性质？该司法解释的起草人认为：“超过法定期间，股东消灭的是诉权，是进入到诉讼程序的权利，而不是胜诉权利的消灭，或实体权利的消灭，因此，该期间既区别于诉讼时效，也不同于除斥期间。为了反映其具有的这种起诉唯一性的特征，应当将其性质确定为商法上特殊的起诉期限。根据其性质的认定，此期间不适用诉讼时效中的中止、中断和延长制度。”[②]该起诉期限届满，消灭的是起诉权，在行政诉讼法及其司法解释中有起诉期限制度，但是在民商事法律中规定起诉期限并发生届满消灭起诉权的法律后果，是否合理值得进一步研究。

第二，权利扩张的效力。权利扩张的效力，是指依据实体法的规定，在某些情形下，诉讼系属会产生增加债务人责任的效果。例如《日本民法典》第412条规定，与金钱债务有关的案件里，对没有规定期限的债权的请求，债务人于债权人起诉时，负履行迟延责任。我国台湾地区“民法”第959条所规定的善意占有人之恶意拟制亦属于这类情形。所谓善意占有人之恶意拟制，是指善意占有人于本权诉讼败诉的，自诉讼系属时起，视为恶意占有人而增加其责任。

第三，权利强化的效力。权利强化的效力，是指诉讼系属后，有时会产生强化诉讼对象在实体法上的权利。例如依照台湾地区民法的规定，精神上慰藉金之请求权，属于不得让与及继承的专属请求权，但一经起诉，即变为通常的财产请求权，而认为有让与性与继承性。[③]

---

① 我国《公司法》第22条第2款规定：“股东会或者股东大会、董事会的会议召集程序、表决方式违反法律、行政法规或者公司章程，或者决议内容违反公司章程的，股东可以自决议作出之日起六十日内，请求人民法院撤销。”第75条第2款规定：“自股东会会议决议通过之日起六十日内，股东与公司不能达成股权收购协议的，股东可以自股东会会议决议通过之日起九十日内向人民法院提起诉讼。”

② 最高人民法院民事审判第二庭编著：《最高人民法院关于公司法司法解释（一）、（二）理解与适用》，人民法院出版社2008年版，第47页。

③ 〔日〕中村英郎：《新民事诉讼法讲义》，陈刚等译，法律出版社2001年版，第150页；陈计男：《民事诉讼法论》（上），台湾三民书局1994年版，第240页。

第三章
起诉权运作论
——起诉与受理制度的实证分析

一、一审民事案件司法统计数据分析

(一) 一审民事案件的变迁及其特点

笔者将改革开放三十多年来最高人民法院院长在全国人民代表大会(1979 年至 2011 年)上所作的工作报告作为考察对象。最高人民法院工作报告中的数据统计是研究起诉与受理制度及其运行状况的重要、直观的第一手材料,能够反映出全国法院一审民事案件的发展变化,在一定程度上能够折射出社会转型和经济社会发展的变迁,也是从宏观层面进行实证研究的重要方法。根据我国《宪法》的规定,最高人民法院院长每年都要在全国人民代表大会上作全国法院工作报告;在任期届满的当年,还要对过去五年最高人民法院和地方各级人民法院的工作作总结报告。[①]该部分从最高人民法院工作报告中提取一些关键数据或者一审民事案件的情况说明,制作成图表,以便直观地反映改革开放三十多年来我国一审民事案件的总体情况。一审民事案件的变迁及其特点体现在以下三个方面:

(1) 民事案件占一审案件的比例高。

通过对我国改革开放 30 年来最高人民法院六个"五年工作报告"(1983 年、1988 年、1993 年、1998 年、2003 年、2008 年)中各级人民法院一

① 应当说明的是,本部分的数据来自《中华人民共和国最高人民法院公报》或《人民日报》刊登的《最高人民法院工作报告》,不再一一注明详细出处。为了简约、清晰,超过万件以上的,采用四舍五入的方法保留小数点后一位或两位数字。有的如诉讼标的额等在工作报告中没有列明,故未填上数字。2001 年以前,我国实行民事审判与经济审判分立的审判格局(即民商分立),2001 年以后实行大民事审判格局(即民商合一),本书所指的一审民事案件是大民事案件,包括民事案件和经济纠纷案件。

审审结的案件数量和百分比的分析(见图表1、2、3),可以看出一审民事

图表1 全国人民法院1978—1992年审结各类一审案件数量、百分比统计表

时间(年)	大民事案件数量、百分比	刑事案件数量、百分比	行政案件数量、百分比
1978—1982	269.7万件(74.2%)	93.9万件(25.8%)	
1983—1987	562.9万件(76.9%)	169.3万件(23.1%)	
1988—1992	1196.8万件(85.1%)	201.6万件(14.3%)	8.4万件(0.6%)

图表2 全国人民法院1993—2007年审结各类一审案件数量统计图

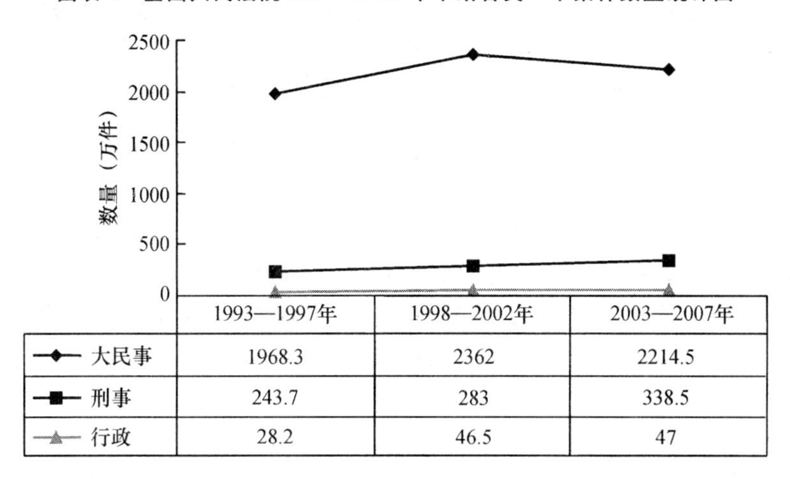

图表3 全国人民法院1993—2007年审结各类一审案件百分比统计图

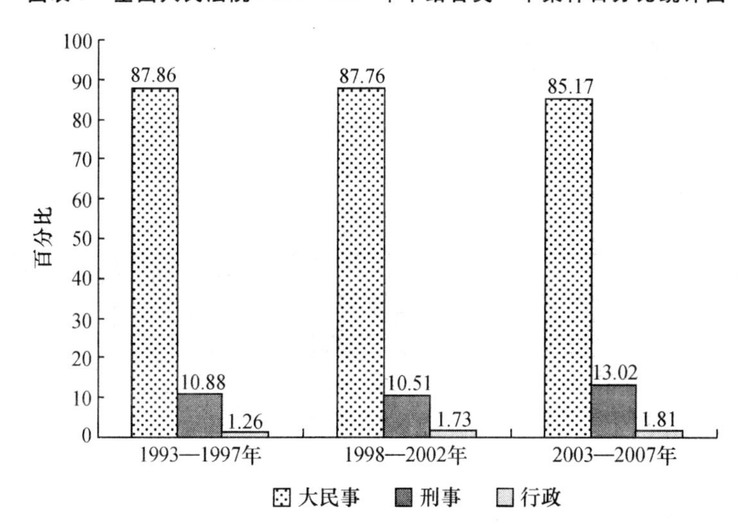

案件的数量多,占一审案件的比例高。从1978—2007年的六个五年期间,一审审结的大民事案件(包括民事案件和经济纠纷案件)的数量分别是269.7万、562.9万、1196.8万、1968.3万、2362万、2214.5万件,分别占一审案件的74.2%、76.9%、85.1%、87.86%、87.76%、85.17%。

(2)一审民事案件数量持续增加,诉讼标的额大幅上涨。

根据图表4,1978年至1982年,大民事案件269.7万件;1983年至1987年,大民事案件562.9万件,比前五年上升125.76%;1988年至1992年,大民事案件1196.9万件,比前五年上升112.63%;1993年至1997年,大民事案件1968.3万件,比前五年上升64.45%;1998年至2002年,民事案件2362万件,比前五年上升20%;2003年至2007年,民事案件2214.5万件,比前五年下降6.25%;但2008年至2010年,民事案件分别为538.1万件、579.7万件、611.3万件(见图表6),三年共1729.1万件,数量持续上升且幅度较大。三十多年来,各级人民法院一审审结的民事案件数量大幅上升,法院需要解决庞大的民事纠纷。案件多源于我国经济社会快速发展和转型所导致的民事活动多、经济交往多以及社会矛盾多、利益冲突和纠纷多。人民法院一审审结民事案件数量在经历了近二十年的高速增长后,递增速度有所放缓,一是近十年的案件基数大,上升空间有限,二是与我国市场经济体制日益成熟、社会关系总体趋于稳定有关,三是与仲裁、人民调解等非诉讼纠纷解决机制的发展与完善有关。

图表4 全国人民法院民事案件一审审结量和诉讼标的额统计表

项目 年份	民事案件	经济纠纷案件
1978—1982	264.8万件	4.9万件
1983—1987	463.5万件	99.4万件
1988—1992	895.2万件	301.7万件(1069.14亿元)
1993—1997	1351.5万件	616.8万件(9370亿元)
1998—2002	大民事案件2362万件(31971亿元)	
2003—2007	大民事案件2214.5万件	

图表 5　全国人民法院 1983—1999 年一审民事案件数据表①

年度	审结一审民事案件数量	审结一审经济纠纷案件	
		数量	诉讼标的额(亿元)
1983	79.4 万件	4.4 万件	
1984	80 万件	8.5 万件	17 亿元
1985	84.6 万件	22.7 万件	
1986	98.9 万件	32.2 万件	
1987	119.6 万件	36.6 万件	
1988	145.5 万件	51.4 万件	118 亿元
1989	181.5 万件	69.5 万件	215 亿元
1990	185.2 万件	58.8 万件	188 亿元
1991	191 万件	58.7 万件	217 亿元
1992	194.9 万件	65 万件	
1993	208.9 万件	89.4 万件	705 亿元
1994	238.2 万件	104.3 万件	
1995	271.9 万件	127.9 万件	1701.7 亿元
1996	308.3 万件	150.1 万件	
1997	324.2 万件	145.1 万件	
1998	335.9 万件	145.6 万件	5958 亿元
1999	351.7 万件	154.3 万件	

1988 年至 1992 年，经济纠纷案件 301.7 万件，诉讼标的额 1069.14 亿元；1993 年至 1997 年，经济纠纷案件 616.8 万件，比前五年上升一倍，诉讼标的额 9370 亿元，比前五年增长 7.76 倍；1998 年至 2002 年，一审民事案件 2362 万件，比前五年上升 20%，诉讼标的总金额 31971 亿元，比前五年增长 2.4 倍。2008 年至 2010 年，一审民事案件诉讼标的额分别为 7954.9 亿元、9205.8 亿元、9137.3 亿元（见图表 6）。诉讼标的总金额和平均个案标的额的增加表明社会纠纷已不仅仅局限在婚姻家庭继承、损害赔偿等传统类型，大额的合同纠纷、商事纠纷越来越多，反映出我国经

① 1983 年 6 月的最高人民法院工作报告：1982 年全国一审民事收案 77 万多件，比 1981 年上升 17%（推算 1981 年 65.8 万件），比 1978 年上升了 1.7 倍（推算 1978 年 28.52 万件）。1979 年、1980 年工作报告中无一审民事案件的统计数字。1981 年 12 月的工作报告：从 1980 年 10 月至 1981 年 9 月，地方各级人民法院共处理一审民事案件 63.2 万余件（其中婚姻家庭纠纷 36.5 万余件，财产权益纠纷 26.7 万余件）。1982 年 12 月的工作报告：从 1981 年 10 月至 1982 年 9 月，地方各级人民法院共处理一审民事案件 76.7 万余件和一批经济合同纠纷案件。

济的快速发展以及产生的经济纠纷的增多。

图表6　全国人民法院2000—2010年一审民事案件数据表

年度	一审民事案件数量(万件)	诉讼标的额(亿元)
2000	473	5864
2001	507.7	
2002	439.3	
2003	441.6	
2004	430.4	6390
2005	436	6530
2006	438.2	6827.8
2007	468.3	
2008	538.1	7954.9
2009	579.7	9205.8
2010	611.3	9137.3

(3) 案件类型呈现多样化和位次的变化。

笔者运用文献研究的方法,检索了最高人民法院“六个五年工作报告”中关于案件类型和位次的有关信息:

> 五年来,人民法院受理的民事案件逐年大幅度上升,共审结一审民事案件264.8万余件。1982年全国一审民事收案77万多件,比1978年上升了1.7倍。婚姻家庭、继承、房屋、宅基地、损害赔偿等纠纷显著增多。涉外民事案件也已出现,并有上升趋势。1978年12月和1982年7月先后召开了两次全国民事审判工作会议。从1979年下半年开始到1982年底,建立了经济审判庭,共处理各类经济纠纷案件4.9万余件。(最高人民法院1983年工作报告)
>
> 五年来,全国法院共审结民事案件4634822件,包括涉外民事案件3126件。婚姻案件一直是增长的,始终居民事案件总数的第一位。赡养、继承案件逐年上升。债务案件增长最快,而且逐年增长,1987年全国法院受理的债务案件达到256432件,比1983年增长了七倍多。著作权、肖像权、名誉权等纠纷已不断起诉到法院。全国法院共审结经济纠纷案件994302件。购销合同纠纷始终居第一位,而且数量逐年上升。农村承包合同纠纷案件1984年到1986年成倍上升。经济审判工作中最突出的问题是判决难以执行。(最高人民法

院 1988 年工作报告）

五年来，全国法院共受理一审民事案件 8951833 件，占全部收案总数的 60% 以上。共审结离婚案件 3950011 件，赡养和抚育案件 32976 件，继承案件 107109 件；债务案件 2610150 件；房地产开发和其他房产案件 263609 件；劳动报酬、劳动争议案件 80732 件；著作权、名誉权、名称权、姓名权、荣誉权等案件 11317 件；土地、山林、水利纠纷等案件 166234 件。婚姻家庭案件占全部民事案件的一半。五年来，共受理一审经济纠纷案件 3016608 件。共审结购销合同纠纷案件 909678 件；借款合同纠纷案件 998552 件；专利、商标和技术合同纠纷案件 6796 件；农村承包合同纠纷等案件 176705 件。共受理一审海事、海商案件 4652 件；涉外案件 6186 件，涉港澳案件 9264 件，涉台案件 1144 件。（最高人民法院 1993 年工作报告）

五年来，全国法院共审结一审民事案件 13515156 件。其中婚姻家庭案件 6435333 件（占 47.62%）；债务案件 4760912 件（占 35.23%）、损害赔偿案件 1227931 件（占 9.09%），分别占第二位和第三位；劳动争议案件 157478 件；房地产开发经营案件和其他房屋案件 467627 件。全国法院共审结一审经济纠纷案件 6168398 件，诉讼标的总金额达 9370 亿元。经济审判工作呈现出“多、新、难、大”的情况。共审结一审借款合同纠纷案件和股票、债券、票据、融资租赁、期货和国债回购等案件 2115109 件；购销合同纠纷案件 1878604 件；农村承包合同纠纷案件 352637 件；企业承包、租赁等纠纷案件 110758 件；企业破产案件 13669 件；专利、商标、著作权等知识产权案件 16894 件。共审结一审海事海商案件 14790 件；一审涉外案件 19074 件；涉港、涉澳案件 17368 件；涉台案件 2754 件。（最高人民法院 1998 年工作报告）

五年来，共审结一审民事案件 2362 万件，诉讼标的总金额 31971 亿元。共审结离婚、抚养、赡养、扶养、继承以及家庭财产分割案件 678 万件；人身、财产损害赔偿案件 179 万件；房地产、建设工程、运输等案件 791 万件；涉及企业改制、破产案件，买卖合同、金融纠纷、企业承包、租赁等案件 670 万件，其中借款、存单、票据、股票、债券、清收金融资产债权等案件 292 万件；相继开展涉及植物新品种、商业秘密、计算机软件、网络环境下侵犯著作权、商标权、专利权等案件的

审判工作，共审结知识产权案件23636件；涉外案件26399件。（最高人民法院2003年工作报告）

五年来，审结一审民事案件2214.5万件。合同纠纷案件1144万件，诉讼标的额23085亿元；婚姻家庭、遗产继承等案件593万件；人身损害赔偿纠纷案件209万件；劳动争议案件60万件；企业改制和破产案件1.5万件；借款合同、保险、证券、期货等金融纠纷案件395万件；知识产权民事案件6万余件，诉讼标的额133亿元，其中，审结著作权侵权案件2.5万件，专利侵权案件1.4万件，商标侵权案件9687件，不正当竞争案件6540件，技术合同、植物新品种等其他知识产权案件6259件；涉港、涉澳民商事案件26561件；涉台民商事案件16130件；涉外民商事和海事海商案件64558件。（最高人民法院2008年工作报告）

从以上最高人民法院工作报告看，一是在不同时期出现了当时的新类型案件，民事案件的类型多样化。例如，1978年至1982年，出现了涉外民事案件；1983年至1987年，著作权、肖像权、名誉权等纠纷已不断起诉到法院；1988年至1992年，共受理一审海事、海商案件4652件，涉外案件6186件，涉港澳案件9264件，涉台案件1144件；1993年至1997年，出现了涉及一些新的经济范畴和高新科技领域如股票、债券、票据、融资租赁、期货和国债回购等案件。二是各类型案件在一审民事案件所占百分比的位次的变化。自1978年到1997年的20年时间内，婚姻家庭继承案件的数量始终居首位，占一审民事案件的一半左右，随后其所占的百分比逐渐下降。2002年至2010年，民事一审审结的案件中，合同纠纷年均2554349件，占52.45%；婚姻家庭、继承纠纷年均1260207件，占25.88%；权属、侵权纠纷年均1055398件，占21.67%（见图表9、11、13）。婚姻家庭继承案件的专业性相对较弱，而合同、权属、侵权案件的专业性较强，民事司法的难度加大。

（二）近九年全国法院一审民事案件结案方式的数据分析

人民法院作出的不予受理和驳回起诉裁定实际上是对当事人起诉权

的否定。笔者从近九年(2002—2010年)全国法院司法统计公报①的一审民事案件情况统计表中提取数据制作图表,考察和分析结案方式以及起诉权保障的司法实践状况。

根据《人民法院案件信息管理与司法统计》,结案是指统计报告期内人民法院审结的一审案件总数,包括判决、裁定、调解方式结案和移送的。具体而言,判决是指人民法院在案件审理终结后,根据查明的事实和法律,对双方当事人争议的民事权利义务关系,或者申请人提出的申请,作出的强制性的决断的案件数。裁定是指人民法院在诉讼过程中,对诉讼程序的问题适用民事裁定结案的案件数,包括驳回起诉、撤诉、终结和其他。裁定中止、财产保全与先予执行、补正判决书中的笔误等事项不作结案统计。裁定不予受理、处理管辖争议归入附项中统计。驳回起诉是指人民法院对不符合民事诉讼法规定的起诉条件,裁定驳回起诉人起诉的案件数。撤诉是指对于已经立案尚未审结的民事案件,当事人申请撤诉,人民法院经审查,裁定准予撤诉的案件数。终结是指在诉讼进行中,由于一方当事人死亡,使诉讼程序无法进行或者没有意义,人民法院裁定诉讼程序结束的案件数。终结案件主要有:原告死亡,没有继承人,或者继承人放弃诉讼权利;被告死亡,没有遗产,也没有应当承担义务的人;离婚案件一方当事人死亡;追索赡养费、抚养费、抚育费以及解除收养关系案件一方当事人死亡。其他是指以其他裁定方式结案的。调解是指诉讼当事人在人民法院审判人员(合议庭)的主持下,根据分清是非、自愿合法的原则,用平等协商的办法,解决民事权益争议的案件数。对于达成调解协议,没有制作调解书的下列案件应当作为调解案件统计:调解和好的离婚案件;调解维持收养关系的案件;能够即时履行的案件;其他法律规定可以不制作调解书的案件。当事人在调解书送达前或送达时反悔的案件,视为调解不成,不宜作调解结案统计,应当按照继续审理后的实际结案方式统计。移送是指人民法院对不属于自己管辖,需要移送的民事案件,移送有管辖权的人民法院的案件数。

---

① 图表7-14的数据来自于2002—2010年全国人民法院司法统计公报(载《中华人民共和国最高人民法院公报》2003年第2期、2004年第3期、2005年第3期、2006年第3期、2007年第3期、2008年第3期、2009年第3期、2010年第4期、2011年第4期)。其中百分比和年均一栏的数据是笔者计算的。

图表7 2002—2010年全国人民法院一审民事案件结案方式数量统计表

（单位：件）

年度	收案	结案	判决	调解	裁定驳回起诉	裁定撤诉	裁定终结	移送	其他
2002	4420123	4393306	1909284	1331978	53217	877424	52246	25918	143239
2003	4410236	4416168	1876871	1322220	57998	914140	59272	25669	159998
2004	4332727	4303744	1754045	1334792	61226	931732	58476	25496	137977
2005	4380095	4360184	1732302	1399772	55183	965442	55169	27268	125048
2006	4385732	4382407	1744092	1426245	51473	986780	43663	26451	103703
2007	4724440	4682737	1804780	1565554	63426	1065154	48977	27981	106865
2008	5412591	5381185	1960452	1893340	64975	1273767	41538	35377	111736
2009	5800144	5797160	1959772	2099024	71052	1494042	41097	35770	96403
2010	6090622	6112695	1894607	2371683	70565	1619063	37272	31969	87536
年均	4884079	4869954	1848467	1638290	61013	1125283	48634	29099	119167

图表8 2002—2010年全国人民法院一审民事案件各结案方式百分比统计表

年度	判决	调解	裁定驳回起诉	裁定撤诉	裁定终结	移送	其他
2002	43.46	30.32	1.21	19.97	1.19	0.59	3.36
2003	42.50	29.94	1.31	20.70	1.34	0.58	3.63
2004	40.75	31.01	1.42	21.65	1.36	0.59	3.22
2005	39.73	32.10	1.27	22.14	1.27	0.62	2.87
2006	39.80	32.54	1.17	22.52	0.99	0.60	2.38
2007	38.54	33.43	1.35	22.75	1.04	0.60	2.29
2008	36.43	35.18	1.21	23.67	0.77	0.66	2.08
2009	33.81	36.21	1.23	25.77	0.71	0.61	1.66
2010	30.99	38.80	1.15	26.49	0.61	0.52	1.44
年均	37.96	33.64	1.25	23.11	1.00	0.60	2.44

图表 9　2002—2010 年全国人民法院婚姻家庭、继承纠纷一审结案方式统计表

年度	结案	占民事百分比	判决	调解	裁定驳回起诉	裁定撤诉	裁定终结	移送	其他
2002	1277516	29.08	485029	550466	5498	224530	1892	4197	5904
2003	1266593	28.68	476010	552005	5291	222118	1769	3964	5436
2004	1160346	26.96	426472	506602	5391	211599	1326	3670	5286
2005	1132458	25.97	398241	512923	4570	208513	1094	3433	3684
2006	1159437	26.45	398484	533819	4395	214788	1023	3383	3545
2007	1215776	25.96	406179	560830	4436	236087	1183	3558	3503
2008	1320636	24.54	416077	613379	5484	276511	1228	4323	3634
2009	1380762	23.82	399461	659065	5510	306697	1351	4930	3748
2010	1428340	23.37	387185	698900	5716	326353	1281	4684	4221
年均	1260207	25.88	421460	576443	5143	247466	1350	4015	4330

图表 10　2002—2010 年全国人民法院婚姻家庭、继承纠纷一审案件各结案方式百分比统计表

年度	判决	调解	裁定驳回起诉	裁定撤诉	裁定终结	移送	其他
2002	37.97	43.09	0.43	17.58	0.15	0.33	0.45
2003	37.58	43.58	0.42	17.54	0.14	0.31	0.43
2004	36.75	43.66	0.46	18.24	0.11	0.32	0.46
2005	35.17	45.29	0.40	18.41	0.09	0.30	0.34
2006	34.37	46.04	0.38	18.53	0.09	0.29	0.30
2007	33.41	46.13	0.36	19.34	0.09	0.34	0.33
2008	31.50	46.45	0.42	20.94	0.09	0.33	0.27
2009	28.93	47.73	0.40	22.21	0.09	0.36	0.28
2010	27.11	48.93	0.40	22.85	0.09	0.33	0.29
年均	33.44	45.74	0.41	19.64	0.11	0.32	0.34

图表 11 2002—2010 年全国人民法院合同纠纷一审结案方式统计表

年度	结案	占民事百分比	判决	调解	裁定驳回起诉	裁定撤诉	裁定终结	移送	其他
2002	2251113	51.24	1019161	617769	32811	525770	6259	17734	31609
2003	2269167	51.38	1017418	602251	36265	554392	4906	17802	36133
2004	2235890	51.95	946910	625442	39503	570207	6505	17705	29618
2005	2255651	51.73	930483	646934	35701	592807	5757	19466	24503
2006	2236888	51.04	926504	634672	32209	600851	5209	18864	18579
2007	2440738	52.12	980987	716882	43995	645551	8753	19812	24758
2008	2905603	54.00	1095945	930436	43039	783059	4766	25071	23287
2009	3154347	54.41	1103888	1010991	46648	943338	4022	24831	20629
2010	3239740	53.00	1016249	1108861	46110	1023670	4324	21783	18743
年均	2554349	52.45	1004172	766026	39587	693294	5611	20341	25318

图表 12 2002—2010 年全国人民法院合同纠纷一审案件各结案方式百分比统计表

年度	判决	调解	裁定驳回起诉	裁定撤诉	裁定终结	移送	其他
2002	45.27	27.44	1.46	23.36	0.28	0.79	1.40
2003	44.84	26.54	1.60	24.43	0.22	0.78	1.59
2004	42.35	27.97	1.77	25.50	0.29	0.79	1.33
2005	41.25	28.68	1.58	26.28	0.25	0.86	1.10
2006	41.42	28.37	1.44	26.86	0.23	0.84	0.84
2007	40.19	29.37	1.80	26.45	0.36	0.81	1.02
2008	37.72	32.02	1.48	26.95	0.16	0.86	0.81
2009	34.99	32.05	1.48	29.91	0.13	0.78	0.66
2010	31.37	34.23	1.42	31.60	0.13	0.67	0.58
年均	39.31	29.99	1.55	27.14	0.22	0.80	0.99

关于审结案件的数量，2002—2007 年每年 400 多万件，2008—2009 年均为 500 多万件，2010 年达到 600 多万件（见图表 7），其中合同纠纷每年均占一半以上（见图表 11），婚姻家庭、继承纠纷所占百分比逐年下降，从 2002 年的 29.08% 下降到 2010 年的 23.37%（见图表 9），权属、侵权纠纷呈现上升趋势，从 2002 年的 19.68% 上升到 2010 年的 23.63%（见图表 13）。

图表 13 2002—2010 年全国人民法院权属、侵权纠纷一审结案方式统计表

年度	结案	占民事百分比	判决	调解	裁定驳回起诉	裁定撤诉	裁定终结	移送	其他
2002	864677	19.68	405094	163743	14908	127124	44095	3987	105726
2003	880408	19.94	383443	167964	16442	137630	52597	3903	118429
2004	907508	21.09	380663	202748	16332	149926	50645	4121	103073
2005	972075	22.30	403578	239915	14912	164122	48318	4369	96861
2006	986082	22.51	419104	257754	14869	171141	37431	4204	81579
2007	1026223	21.92	417614	287842	14995	183516	39041	4611	78604
2008	1154946	21.46	448430	349525	16452	214197	35544	5983	84815
2009	1262051	21.77	456423	428968	18894	244007	35724	6009	72026
2010	1444615	23.63	491173	563922	18739	269040	31667	5502	64572
年均	1055398	21.67	422836	295820	16283	184523	41673	4743	89520

关于判决率，近九年逐年下降，民事一审案件从 2002 年的 43.46% 下降到 2010 年的 30.99%（见图表 8），其中婚姻家庭、继承纠纷从 2002 年的 37.97% 下降到 2010 年的 27.11%（见图表 10），合同纠纷从 2002 年的 45.27% 下降到 2010 年的 31.37%（见图表 12），权属、侵权纠纷从 2002 年的 46.85% 下降到 2010 年的 34.00%（见图表 14）。

图表 14 2002—2010 年全国人民法院权属、侵权纠纷一审案件各结案方式百分比统计表

年度	判决	调解	裁定驳回起诉	裁定撤诉	裁定终结	移送	其他
2002	46.85	18.94	1.72	14.70	5.10	0.46	12.23
2003	43.55	19.08	1.87	15.63	5.97	0.44	13.46
2004	41.95	22.34	1.80	16.52	5.58	0.45	11.36
2005	41.52	24.68	1.53	16.88	4.97	0.45	9.97
2006	42.50	26.14	1.51	17.36	3.79	0.43	8.27
2007	40.68	28.05	1.46	17.88	3.80	0.45	7.68
2008	38.83	30.26	1.42	18.55	3.08	0.52	7.34
2009	36.16	33.99	1.50	19.33	2.83	0.47	5.72
2010	34.00	39.04	1.30	18.62	2.19	0.38	4.47
年均	40.06	28.03	1.54	17.48	3.95	0.45	8.49

关于调解率，近九年呈现上升趋势，民事一审案件从 2002 年的 30.32% 上升到 2010 年的 38.80%（见图表 8），其中婚姻家庭、继承纠纷从 2002 年的 43.09% 上升到 2010 年的 48.93%（见图表 10），合同纠纷从

2002年的27.44%上升到2010年的34.23%(见图表12),权属、侵权纠纷从2002年的18.94%上升到2010年的39.04%(见图表14)。

关于撤诉率,近九年民事一审案件的撤诉数量不断增加、撤诉率逐年上升,从2002年的877424件、占19.97%上升到2010年的1619063件、占26.49%,年均撤诉案件1125283件、撤诉率23.11%(见图表7、8),其中婚姻家庭、继承纠纷从2002年的17.58%上升到2010年的22.85%(见图表10),合同纠纷从2002年的23.36%上升到2010年的31.60%(见图表12),权属、侵权纠纷从2002年的14.70%上升到2010年的18.62%(见图表14)。

关于驳回起诉案件的数量和驳回起诉率,近九年民事一审案件大体均衡,年均驳回起诉的数量是61013件,年均驳回起诉率是1.25%,其中婚姻家庭、继承纠纷分别为5143件、0.41%,合同纠纷分别为39587件、1.55%,权属、侵权纠纷分别为16283件、1.54%(见图表7—14)。

关于裁定终结的案件数量和百分比,近九年民事一审案件年均裁定终结的数量是48634件,年均裁定终结率是1.00%,其中婚姻家庭、继承纠纷分别为1350件、0.11%,合同纠纷分别为5611件、0.22%,权属、侵权纠纷分别为41673件、3.95%(见图表7—14)。

关于以其他裁定方式结案的数量和百分比,近九年民事一审案件年均数量是119167件,年均百分比是2.44%,其中婚姻家庭、继承纠纷分别为4330件、0.34%,合同纠纷分别为25318件、0.99%,权属、侵权纠纷分别为89520件、8.49%(见图表7—14)。

关于移送结案的数量和百分比,近九年民事一审案件年均数量是29099件,年均百分比是0.60%,其中婚姻家庭、继承纠纷分别为4015件、0.32%,合同纠纷分别为20341件、0.80%,权属、侵权纠纷分别为4743件、0.45%(见图表7—14)。

由于驳回起诉、撤诉与起诉权休戚相关,下面重点分析这两种结案方式的状况。

根据我国《民事诉讼法》的规定,当事人向法院提起民事诉讼,首先要过受理关(立案关),在受理后,如果法院再审查后认为不符合起诉条件的,裁定驳回起诉。从上述统计数字看,近九年全国法院年均一审民事案件收案4884079件,年均结案4869954件,但在审结的一审民事案件中法院作出裁定驳回起诉的年均达到61013件,年均驳回起诉率是1.25%,

意味着过了受理关(立案关)的还有六万多件的案件被法院驳回起诉,而且合同纠纷、权属和侵权纠纷占的数量多、比率高。最高人民法院《关于适用〈中华人民共和国民事诉讼法〉若干问题的意见》(以下简称《民诉意见》)第139条规定:“起诉不符合受理条件的,人民法院应当裁定不予受理;立案后发现起诉不符合受理条件的,裁定驳回起诉。”驳回起诉实质是对应不予受理而受理的一种事后补救,是对当事人行使起诉权作出的否定性评价。驳回起诉虽然能够阻止那些不属于法院主管、不具备诉的利益、当事人不适格、重复起诉的案件进入实体审理程序,有利于防止审判资源的浪费,并减少因原告的滥诉使被告受到的涉讼拖累,但法院滥用驳回起诉的权力则侵犯和剥夺了当事人行使起诉权和利用民事诉讼制度的机会,将当事人挡在司法的门外。我国民事诉讼法对于驳回起诉的规定比较原则和抽象,司法实践中法院对于驳回起诉的适用也比较随意,加之法院往往认为程序上的驳回不影响当事人的实体权利,当事人可以在条件成熟后另行起诉,故在难以把握实体处理方式的情况下,往往采用驳回起诉的方式来作为结案方式,这是对当事人起诉权的无情践踏。因此,有必要在民事诉讼立法中对于驳回起诉的适用范围作出明确的界定,使当事人在起诉之前对自己起诉的后果能够有合理的预见,同时也是对滥用审判权的一种限制,杜绝剥夺起诉权情形的任意发生。

撤诉除极少数是按照撤诉处理外,都是原告申请撤诉,法院裁定准许撤诉。而原告提起诉讼并进入诉讼程序后,为什么年均有上百万的案件(1125283件)撤诉?为什么撤诉率这么高(占总结案数的23.11%)?为什么呈现出撤诉数量不断增加、撤诉率逐年上升的趋势?有法官分析了高撤诉率的原因:(1)法官做了大量工作是促成很多案件撤诉的重要原因。法官对被告的释明,耐心说明其应当承担的法律义务,在庭审中促成双方和解,庭内外的大量工作使得很多案件撤诉。(2)诉讼和解不是立法规定的一种单独的结案方式,司法实践中形成了“先和解、后撤诉的”的审判习惯也是导致高撤诉率的重要原因。(3)当事人的诉讼心理失衡,难以承受冗长的程序运作而寻求和解后撤诉。(4)诉讼准备不充分。有的当事人在起诉后发现自己收集的证据不全,难以证明自己的主张,或者发现自己原来在法律上的主张不能成立,担心败诉而撤诉。(5)原被告达成和解协议,权利已经实现,原告的诉讼目的已经达到,从而主动要求撤诉。(6)司法的威慑力和强制力、执行力。法院在向有些被告送达诉状副本以及相关诉讼文书和释明其将要承担的法律责任后，其往往就主动履行义务，使原告的权利得以实现，从而撤诉。对于合同案件，法院往往会对被告的财产实行扣押和查封，在采取保全措施后，促使很多被告主动履行义务，原告撤诉。[①] 有学者指出，在撤诉的司法实践中，法官尤其注重各级法院所普遍强调的“调解撤诉率”的司法政策，它已经成为衡量法院或法官工作的一个重要考核指标，许多法院将撤诉和调解作为一个解决纠纷的目标，以至于出现一些奇怪的现象如强迫撤诉、诱骗撤诉、无理由不准撤诉、无理由任意撤诉等。[②]

高撤诉率带来以下不利影响：第一，面对高撤诉率，当事人往往会觉得进行诉讼也难以维护自己的合法权益，即便提起诉讼也要被迫撤诉，对诉讼产生畏惧感和不信任感。第二，易使社会公众认为，这么高的撤诉率似乎表明法院工作是很轻松的，其实大量的撤诉案件是法院做了大量工作的结果。第三，忽视了被告的程序利益，容易造成原告滥用撤诉权。原告提起诉讼后，被告在应诉过程中必然会投入大量的时间、人力、财力等成本，而现行法规定撤诉取决于原告和法院的意志，没有赋予被告一定的异议权和同意权，那么原告就可能利用撤诉来拖延时间、回避败诉风险或者损害被告利益。第四，在司法实践中，一般是在双方当事人达成和解的基础上原告撤诉，而许多离婚案件、民间借贷纠纷、邻里纠纷通过人民调解委员会的调解能够解决，高撤诉率反映出人民调解工作成效不大。缓解高撤诉率有以下对策：一是赋予诉讼和解制度的法律效力，作为一种独立的结案方式。如果当事人达成诉讼上的和解，由法院将和解协议的内容记入笔录，这样的笔录与法院调解书有同等的法律效力，而不必由原告撤诉结案。二是除被告提出答辩状之前原告撤诉无需对方当事人同意外，在此后诉讼阶段原告撤诉须经被告同意。

（三）几个法院起诉、立案、不予受理与驳回起诉的数据分析

为了考察起诉难在司法实践中的真实情况，笔者搜集了几个基层法院和中级法院关于起诉与立案的四个数据（即一审起诉数、立案数、裁定

---

① 参见王永虎、戴向军：《民事案件高撤诉率现象探析》，载《网络财富》2008 年第 4 期。

② 叶自强：《民事撤诉的理论、制度解释与立法建议》，载卞建林主编：《诉讼法学研究》（第 12 卷），中国检察出版社 2007 年版，第 128 页。

不予受理数与驳回起诉数)，其中最重要的是起诉数字(因为一个法院每年口头告知不予受理的数量＝当年起诉数—立案数—裁定不予受理数)，只有了解口头告知不予受理的数字及其占起诉数的比率，才能得知有多少当事人起诉被法院拒之门外。由于司法统计中不要求上报起诉的数字(法院一般称为立案大厅接待人数)，法院基于自身利益和潜在的风险也不愿意统计起诉数，加之此工作量很大，出力不讨好，无人愿意统计起诉的数字，所以笔者询问了许多法院的立案庭或者研究室的工作人员，都没有得到相关起诉的数字。虽然笔者自行搜集的法院数量很少，但能够说明一些问题。

改革开放之初，全国共有3187个法院、11万名干警，其中法官只有6万人。至2007年，增加至3557个法院、30万名干警，其中法官达19万人。[①] 根据我国《民事诉讼法》关于管辖的规定以及司法解释关于级别管辖的规定[②]，四级法院管辖的第一审民商事(即大民事)案件的数量也呈现出金字塔的特点。下文笔者将几个基层法院和中级法院2006—2008年关于起诉与立案的数据制成表格，从而分析起诉难的实践状况。

---

① 刘晓鹏:《公平正义之路——人民法院跨越三十年》，载《人民日报》2008年11月6日第1版。

② 全国法院民事案件级别管辖标准的首次统一调整是1999年4月9日最高人民法院发布《关于各高级人民法院第一审民事、经济纠纷案件问题的通知》，之后一个月内各高级人民法院制定本辖区各级人民法院分级受理第一审民事、经济纠纷案件的规定报最高人民法院标准后施行。为贯彻执行2007年10月28日修改后的《民事诉讼法》，进一步加强最高人民法院和高级人民法院的审判监督和指导职能，2008年2月3日最高人民法院发布了《关于调整高级人民法院和中级人民法院管辖第一审民商事案件标准的通知》，并于2008年3月31日公布了《全国各省、自治区、直辖市高级人民法院和中级人民法院管辖第一审民商事案件标准》。该《通知》和《标准》参见苏泽林主编:《立案工作指导》(2008年第1辑)，人民法院出版社2008年版，第88—108页。这次统一调整高级和中级法院的民商事级别管辖标准，不仅是为了应对申请再审案件的大量增加，也是为了以此为契机完善全国四级法院的功能分层，理顺民商事案件的级别管辖秩序。2008年4月1日以后，基层、中级法院的一、二审受案数量相应增加；高级法院和最高法院的一、二审案件相应减少，其主要职能不再是解决个案纠纷，而是加强对下级法院审判工作的监督和指导，维护法律的统一适用。参见王胜全:《(关于调整高级人民法院和中级人民法院管辖第一审民商事案件标准的通知)的理解和执行》，载同上书，第138页。笔者认为，此次级别管辖的调整基于以下几点考虑：一是四级法院的功能定位。基层法院解决个案纠纷，中级法院的职能定位于上诉法院，只受理较少的一审民商事案件，高级法院和最高法院主要是审判监督和指导；二是提高了中级法院受理一审民商事案件的标的额的标准，基层法院受理标的额较大的案件的数量相应增多，收取的诉讼费也相应增加，将利益向基层法院倾斜，一定程度上解决了落后地区基层法院的财政困境；三是为了稳定，将矛盾尽量消化在基层。因此，相应地，起诉难也主要表现在基层法院和中级法院。

1. 基层法院起诉与受理(立案)的数据分析

从图表15可见,该基层法院的第一审民商事案件数量很多,2006—2008年分别为12384件、12745件、31545件。经过了解,该院2008年劳

图表15 某基层人民法院一审民商事案件起诉与受理(立案)数据统计表①

时间	接待起诉数	立案数(收案)	裁定不予受理	口头告知不予受理数	结案数结案率	裁定驳回起诉数(百分比)
2008.3	2275	1697 (74.6%)	2	576 (25.3%)		
2008.4	2492	1813 (72.8%)	4	675 (27.1%)		
2008.5	1993	1473 (73.9%)	3	517 (26.0%)		
2008.6	2208	1568 (71.0%)	5	635 (28.7%)		
2006年		12384	28		12312 (97.71%)	248 (2.0%)
2007年		12745	13		12593 (96.92%)	139 (1.1%)
2008年		31545	20		31324 (97.93%)	819 (2.6%)

① 此表包括两个部分的内容:(1) 2008年3月至6月份某基层法院立案大厅每月的接待起诉人数、立案数、裁定不予受理数。立案数占起诉数的比率、口头告知不予受理数及占起诉数的比率是笔者计算的。每月的口头告知不予受理数=起诉数—立案数—裁定不予受理数。此数据来源的背景是:该院处于经济发达地区,立案大厅设置了立案电子排队叫号系统,立案大厅有11个窗口,其中专门的立案窗口有6个(刑事立案在立案庭办公室,不在立案大厅),“案多人少”的矛盾非常突出,该院为了准确了解立案窗口的工作量以及是否要增加立案窗口,于2008年3月至6月份让立案庭内勤每个工作日统计立案窗口的接待人数、立案数、裁定不予受理数,以及月总工作日的立案工作时数、本月总休假培训开会时数、个案用时、月均和日均立案操作电脑时间、日立案高峰时段和周立案高峰日(以上还包括立案人员的人均数据),并制作了数据统计表。该图表接待人数仅指6个立案窗口的接待人数,不包括立案大厅其他窗口的人数。(2) 2006至2008年度该院司法统计表中一审民商事案件的收案数、结案数、裁定不予受理数、裁定驳回起诉数。经查询和统计2007年13件裁定不予受理的案件的理由分别是:一事不再理3件;股权纠纷不予受理案件1件;劳动争议未经仲裁1件;农村分红3件;其他5件。经询问,该院2007年劳动争议案件大约3000件,2008年劳动争议案件大约1.9万件,因此2008年收案数比2007上升近两倍。

动争议案件收案 1.9 万件，比 2007 年的 3000 件增加了 1.6 万件。根据 2008 年 3 至 6 月份的统计，起诉数分别是 2275、2492、1993、2208 件，立案数及其占起诉数的比率分别是 1697（74.6%）、1813（72.8%）、1473（73.9%）、1568 件（71.0%），而裁定不予受理分别是 2、4、3、5 件（占不予受理数的比率可以忽略不计），口头告知不予受理及其占起诉数的比率分别是 576（25.3%）、675（27.1%）、517（26.0%）、635 件（28.7%）。从这些数字可以看出，不予受理的比率占起诉数的 25%—29%，大量的起诉被法院拒之门外，起诉难（立案难）的问题较为突出，而且不出具裁定，当事人无法提起上诉，起诉权得不到救济。另外，起诉被法院受理后，2006—2008 年裁定驳回起诉及其占结案率的比率分别是 248（2.0%）、139（1.1%）、819 件（2.6%），意味着进入司法之门的大约 2.1% 的案件经法院审理认为不符合起诉条件而被驳回，当然驳回起诉后当事人可以提起上诉，起诉权尚能得到救济，但当事人付出更多的时间、精力等成本。

从图表 16 可见，民商事、执行案件的立案窗口每天接待人数与收案数实际上存在一个差额，这部分差额是经立案人员审核后不符合立案条件的案件数。2007 年第 20 周的不受理数是 49 件，日均 9.62 件，占接待人数的 8.32%。

图表 16　上海浦东新区法院 2007 年第 20 周民商事、执行案件日接待人数与立案数对比表①

	5.14	5.15	5.16	5.17	5.18	合计
接待人数	130	152	99	117	91	589
立案数	122	146	92	95	85	540

① 上海浦东新区法院 2002 年至 2006 年收案数分别为 28998 件、29274 件、28810 件、36257 件、41191 件。2006 年至 2007 年 9 月收案 52048 件，其中民商事案件 30261 件（占 58.1%），行政案件 403 件（占 0.8%），执行案件 17366 件（占 33.4%），刑事案件 4018 件（占 7.7%）。该院立案大厅共有 10 个接待窗口，其中立案窗口 8 个（民商事案件 5 个立案窗口，行政、刑事自诉、仲裁保全、国家赔偿兼办民商事立案 1 个，刑事公诉 1 个，执行立案 1 个），流程管理和排期窗口各 1 个。参见上海市浦东新区法院立案庭：《上海浦东新区法院关于立案审查工作的调查报告》，载苏泽林主编：《立案工作指导》（2007 年第 2 辑），人民法院出版社 2008 年版，第 226—228 页。表中的数据参见该书第 230 页。

2. 中级法院起诉与受理(立案)的数据分析

从图表17可以看出,A中院2006—2008年立案数及其占起诉数的比率分别是922(84.7%)、1142(88.1%)、1499(89.3%),裁定不予受理数及其占不予受理数的比率分别是42(25.3%)、56(36.4%)、78(43.3%);B中院2006—2008年立案数及其占起诉数的比率分别是879(89.1%)、897(85.1%)、591(83.0%),裁定不予受理数及其占不予受理数的比率分别是13(12.2%)、11(7.0%)、9(7.4%)。在不予受理出具裁定方面,中级法院比基层法院的数量要多一些、占不予受理的比率要高一些。A中院和B中院的裁定驳回起诉数及其比率偏高(前述全国法院司法统计公报近九年的驳回起诉年均占结案数的比率为1.25%)。中级法院也存在着起诉难的问题,当事人的起诉权也未得到切实的救济和保障。

图表17 两个中级人民法院2006—2008年一审民商事案件起诉与受理(立案)数据统计表

中院	年度	接待起诉数	立案数(百分比)	裁定不予受理数	口头通知不予受理数	裁定驳回起诉数
A中院	2006	1088	922(84.7%)	42(3.9%)	124(11.4%)	59(6.4%)
	2007	1296	1142(88.1%)	56(4.3%)	98(7.6%)	74(6.5%)
	2008	1679	1499(89.3%)	78(4.6%)	102(6.1%)	93(6.2%)
B中院	2006	986	879(89.1%)	13(1.3%)	94(9.6%)	46(5.2%)
	2007	1054	897(85.1%)	11(1.0%)	146(13.9%)	57(6.3%)
	2008	712	591(83.0%)	9(1.3%)	112(15.7%)	40(6.7%)

3. 考察和判断起诉难值得探讨的三个问题

其一,如何判断是否存在起诉难及其程度?方法是考察某个法院或者某个中级法院、高级法院辖区内一定时期内(如1个月、1年)有多少当事人向法院起诉(即起诉数)?有多少案件立了案?从而计算有多少案件没有被受理。司法统计没有要求也不可能要求统计起诉数,否则披露出来会给他人指责法院"门难进"以口实,搜集某个中级法院或高级法院辖区范围的法院甚至是全国法院一审民商事案件起诉数以及有多少起诉的案件没有被受理非常难,所以对起诉难进行实证研究相当不容易。这里也存在一个逻辑上和法律上的问题,是否只要当事人起诉,法院就应当受理?我国《民事诉讼法》规定了起诉的条件和立案审查制度,法院对于不符合起诉条件的依法不予受理是有法律依据的，也是依法办事，对于敏感案件、新型疑难案件、群体性纠纷案件奉行审慎立案的司法政策与策略既有难言之隐也有现实合理性。笔者认为，起诉权是人人享有的权利或者说是基本人权，但起诉权的行使应当符合一定的条件，也就是说应区分起诉权的享有和行使。大陆法系的起诉要件与诉讼要件的区分能合理解决此问题，值得借鉴和引进。

其二，是否法院不予受理都应当作出裁定？根据我国《民事诉讼法》第 112 条的规定，法院经审查不符合起诉条件的，应当在 7 日内裁定不予受理；原告对裁定不服的，可以提起上诉。立法机关的官方解释是“本条规定人民法院对起诉不予受理要用书面裁定的方式作出并允许原告上诉，是为了进一步保护公民、法人和其他组织的诉权，解决当事人起诉难的问题。”[①]即只要法院不予受理，就应当作出裁定，并且赋予当事人通过上诉寻求起诉权的诉讼救济途径。出具裁定与口头告知不予受理的重大区别就在于是否能够上诉。但第 111 条规定了几种例外情形，例如，属于行政诉讼受案范围，告知原告提起行政诉讼；应当仲裁的，告知向仲裁机构申请仲裁；依法应当由其他机关处理的争议，告知原告向有关机关申请解决；对不属于本院管辖的案件，告知原告向有管辖权的法院起诉（《民诉意见》第 141 条对此项作了补充：原告坚持起诉的，裁定不予受理）；对判决、裁定已经发生法律效力的案件（除准予撤诉的裁定外），当事人又起诉的，告知原告按照申诉处理。那么第 111 条的告知是采取何种方式？能否采取口头告知而不作出书面裁定的方式？笔者认为，按照条文的编排顺序和第 112 条的规定，第 112 条的规定应当适用于第 111 条的几种情形，应当在作出的书面裁定中说明不予受理的理由并告知解决的途径、办法。但立案庭的法官认为，只有对不属于法院主管范围的纠纷才出具裁定书，对不属于本院管辖或需要当事人补正材料的，是不出具裁定书的，由立案法官口头告知当事人向有管辖权的法院或补正材料后再行起诉，这也是绝大多数法院的通行做法。但当事人对此不理解，坚持要求法院出具裁定书。如果对每一起不符合立案条件的纠纷都出具裁定书，那么我们的立案工作量将增加许多，这会进一步加剧立案窗口人手紧张的

---

① 全国人大常委会法制工作委员会编：《中华人民共和国民事诉讼法释义》，法律出版社 2007 年版，第 173 页。

问题。[①] 针对第111条的几种情形,似乎认为作出书面裁定没有必要也不具有可行性,但笔者认为这关系到当事人起诉权的救济和保障问题,也应当作出书面裁定。在司法实践中,对于不予受理的,法院极少作出裁定,有三个方面的例证:一是“2003年,各级人民法院立案庭裁定不予受理案件15500件”[②],全国基层法院和中级法院的数量超过3500个,平均每个法院裁定不予受理的案件一年中不到5件,而据全国法院司法统计公报2003年裁定驳回起诉的案件有57998件,依据现行的立案审查制度和常理,不予受理的数量可能是驳回起诉的多倍;二是上述对几个基层法院和中级法院的不予受理的数据统计;三是笔者询问了一些律师,他们多年代理的诉讼案件如果法院不予受理从来就没有做过裁定。另外,有的当事人因为需要补正材料或者起诉状内容欠缺去法院两到三次才立了案,所以起诉人数(立案接待人数)的统计也难以十分准确地判断起诉难及其程度。

其三,裁定驳回起诉问题。笔者在前面分析了驳回起诉,此处不再赘述。

另外,关于诉讼费用与起诉权的保障的关系。我国2007年4月1日起施行的《诉讼费用交纳办法》从诉讼费用的角度体现了对起诉权行使的经济保障。第8条规定:“裁定不予受理、驳回起诉、驳回上诉的案件,以及对不予受理、驳回起诉和管辖权异议裁定不服,提起上诉的案件,不交纳案件受理费。”第27条第2款规定:“第一审人民法院裁定不予受理或者驳回起诉的,应当退还当事人已交纳的案件受理费;当事人对第一审人民法院不予受理、驳回起诉的裁定提起上诉,第二审人民法院维持第一审人民法院作出的裁定的,第一审人民法院应当退还当事人已交纳的案件受理费。”理由是:无论是一审法院作出不予受理、驳回起诉的裁定还是当事人不服该裁定提起上诉后二审法院维持原裁定,仅是根据《民事诉讼法》第108条拒绝接受原告起诉和启动诉讼程序,案件未纳入实体审理程序,当事人的请求并未得到法院的判定,法院也没有耗费太多的司法资

---

① 上海市浦东新区法院立案庭:《上海浦东新区法院关于立案审查工作的调查报告》,载苏泽林主编:《立案工作指导》(2007年第2辑),人民法院出版社2008年版,第232页。

② 姜启波:《人民法院立案审查制度讨论(上)》,载苏泽林主编:《立案工作指导》(2005年第2辑),人民法院出版社2006年版,第216页。

源，因此不需要交纳案件受理费，已交纳的案件受理费也要退还当事人。[①] 第18条规定："被告提起反诉、有独立请求权的第三人提出与本案有关的诉讼请求，人民法院决定合并审理的，分别减半交纳案件受理费。"《诉讼费用交纳办法》还规定了司法救助。

二、关于起诉与受理的司法解释和司法政策的考察与评析

（一）关于起诉与受理的司法解释

我国《民事诉讼法》第十二章"第一审普通程序"仅有五个条文（第108条至第112条）对起诉和受理作出规定，比较原则。最高人民法院《关于适用〈中华人民共和国民事诉讼法〉若干问题的意见》、《关于人民法院立案工作的暂行规定》对起诉与受理予以细化、补充。此外，关于起诉与受理的司法解释和请示答复有许多件。[②] 笔者列举自1991年《民事诉讼法》颁行后的关于起诉与受理的部分司法解释，并大体分为以下几类：

1. 法律界定不清或难以界定、法无明文规定的新类型、疑难案件

主要有：

（1）《关于涉及农村合作基金会的经济纠纷案件人民法院应予受理的通知》（1995年12月7日，法〔1995〕153号）规定："农村合作基金会与其他经济组织或个人发生经济纠纷时，因没有明确的规定，有的人民法院不予受理。为了保护农村合作基金会及其他经济组织等的合法权益，农村合作基金会与其他经济组织或个人发生的经济纠纷，人民法院应予受理。"

（2）《关于确定民事侵权精神损害赔偿责任若干问题的解释》（2001年2月26日，法释〔2001〕7号）第4条规定："具有人格象征意义的特定纪念物品，因侵权行为而永久性灭失或者毁损，物品所有人以侵权为由，向人民法院起诉请求赔偿精神损害的，人民法院应当依法予以受理。"第

---

① 吕锡伟主编：《诉讼费用交纳办法释义》，中国法制出版社2007年版，第20、74页。

② 从1986年到2005年最高人民法院仅"起诉和受理"部分的批复、复函、通知、答复、电话答复就有68件。参见中国法制出版社编：《最高人民法院、最高人民检察院司法解释与请示答复》（民事卷下），中国法制出版社2006年版，"目录"第14—20页。

6条规定:"当事人在侵权诉讼中没有提出赔偿梢神损害的诉讼请求,诉讼终结后又基于同一侵权事实另行起诉请求赔偿精神损害的,人民法院不予受理。"

(3)《关于适用〈中华人民共和国婚姻法〉若干问题的解释(一)》(2001年12月24日,法释〔2001〕30号)第3条规定"当事人仅以婚姻法第四条为依据提起诉讼的,人民法院不予受理;已经受理的,裁定驳回起诉。"

(4)《关于银行储蓄卡密码被泄露导致存款被他人骗取引起的储蓄合同纠纷应否作为民事案件受理问题的批复》(2005年7月25日,法释〔2005〕7号):"因银行储蓄卡密码被泄露,他人伪造银行储蓄卡骗取存款人银行存款,存款人依其与银行订立的储蓄合同提起民事诉讼的,人民法院应当依法受理。"

(5)《关于当事人申请财产保全错误造成案外人损失应否承担赔偿责任问题的解释》(2005年8月15日,法释〔2005〕11号)规定:"根据《民法通则》第106条、《民事诉讼法》第96条等法律规定,当事人申请财产保全错误造成案外人损失的,应当依法承担赔偿责任。"

(6)《关于适用〈中华人民共和国公司法〉若干问题的规定(一)》(2006年4月28日,法释〔2006〕3号)第3条规定:"原告以公司法第22条第2款、第75条第2款规定事由,向人民法院提起诉讼时,超过公司法规定期限的,人民法院不予受理。"

(7)《关于适用〈中华人民共和国公司法〉若干问题的规定(二)》(2008年5月12日,法释〔2008〕6号)第1条规定:"单独或者合计持有公司全部股东表决权10%以上的股东,以下列事由之一提起解散公司诉讼,并符合公司法第183条规定的,人民法院应予受理:公司持续两年以上无法召开股东会或者股东大会,公司经营管理发生严重困难的;股东表决时无法达到法定或者公司章程规定的比例,持续两年以上不能做出有效的股东会或者股东大会决议,公司经营管理发生严重困难的;公司董事长期冲突,且无法通过股东会或者股东大会解决,公司经营管理发生严重困难的;经营管理发生其他严重困难,公司继续存续会使股东利益受到重大损失的情形。股东以知情权、利润分配请求权等权益受到损害,或者公司亏损、财产不足以偿还全部债务,以及公司被吊销企业法人营业执照未进行清算等为由,提起解散公司诉讼的,人民法院不予受理。"第6条第2款规定:"人民法院判决驳回解散公司诉讼请求后,提起该诉讼的股东或者其他股东又以同一事实和理由提起解散公司诉讼的，人民法院不予受理。”

(8)《关于审理劳动争议案件适用法律若干问题的解释(一)》(2001年4月16日，法释〔2001〕14号)第1条规定：“劳动者与用人单位之间发生的下列纠纷，属于《劳动法》第2条规定的劳动争议，当事人不服劳动争议仲裁委员会作出的裁决，依法向人民法院起诉的，人民法院应当受理：劳动者与用人单位在履行劳动合同过程中发生的纠纷；劳动者与用人单位之间没有订立书面劳动合同，但已形成劳动关系后发生的纠纷；劳动者退休后，与尚未参加社会保险统筹的原用人单位因追索养老金、医疗费、工伤保险待遇和其他社会保险费而发生的纠纷。”第2条规定：“劳动争议仲裁委员会以当事人申请仲裁的事项不属于劳动争议为由，作出不予受理的书面裁决、决定或者通知，当事人不服，依法向人民法院起诉的，人民法院应当分别情况予以处理：属于劳动争议案件的，应当受理；虽不属于劳动争议案件，但属于人民法院主管的其他案件，应当依法受理。”第3条规定：“劳动争议仲裁委员会根据《劳动法》第82条之规定，以当事人的仲裁申请超过60日期限为由，作出不予受理的书面裁决、决定或者通知，当事人不服，依法向人民法院起诉的，人民法院应当受理；对确已超过仲裁申请期限，又无不可抗力或者其他正当理由的，依法驳回其诉讼请求。”第4条规定：“劳动争议仲裁委员会以申请仲裁的主体不适格为由，作出不予受理的书面裁决、决定或者通知，当事人不服，依法向人民法院起诉的，经审查，确属主体不适格的，裁定不予受理或者驳回起诉。”第5条规定：“劳动争议仲裁委员会为纠正原仲裁裁决错误重新作出裁决，当事人不服，依法向人民法院起诉的，人民法院应当受理。”第7条规定：“劳动争议仲裁委员会仲裁的事项不属于人民法院受理的案件范围，当事人不服，依法向人民法院起诉的，裁定不予受理或者驳回起诉。”

(9)《关于审理劳动争议案件适用法律若干问题的解释(二)》(2006年8月14日，法释〔2006〕6号)第7条规定：“下列纠纷不属于劳动争议：劳动者请求社会保险经办机构发放社会保险金的纠纷；劳动者与用人单位因住房制度改革产生的公有住房转让纠纷；劳动者对劳动能力鉴定委员会的伤残等级鉴定结论或者对职业病诊断鉴定委员会的职业病诊断鉴定结论的异议纠纷；家庭或者个人与家政服务人员之间的纠纷；个体工匠与帮工、学徒之间的纠纷；农村承包经营户与受雇人之间的纠纷。”第3条规定：“劳动者以用人单位的工资欠条为证据直接向人民法院起诉，诉讼请求不涉及劳动关系其他争议的,视为拖欠劳动报酬争议,按照普通民事纠纷受理。"第 4 条规定:"用人单位和劳动者因劳动关系是否已经解除或者终止,以及应否支付解除或终止劳动关系经济补偿金产生的争议,经劳动争议仲裁委员会仲裁后,当事人依法起诉的,人民法院应予受理。"第 5 条规定:"劳动者与用人单位解除或者终止劳动关系后,请求用人单位返还其收取的劳动合同定金、保证金、抵押金、抵押物产生的争议,或者办理劳动者的人事档案、社会保险关系等移转手续产生的争议,经劳动争议仲裁委员会仲裁后,当事人依法起诉的,人民法院应予受理。"第 6 条规定:"劳动者因为工伤、职业病,请求用人单位依法承担给予工伤保险待遇的争议,经劳动争议仲裁委员会仲裁后,当事人依法起诉的,人民法院应予受理。"第 8 条规定:"当事人不服劳动争议仲裁委员会作出的预先支付劳动者部分工资或者医疗费用的裁决,向人民法院起诉的,人民法院不予受理。用人单位不履行上述裁决中的给付义务,劳动者依法向人民法院申请强制执行的,人民法院应予受理。"

(10)《关于适用〈中华人民共和国仲裁法〉若干问题的解释》(2006 年 8 月 23 日,法释〔2006〕7 号)第 13 条规定:"依照仲裁法第 20 条第 2 款的规定,当事人在仲裁庭首次开庭前没有对仲裁协议的效力提出异议,而后向人民法院申请确认仲裁协议无效的,人民法院不予受理。仲裁机构对仲裁协议的效力作出决定后,当事人向人民法院申请确认仲裁协议效力或者申请撤销仲裁机构的决定的,人民法院不予受理。"

(11)《关于审理不正当竞争民事案件应用法律若干问题的解释》(2007 年 1 月 12 日,法释〔2007〕2 号)第 15 条规定:"对于侵犯商业秘密行为,商业秘密独占使用许可合同的被许可人提起诉讼的,人民法院应当依法受理。排他使用许可合同的被许可人和权利人共同提起诉讼,或者在权利人不起诉的情况下,自行提起诉讼,人民法院应当依法受理。普通使用许可合同的被许可人和权利人共同提起诉讼,或者经权利人书面授权,单独提起诉讼的,人民法院应当依法受理。"

(12)《关于审理涉及会计师事务所在审计业务活动中民事侵权赔偿案件的若干规定》(2007 年 6 月 11 日,法释〔2007〕12 号)第 1 条规定:"利害关系人以会计师事务所在从事注册会计师法第 14 条规定的审计业务活动中出具不实报告并致其遭受损失为由,向人民法院提起民事侵权赔偿诉讼的,人民法院应当依法受理。"

（13）《关于审理注册商标、企业名称与在先权利冲突的民事纠纷案件若干问题的规定》（2008年2月28日，法释〔2008〕3号）第1条规定："原告以他人注册商标使用的文字、图形等侵犯其著作权、外观设计专利权、企业名称权等在先权利为由提起诉讼，符合民事诉讼法第108条规定的，人民法院应当受理。原告以他人使用在核定商品上的注册商标与其在先的注册商标相同或者近似为由提起诉讼的，人民法院应当根据民事诉讼法第111条第（三）项的规定，告知原告向有关行政主管机关申请解决。但原告以他人超出核定商品的范围或者以改变显著特征、拆分、组合等方式使用的注册商标，与其注册商标相同或者近似为由提起诉讼的，人民法院应当受理。"第2条规定："原告以他人企业名称与其在先的企业名称相同或者近似，足以使相关公众对其商品的来源产生混淆，违反反不正当竞争法第5条第（三）项的规定为由提起诉讼，符合民事诉讼法第108条规定的，人民法院应当受理。"

（14）《关于债权人对人员下落不明或者财产状况不清的债务人申请破产清算案件如何处理的批复》（2008年8月7日，法释〔2008〕10号）规定："债权人对人员下落不明或者财产状况不清的债务人申请破产清算，符合企业破产法规定的，人民法院应依法予以受理。债务人能否依据企业破产法第11条第2款的规定向人民法院提交财产状况说明、债权债务清册等相关材料，并不影响对债权人申请的受理。"

（15）《关于当事人对具有强制执行效力的公证债权文书的内容有争议提起诉讼人民法院是否受理问题的批复》（2008年12月22日，法释〔2008〕17号）规定："经公证的以给付为内容并载明债务人愿意接受强制执行承诺的债权文书依法具有强制执行效力。债权人或者债务人对该债权文书的内容有争议直接向人民法院提起民事诉讼的，人民法院不予受理。但公证债权文书确有错误，人民法院裁定不予执行的，当事人、公证事项的利害关系人可以就争议内容向人民法院提起民事诉讼。"

（16）《关于审理民事级别管辖异议案件若干问题的规定》（2009年11月12日，法释〔2009〕17号）第1条规定："被告在提交答辩状期间提出管辖权异议，认为受诉人民法院违反级别管辖规定，案件应当由上级人民法院或者下级人民法院管辖的，受诉人民法院应当审查，并在受理异议之日起15日内作出裁定：异议不成立的，裁定驳回；异议成立的，裁定移送有管辖权的人民法院。"

(17)《关于审理劳动争议案件适用法律若干问题的解释(三)》(2010年9月13日,法释〔2010〕12号)第1条规定:"劳动者以用人单位未为其办理社会保险手续,且社会保险经办机构不能补办导致其无法享受社会保险待遇为由,要求用人单位赔偿损失而发生争议的,人民法院应予受理。"第2条规定:"因企业自主进行改制引发的争议,人民法院应予受理。"第3条规定:"劳动者依据劳动合同法第85条规定,向人民法院提起诉讼,要求用人单位支付加付赔偿金的,人民法院应予受理。"

(18)《关于审理旅游纠纷案件适用法律若干问题的规定》(2010年10月26日,法释〔2010〕13号)第2条规定:"以单位、家庭等集体形式与旅游经营者订立旅游合同,在履行过程中发生纠纷,除集体以合同一方当事人名义起诉外,旅游者个人提起旅游合同纠纷诉讼的,人民法院应予受理。"第3条规定:"因旅游经营者方面的同一原因造成旅游者人身损害、财产损失,旅游者选择要求经营者承担违约责任或者侵权责任的,人民法院应当根据当事人选择的案由进行审理。"

2. 群体性、敏感性案件

主要有:

(1)最高人民法院经济审判庭《关于对南宁市金龙车辆配件厂集资纠纷是否由人民法院受理问题的答复》(1991年9月29日,法经〔1991〕121号)规定:"集资纠纷案件不属于人民法院经济审判庭的收案范围,由有关人民政府及主管部门处理为妥。"

(2)《关于涉证券民事赔偿案件暂不予受理的通知》(2001年9月21日,法明传〔2001〕406号)规定:"我国的资本市场正处于不断规范和发展阶段,也出现了不少问题,如内幕交易、欺诈、操纵市场等行为。这些行为损害了证券市场的公正、侵害了投资者的合法权益,也影响了资本市场的安全和健康发展,应该逐步规范。当前,法院审判工作中已出现了这些值得重视和研究的新情况、新问题,但受目前立法及司法条件的局限,尚不具备受理及审理这类案件的条件。经研究,对上述行为引起的民事赔偿案件,暂不予受理。"但是,2002年1月25日又发布《关于受理证券市场因虚假陈述引发的民事侵权纠纷案件有关问题的通知》,只受理因虚假陈述引发的民事侵权纠纷案件并设置了前提条件,而且不能采取集团诉讼的方式。第2条规定:"人民法院受理的虚假陈述民事赔偿案件,其虚假陈述行为,须经中国证券监督管理委员会及其派出机构调查并作出生效处罚决定。当事人依据查处结果作为提起民事诉讼事实依据的,人民法院方予依法受理。"第4条规定:"对于虚假陈述民事赔偿案件,人民法院应当采取单独或者共同诉讼的形式予以受理,不宜以集团诉讼的形式受理。"

(3)《关于人民法院受理共同诉讼案件问题的通知》(2005年12月30日,法〔2005〕270号)规定:"当事人一方或双方人数众多的共同诉讼,依法由基层人民法院受理。受理法院认为不宜作为共同诉讼受理的,可分别受理。在高级人民法院辖区内有重大影响的上述案件,由中级人民法院受理。如情况特殊,确需高级人民法院作为一审民事案件受理的,应当在受理前报最高人民法院批准。"

3. 与政府和行政行为有关的民事案件以及单位、团体的内部纠纷

主要有:

(1)《关于房地产案件受理问题的通知》(1992年11月25日,法发〔1992〕38号)第3条规定:"凡不符合民事诉讼法、行政诉讼法有关起诉条件的属于历史遗留的落实政策性质的房地产纠纷,因行政指令而调整划拨、机构撤并分合等引起的房地产纠纷,因单位内部建房、分房等而引起的占房、腾房等房地产纠纷,均不属于人民法院主管工作的范围,当事人为此而提起的诉讼,人民法院应依法不予受理或驳回起诉,可告知其找有关部门申请解决。"

(2)《关于处理道路交通事故案件有关问题的通知》(1992年12月1日,法发〔1992〕39号)第1条规定:"当事人因道路交通事故损害赔偿问题提起民事诉讼时,除诉状外,还应提交公安机关制作的调解书或调解终结书或者该事故不属于任何一方当事人违章行为造成的结论。人民法院对于符合第108条规定的起诉,应予受理。"第4条规定:"当事人仅就公安机关作出的事故责任认定和伤残评定不服,向法院提起行政诉讼或民事诉讼的,人民法院不予受理。"

(3)《关于人民法院应否受理财政、扶贫办等非金融行政机构借款合同纠纷的批复》(1993年8月28日,法复〔1993〕7号)规定:"财政、扶贫办等非金融行政机构根据国家有关规定,为扶持企业和农户发展生产,通过签订借款合同,发放支农款、扶贫金等,实行有偿使用,定期归还。这类合同带有一定的行政管理性质,如果发生纠纷,由有关行政部门解决为宜。但合同双方当事人的法律地位是平等的,且合同双方约定如发生纠纷可以到人民法院起诉。因此,如行政部门未能解决而起诉到人民法院,

或一方当事人直接向人民法院起诉的,人民法院依法应予受理。”

(4)《关于对因政府调整划转企业国有资产引起的纠纷是否受理问题的批复》(1996年4月2日,法复〔1996〕4号)规定:“因政府及其所属主管部门在对企业国有资产调整、划转过程中引起相关国有企业之间的纠纷,应由政府或所属国有资产管理部门处理。国有企业作为当事人向人民法院提起民事诉讼的,人民法院不予受理。”《关于审理与企业改制相关的民事纠纷案件若干问题的规定》(2003年1月3日,法释〔2003〕1号)第1条规定:“人民法院受理以下平等民事主体间在企业产权制度改造中发生的民事纠纷案件:企业公司制改造中发生的民事纠纷;企业股份合作制改造中发生的民事纠纷;企业分立中发生的民事纠纷;企业债权转股权纠纷;企业出售合同纠纷;企业兼并合同纠纷;与企业改制相关的其他民事纠纷。”第3条规定:“政府主管部门在对企业国有资产进行行政性调整、划转过程中发生的纠纷,当事人向人民法院提起民事诉讼的,人民法院不予受理。”

(5)《关于受理房屋拆迁、补偿、安置等案件问题的批复》(1996年7月24日,法复〔1996〕12号)规定:“公民、法人或者其他组织对人民政府或者城市房屋主管行政机关依职权作出的有关房屋拆迁、补偿、安置等问题的裁决不服,依法向人民法院提起诉讼的,人民法院应当作为行政案件受理。拆迁人与被拆迁人因房屋补偿、安置等问题发生争议,或者双方当事人达成协议后,一方或者双方当事人反悔,未经行政机关裁决,仅就房屋补偿、安置等问题,依法向人民法院提起诉讼的,人民法院应当作为民事案件受理。”《关于当事人达不成拆迁补偿安置协议就补偿安置协议提起民事诉讼人民法院应否受理问题的批复》(2005年8月1日,法释〔2005〕9号)作出了新规定:“拆迁人与被拆迁人或者拆迁人、被拆迁人与房屋承租人达不成拆迁补偿安置协议,就补偿安置争议向人民法院提起民事诉讼的,人民法院不予受理,并告知当事人可以按照《城市房屋拆迁管理条例》第十六条的规定向有关部门申请裁决。”

(6)《关于审理名誉权案件若干问题的解释》(1998年8月31日,法释〔1998〕26号)第2条规定:“有关机关和组织编印的仅供领导部门内部参阅的刊物、资料等刊登的来信或者文章,当事人以其内容侵害名誉权向人民法院提起诉讼的,人民法院不予受。机关、社会团体、学术机构、企事业单位分发本单位、本系统或者其他一定范围内的内部刊物和内部资料,

所载内容引起名誉权纠纷的，人民法院应当受理。”第 4 条规定：“国家机关、社会团体、企事业单位等部门对其管理的人员作出的结论或者处理决定，当事人以其侵害名誉权向人民法院提起诉讼的，人民法院不予受理。”第 5 条规定：“公民依法向有关部门检举、控告他人的违法违纪行为，他人以检举、控告侵害其名誉权向人民法院提起诉讼的，人民法院不予受理。如果借检举、控告之名侮辱、诽谤他人，造成他人名誉损害，当事人以其名誉权受到侵害向人民法院提起诉讼的，人民法院应当受理。”

（7）《关于审理涉及农村土地承包纠纷案件适用法律问题的解释》（2005 年 7 月 29 日，法释〔2005〕6 号）第 1 条规定：“下列涉及农村土地承包民事纠纷，人民法院应当依法受理：承包合同纠纷；承包经营权侵权纠纷；承包经营权流转纠纷；承包地征收补偿费用分配纠纷；承包经营权继承纠纷。集体经济组织成员因未实际取得土地承包经营权提起民事诉讼的，人民法院应当告知其向有关行政主管部门申请解决。集体经济组织成员就用于分配的土地补偿费数额提起民事诉讼的，人民法院不予受理。”

4. 与刑事犯罪有关的民事案件

主要有：

（1）最高人民法院《关于审理刑事案件程序的具体规定》（1994 年 3 月 21 日，法发〔1994〕4 号）第 62 条规定：“因犯罪行为遭受物质损失，已经得到退赔而仍不能弥补损失的被害人，也可以提起附带民事诉讼，但是被害人不能提供证据证实被告人确有财产可供赔偿的，人民法院裁定驳回。”

（2）最高人民法院《关于在审理经济纠纷案件中涉及经济犯罪嫌疑若干问题的规定》（1998 年 4 月 21 日，法释〔1998〕7 号）第 11 条规定：“人民法院作为经济纠纷受理的案件，经审理认为不属经济纠纷案件而有经济犯罪嫌疑的，应当裁定驳回起诉，将有关材料移送公安机关或检察机关。”

（3）《关于人民法院是否受理刑事案件被害人提起精神损害赔偿民事诉讼问题的批复》（2002 年 7 月 15 日，法释〔2002〕17 号）规定：“根据刑法第三十六条和刑事诉讼法第七十七条以及我院《关于刑事附带民事诉讼范围问题的规定》第一条第二款的规定，对于刑事案件被害人由于被告人的犯罪行为而遭受精神损失提起的附带民事诉讼，或者在该刑事案件审结以后，被害人另行提起精神损害赔偿民事诉讼的，人民法院不予受理。”

总体而言,涉及起诉与受理的有关司法解释表现出以下特点:

(1) 解释的形式多样。根据《关于司法解释工作的规定》和《关于司法解释工作的若干规定》①,“解释”、“规定”、“批复”是司法解释的三种形式。对在审判工作中如何具体应用某一法律或者对某一类案件、某一类问题如何应用法律制定的司法解释,采用“解释”的形式。根据立法精神对审判工作中需要制定的规范、意见等作司法解释,采用“规定”的形式。对高级人民法院就审判工作中具体应用法律问题的请示制定的司法解释,采用“批复”的形式。“解释”、“规定”一般是复合型的,既有实体问题,又有程序问题,其中有不少涉及起诉与受理的条文。最高人民法院针对个案是否受理(往往涉及某一类型的案件)作出的批复较多。此外,还有“通知”以及早期的“意见”和“电话答复”等形式。司法解释虽然由最高人民法院审判委员会讨论通过,但起草工作由各审判业务部门负责,涉及不同审判业务部门职能范围的综合性司法解释由研究室负责起草或者组织、协调相关部门起草。

(2) 解释涉及的内容广泛。从类型上大体分为:法律界定不清或难以界定、法无明文规定的新类型、疑难案件;群体性、敏感性案件;与政府和行政行为有关的民事案件以及单位、团体的内部纠纷;与刑事犯罪有关的民事案件。其中有的案件也可以归入另一种类型,如证券市场因虚假陈述引发的民事侵权纠纷案件既是群体性、敏感性案件,又是新类型案件。内容主要集中在房地产、农村土地承包等涉农纠纷、劳动争议、侵权精神损害赔偿、道路交通事故、名誉权、知识产权、离婚、股东诉讼、企业改制和破产、证券、不正当竞争民事案件、集资纠纷、仲裁、刑事附带民事诉讼、共同诉讼、房屋拆迁、补偿、安置等案件。

(3) 解释具有法律效力。

(4) 解释的结论是不予受理或者应予受理,也有个别是暂不受理。对于某类案件是否受理,在不同时期最高人民法院也有不同认识。例如,2001 年 9 月 21 日发布关于涉证券民事赔偿案件暂不予受理的通知,2002

---

① 为进一步规范和完善司法解释工作,最高人民法院制定了《关于司法解释工作的规定》(2007 年 3 月 23 日颁布,法发〔2007〕12 号),废止了《关于司法解释工作的若干规定》(1997 年 6 月 23 日,法发〔1997〕15 号)。

年 1 月 25 日又发布《关于受理证券市场因虚假陈述引发的民事侵权纠纷案件有关问题的通知》，只受理部分证券纠纷即因虚假陈述引发的民事侵权纠纷案件，但设置了前提条件且不能采取集团诉讼的方式。又如，1986 年 12 月 30 日《关于邮电部门造成电报稽延错误是否承担赔偿责任问题的批复》（已废止）规定不予受理："由于电报稽延、错误受到损失的人向人民法院起诉，要求邮电部门赔偿的，人民法院不予受理，并应告知其找邮电部门解决。" 1999 年 6 月 9 日《关于人民法院是否受理因邮电部门电报稽延纠纷提起诉讼问题的批复》（法释〔1999〕11 号）规定应当受理："因邮电部门电报稽延发生的纠纷，当事人向人民法院起诉的，只要符合民事诉讼法第 108 条的规定，人民法院应当受理。"再如，关于未达成拆迁补偿安置协议的当事人是否享有起诉权，最高人民法院先后作出内容相反的两个解释。法复〔1996〕12 号规定，如果拆迁当事人对行政机关的裁决不服的，依法享有行政起诉权，仅就房屋补偿、安置等问题发生争议，即便未经行政机关裁决，也享有民事起诉权。法释〔2005〕9 号则规定，拆迁当事人未达成拆迁补偿安置协议，就补偿安置产生争议不享有民事起诉权，只能按照国务院 2001 年颁行的《城市房屋拆迁管理条例》第 16 条的规定向有关部门申请裁决。相比较而言，第一个解释根据纠纷的性质不同，分别明确了当事人不同性质的起诉权更为科学合理，而且符合司法终局原则的要求。第二个解释以国务院行政法规对民事起诉权的限制为依据，而不是以《民事诉讼法》为依据，不顾争议的性质，以是否达成协议来决定原告是否享有起诉权。就该问题而言，笔者认为即使当事人没有达成补偿安置协议也没有经过行政机关的裁决，法院仍应作为民事案件予以受理。

关于起诉与受理的司法解释主要存在以下五个问题：(1) 大多数解释只有应当受理或者不予受理的结论，而不予说理，也没有被解释的法律条文。应当受理的，体现了对当事人起诉权的保障，不予说理也可以；不予受理的，当事人行使起诉权提起民事诉讼却不能启动诉讼程序，因此必须具有充分的法律依据和法理依据。由于以"解释"和"规定"的形式发布的司法解释一般有多个条文，不能在条文中附带说理，也就是为什么不予受理，由负责起草该司法解释的最高人民法院相关庭室同志在该司法解释的理解与适用的著作或者文章中阐述不予受理的理由，是值得肯定的。而以"批复"的形式发布的司法解释则应当详细地说明不予受理的理由。(2) 一些不予受理往往使用非法定、非法理的解释论据。例如,暂不予受理涉证券民事赔偿案件的理由是"受目前立法及司法条件的局限,尚不具备受理及审理这类案件的条件。"不予受理非法集资纠纷的理由是"将会拖延时间,不利于及时解决纠纷,而且不属于人民法院的收案范围,由有关人民政府及主管部门处理为妥。"(3) 让位于行政机关等有关部门处理。例如,集资纠纷案件;因单位内部建房、分房等而引起的占房、腾房等房地产纠纷;达不成拆迁补偿安置协议的案件。(4) 重刑轻民。例如,不受理受害人针对被告人的犯罪行为而要求精神损害赔偿提起的附带民事诉讼,或者在该刑事案件审结以后,被害人另行提起精神损害赔偿民事诉讼;有诈骗等经济犯罪嫌疑的案件,往往同时损害了民事权益而同时属于经济纠纷案件,但认为不属经济纠纷案件,而以有经济犯罪嫌疑裁定驳回原告人的起诉;被害人不能提供证据证实被告人确有财产可供赔偿的,裁定驳回。(5) 不当限制乃至排除群体诉讼(代表人诉讼)的适用。例如,2002 年 1 月 15 日最高人民法院发布的《关于受理证券市场因虚假陈述引发的民事侵权纠纷案件有关问题的通知》规定:"对于虚假陈述民事赔偿案件,人民法院应当采取单独或者共同诉讼的形式予以受理,不宜以集团诉讼的形式受理。"这里的集团诉讼,实际上是指《民事诉讼法》第 55 条所规定的人数不确定的代表人诉讼。2005 年 12 月 30 日发布的《关于人民法院受理共同诉讼案件问题的通知》规定:"当事人一方或双方人数众多的共同诉讼,依法由基层人民法院受理。受理法院认为不宜作为共同诉讼受理的,可分别受理。"当事人一方或双方人数众多的共同诉讼,属于《民事诉讼法》第 54 条规定的人数确定的代表人诉讼,但该司法解释回避了代表人诉讼,而规定这类案件既可以共同诉讼受理,亦可分别受理,使代表人诉讼进一步受到冷落。

(二) 关于起诉与受理(立案)的司法政策

所谓司法政策,是指法院在解决社会纠纷、调整利益关系时所采取的基本态度、价值立场以及处理原则。司法政策本身并不解决具体的社会纠纷,它只是为法院和法官提供一个抽象性、方向性的判断标准和价值取向,具体问题的处理由法官在实践中依据该政策,结合案件具体情况加以自由裁量。尽管我国《民事诉讼法》对起诉与受理做了一些规定,但由于社会关系变化,利益格局调整,社会矛盾交织,起诉到法院的各类案件

大幅度上升,法院的立案工作和整个审判工作一样,面临着前所未有的复杂局面。因此,一方面最高人民法院在不同时期发布了不少有关起诉与受理的司法解释,另一方面各级法院制定的立案的司法政策在调控起诉权行使、指导法院立案工作中起着重要的作用。司法政策具体体现在各级法院关于立案的会议报告、座谈会纪要、内部规范性文件以及领导讲话之中。其中既有关于立案的宏观状况分析,也有对具体立案工作应遵循的原则和要求。立案是民商事审判流程中的首要环节,既关系到当事人起诉权的保护,又直接关系到法院对社会生活的介入程度。由于各高级法院、中级法院关于起诉与受理(立案)的司法政策保密性强,主要涉及行政行为、群体性纠纷以及社会敏感度较高的纠纷,往往以内部文件或审判指导资料的形式下发,只有法院内部有关人员知晓,律师或诉讼法研究人员通过私人关系等非正常途径也难以获取,极少数被网络、报纸等媒体披露出来,因此搜集相当困难,难以考察和分析。笔者主要考察最高人民法院有关起诉与受理(立案)的司法政策。应当指出的是,司法解释虽然对某一法律或者某一类案件是否受理有具体、明确的规定,但也体现了相应的司法政策。

立案是审判的初始阶段,标志着诉讼程序的启动和对私权救济的开始,标志着国家司法权对社会矛盾的介入。立案工作是法院审判工作的重要组成部分。我国的立案具有以下特征:立案是审判第一关,没有立案就没有审判,相对于开庭审理和案件执行,立案具有先期性;通过确定诉讼当事人、审查固定证据、确定案由和管辖权等受理审查,形成某个具体诉讼案件,因此,立案具有基础性;立审分立使得案件的受理审查与开庭审理相对分开,形成诉讼的不同阶段,因此,立案具有一定的独立性;新类型案件的受理,代表着司法介入社会生活的广度与深度,因此,立案具有明显的导向性;案件的受理往往涉及对法律和政策应用界限的判断,关系到社会稳定,因此,立案具有较强的敏感性。

最高人民法院于 1997 年 5 月 29 日发布了司法解释《关于人民法院立案工作的暂行规定》(法发〔1997〕7 号)。1999 年 9 月 8 日印发了《关于全国法院立案工作座谈会纪要》(法〔1999〕186 号),充分肯定了各级法院立案工作所取得的显著成绩与经验,分析了当前立案工作的形势,明确了当前和今后一个时期立案工作的总体目标和基本要求,对立案工作中遇到的亟待解决的一些问题进行了探讨。全国有 3315 个法院成立了立案机构,实现了全部或部分的立审分立,占96.82%,并要求在1999年年底前全面落实立审分立,坚决纠正立审不分的做法。统一立案机构的职责范围,全面发挥立案机构的职能作用。按照立审分立的要求,立案机构应承担11项职责。抓好基层法院的立案工作,实现人民法庭立案规范化。并认为群众告状难的问题基本上得以解决。① 沈德咏同志指出,群众"告状难"的问题,虽然得到了很大的缓解,但并未根本解决。各级法院的领导和从事立案工作的同志要牢固树立政治意识、大局意识,把立案工作同我国当前的政治、经济、社会形势结合起来,从法律、政治、社会效果统一的角度把好立案关。法院不能包打天下,立案应采取不主动干预原则,对那些符合法律规定的案件,应贯彻有诉必理的精神,及时立案,对于不应由法院受理的,就不要乱立案,帮倒忙。对社会矛盾突出,政治敏感性强,有重大闹事苗头和有碍稳定的群体性纠纷,要及时向党政有关部门通报,共同做好工作。对一些可能影响社会稳定、涉及面较广的案件要慎重立案,不能因为法院立案不当而引发、扩大矛盾,激发不安定因素。对一些法律、法规、司法解释规定不明或无规定而难以决定是否立案的案件,要主动征求有关业务庭的意见,及时报告院领导研究和决定,必要时请示上级法院,切实做到该立的案件一定要立,不该立的案件坚决不立。②

2000年10月26日召开的全国民事审判工作会议要求建立大民事审判格局。唐德华同志指出,民事、经济、知识产权和海事海商各自独立的审判格局,已经与形势发展不相适应,为使审判体系更加科学、合理,按照刑事、民事、行政三大诉讼体系设置审判机构,建立大民事审判格局,这是人民法院深化改革的重要决策。这不是一般名称的改变,而是对民事审判任务的重大调整,是对民事审判制度的重大改革。③

2002年10月16日印发了《全国部分高级人民法院立案信访工作座谈会纪要》(法〔2002〕221号)。2003年2月,最高人民法院在济南召开

---

① 中国法制出版社编:《最高人民法院、最高人民检察院司法解释与请示答复》(民事卷下),中国法制出版社2006年版,第1210—1215页。

② 沈德咏:《在全国法院立案工作座谈会议上的讲话》(1999年8月23日),载纪敏主编:《法院立案工作及改革探索》,中国政法大学出版社2000年版,第10—11页。

③ 唐德华:《更新观念 深化改革 为建立和完善现代民事审判制度而奋斗——在全国民事审判工作会议上的讲话》(2000年10月26日),载唐德华主编:《民事审判指导与参考》(2000年第4卷),法律出版社2000年版,第21页。

了第一次全国法院立案工作会议,确定了立案机构负责各类案件统一立案、开展审判工作流程管理、组织协调处理人民群众来信来访等三项职能,明确了立案审判任务,指出了立案工作发展方向,全国法院立案审判工作开始走上规范化、专业化道路。

2005 年 11 月 2 日,苏泽林同志指出,要强化案件受理审查业务。按照法院主管制度的规定,正确把握行使审判权的范围,对属于主管范围内的案件,要及时受理,依法进行审查处理。按照司法保护的有限性和有效性原则,加强对诉的利益和起诉证据的审查,对当事人开展法律释明工作,防止出现无利益之诉和无根据之诉。要落实新类型案件请示报送制度,加强敏感、疑难、复杂案件的调查研究,把握好受理时机。要强化立案先行调解业务。[①] 刘学文同志认为,立案机构是集审判、管理、监督三种职能于一体的新型综合审判业务部门,但就其本质而言,它是法院的审判机构,其主要职能是审判处理各类诉讼案件。立案工作对外是"窗口",对内是"关口"。案件受理把关不严,就可能把无法解决的纠纷引向法院,变成涉诉信访。"三暂缓"是根据国务院的整体部署,由最高人民法院发布通知,在一定期限内,对已进入风险处置阶段的包括证券公司在内的金融机构为被告的民事案件尚未受理的暂缓受理,已经受理的暂缓审理,对其作为被执行人的案件暂缓执行的一项司法保护措施。[②]

苏泽林同志在 2006 年 5 月 24 日召开的全国法院民商事审判管辖实务研讨会上指出,规避管辖法律规定的问题比较突出,违反一事不再理原则,就同一诉讼重复诉讼、重复审判,制造管辖争议的现象仍然存在,应当加强和改进立案阶段管辖审查工作,改革管辖权案件的审理方法,合理行使释明权,保障当事人的管辖利益,加大上级法院监督指导的力度,加大指定管辖的力度。关于群体性纠纷案件的级别管辖,各级法院必须坚决执行《关于人民法院受理共同诉讼案件问题的通知》。[③]

在 2006 年 11 月 21 日召开的全国法院立案审判实务座谈会上,苏泽

---

① 苏泽林:《在全国法院立案审判工作座谈会上的讲话》(2005 年 11 月 2 日),载苏泽林主编:《立案工作指导》(2005 年第 2 辑),人民法院出版社 2006 年版,第 17 页。

② 刘学文:《在全国法院立案审判工作座谈会上的总结讲话(摘录)》,载同上书,第 27、34 页。

③ 苏泽林:《在全国法院民商事审判管辖实务研讨会上的讲话》,载苏泽林主编:《立案工作指导》(2006 年第 1 辑),人民法院出版社 2006 年版,第 1—6 页。

林同志指出，各级法院要努力发挥立案审判的五项功能作用，为构建社会主义和谐社会提供强有力的司法保障。一是发挥保障功能，畅通诉讼渠道，最大限度地保障人民群众合理诉求的实现；二是发挥过滤功能，严格依法立案，防止因滥诉导致社会不和谐；三是发挥疏导功能，妥善处理群体性纠纷案件，维护社会安定有序；四是发挥化解功能，做好立案调解、申诉和解工作，促进当事人以协商和解的方式解决纠纷；五是发挥救济功能，加强司法救助，坚持依法纠错，最大限度地实现社会公平正义。并强调案件受理应坚持六项原则：依法受理原则；适度实体审查原则；适时受理原则；新类型案件请示原则；司法救助原则；便民原则。既要把保护当事人诉权放在首位，畅通司法救济渠道，又要讲求司法政策和艺术，把握好敏感案件的受理条件和时机；既要坚持法律标准、法律原则，又要正视司法的有限性、被动性；既要将合法的诉求及时纳入司法渠道，又要将不合法的诉求严格控制在司法程序之外。并阐述了新型疑难案件的受理问题，包括物业诉讼受理问题、农村土地补偿和集体收益分配诉讼受理问题、劳动争议和人事争议诉讼受理问题、教育类纠纷诉讼受理问题、公益诉讼受理问题、公司诉讼受理问题。①

2007 年 1 月 5 日至 6 日，最高人民法院在济南市召开了第七次全国民事审判工作会议，其中领导讲话中明确了民事审判庭与立案庭的业务分工：在受理审查和案件移转方面，可以采用立案庭审查立案和立案庭登记后由相关民事审判庭审查立案两种方式；在管辖权争议案件的办理上，实行立案庭统一办理和统一监督指导制度；管辖权异议案件，要根据当事人提出异议的时间，确定由相应业务庭办理；在案件审理过程中，当事人申请财产保全、证据保全和申请续保，由各民事审判庭根据案件审理情况和需要，依法裁决；在审理前准备工作方面，指导当事人举证、进行证据交换、固定与排除等不属于案件审理方面的工作由立案庭负责，但更为深入的审前准备工作如整理案件争议焦点、调查证据等，应当由民事审判庭

---

① 苏泽林：《在全国法院立案审判实务座谈会上的讲话》（2006 年 11 月 21 日），载苏泽林主编：《立案工作指导》（2006 年第 2 辑），人民法院出版社 2007 年版，第 4—5、8—11 页。在这次会议上讨论了《关于受理新类型、疑难民商事案件的指导意见》（讨论稿），参见该书，第 19—21 页，笔者从中国法院网和其他网站查询，至今未发布。

负责。①

2007年8月、9月最高人民法院分别在南宁、乌鲁木齐召开了全国部分高级人民法院立案工作调研分析会，除西藏之外的所有高级法院都参加了会议，介绍了各地立案审判工作基本情况，分析了立案审判工作面临的问题和困难，进一步明确了今后立案工作的基本思路和重点。②

2008年1月25日，苏泽林同志在全国法院立案审判暨涉诉信访工作座谈会上指出，涉诉信访总量仍在高位运行，越级进京上访、非正常上访问题依然较为突出，重复上访在信访总量中占有较高比例，长期无理缠访闹访问题缺乏有效解决办法。应当实行"诉访分离"，正确应对新修改的民事诉讼法的实施，合理调整民商事案件级别管辖标准，加强和改进对再审事由审查的工作，继续做好案件受理、立案调解和审判流程管理工作。③ 2008年2月3日，最高人民法院发布了《关于调整高级人民法院和中级人民法院管辖第一审民商事案件标准的通知》（法发〔2008〕10号）。

2009年1月13日，苏泽林同志在海口召开的第二次全国立案审判工作会议上指出，强化立案审判职能，实现立案机构职能统一；强化涉诉信访机制，实现诉访分离标准统一；强化再审审查工作，实现审查程序标准统一；强化立案调解工作，实现调解规则统一；强化受理管辖工作，实现立案标准统一；强化立案队伍建设，实现执法办案指导思想统一。要把握好案件的受理时机、受理条件，实行诉讼引导，指导当事人正确行使诉权，加强诉讼风险告知，增进当事人对审判工作的理解。既要充分保障当事人正当行使诉权，又要切实防止因受理不慎、受理不当而引发的矛盾扩大化、纠纷复杂化。要充分认识司法的有限性，正确处理人民法院与行政机关在化解矛盾上的职能分工，搞好行政协调与司法审判的衔接配合。对于由政府和其他国家机关处理更有利于矛盾纠纷化解的，要引导当事人通过行政渠道解决。要正确理解和把握法定受理条件，防止不当抬高或

---

① 参见奚晓明主编：《民商事审判指导》（2007年第1辑），人民法院出版社2007年版，第30—31页。

② 参见潘杰：《全国部分高院立案工作调研分析会（南宁会议）情况综述》，载苏泽林主编：《立案工作指导》（2007年第1辑），人民法院出版社2008年版，第1—6页；潘杰：《全国部分高院立案工作调研分析会（乌鲁木齐会议）情况综述》，载苏泽林主编：《立案工作指导》（2007年第2辑），人民法院出版社2008年版，第1—11页。

③ 苏泽林：《在全国法院立案审判暨涉诉信访工作座谈会上的讲话》（2008年1月25日），载苏泽林主编：《立案工作指导》（2008年第1辑），人民法院出版社2008年版，第1—12页。

降低受理标准,对于法律或司法解释规定了前置程序的,要严格审查是否已经前置程序处理。要做好受理标准的类型化研究,为判断各类案件受理条件提供明确标准。逐步统一新类型案件的受理期限,对于已有明确的法律依据或者受理条件已经成熟的,要全面依法受理。要坚持案件受理请示制度,对于把握不准的案件要逐级向上级法院请示,防止擅自受理造成司法不统一。①

各地方法院关于起诉与受理(立案)的司法政策保密性强,往往以内部文件或审判指导资料的形式下发,只有法院内部有关人员知晓,搜集相当困难。笔者仅介绍《新京报》关于广西壮族自治区高级人民法院不受理13类案件的报道。2003年9月1日,广西壮族自治区高级人民法院下发了"桂高法[2003]180号"通知,共750份,下发对象包括全区各级法院、柳州铁路运输各级法院和北海海事法院。"180号文件"在开篇中称:"近来发现一些法院受理了一些涉及面广、敏感性强、社会关注、本应由政府及其他有关部门处理的案件。这些案件受理后,有的因种种原因长期不能审结;有的审结后因债务人无财产可供执行致使矛盾激化,引发群体事件,影响了社会稳定和人民法院公正执法形象。"该文件规定暂不受理以下13类案件:(1)集资纠纷案件,包括机关、企事业单位内部为生产、经营、建房而向职工集资引发的纠纷案件以及未经依法批准向社会不特定对象进行的乱集资活动而引发的纠纷案件。(2)以"买卖"形式进行的非法"传销"活动而引起的纠纷案件。(3)因政府行政管理方面的决定、体制变动而引起的房地产纠纷案件。(4)因企业改制或者企业效益不好等原因出现的企业整体拖欠职工工资而引发的纠纷案件以及因劳动制度改革而出现的职工下岗纠纷案件。(5)政府及其所属主管部门进行企业国有资产调整、计划划转过程中的纠纷案件;因企业改制过程中违反民主议定原则或者因企业改制而引起的职工安置纠纷案件等。(6)村民因土地补偿费、安置补助费问题与农村集体经济组织发生的纠纷案件,但是直接支付给个人,未经集体经济组织安排发生的纠纷案除外。(7)政府部门对土地所有权(使用权)争议作出处理决定生效后一方当事人不履行,另一当事人以民事侵权诉讼的案件。(8)地方政府根据农业产业

① 苏泽林:《在第二次全国立案审判工作会议上的讲话》(2009年1月13日),载苏泽林主编:《立案工作指导》(2009年第1辑),人民法院出版社2009年版,第1—15页。

化政策及规模经济的发展要求，大规模解除农业承包合同而发生的纠纷案件。(9) 在合作化时期入社而参加裁缝社、铁器社、理发店、马车队等小集体经济组织的职工要求分割该集体经济组织积累的财产而发生的纠纷案件。(10) 以“两会一部”为债务人的纠纷案件以及“两会一部”与农户间的纠纷案件。(11) 当事人申请破产但提交的申请企业破产材料不齐备，职工安置不落实的案件。(12) 因操纵投价、内幕交易等证券违法行为而引起的证券侵权纠纷案件，但是因虚假陈述已经有关机关行政处罚或者人民法院的刑事裁判的，受害人提起侵权的案件除外。(13) 葬坟纠纷案件包括因争坟地争风水等引发的各种纠纷案件。该文件的起草者和有关领导做了这样的解释：180 号文件所列的 13 类暂不受理的案件，是根据有关法律法规、司法解释及最高人民法院的指示精神，结合我区实际情况作出的，而且均可找到司法解释或上级精神的出处。但表示不能提供“有关法律法规、司法解释及最高人民法院的指示精神”的详细内容。出台该文件的出发点是维护社会稳定，维护当事人利益。文件中所涉及的 13 类案件，由地方党委、政府处理比由法院单独处理更好，因为这类案件有些是法律没有明确规定的，法院即使判决也不能执行，而且可能造成社会上的不稳定。并强调这是一份内部文件，是自治区高级人民法院对全区法院的指导性文件，没有传达给当事人的义务。① 笔者认为，广西壮族自治区高级人民法院 180 号文件涉及 13 类案件，实际上也是一个带有普遍约束力的规定；要求全区各级法院认真研究贯彻执行，是广西各级法院受理民事纠纷案件的准绳，已经不是指导性文件而是指令性或者命令。从法理上来说，法院能够受理哪些案件，不能受理哪些案件，只有法律才能规定。必要的时候，最高人民法院可以作出司法解释，但也须符合法律的规定和精神。有关法院这样做是在有意规避风险，将民事纠纷转到政府等有关部门予以解决，也容易导致司法机关在解决这些类型的民事纠纷中的缺位。

综上所述，我国法院系统奉行审慎立案、把好立案关的司法政策。强调牢固树立政治意识、大局意识，将立案工作同我国当前的政治、经济、社会形势结合起来，从法律、政治、社会效果统一的角度把好立案关。法院遵循以下受理原则：(1) 依法受理原则。坚持法定受理条件，做好当事人

① 罗昌平：《广西法院为何不受理 13 类案件》，载《新京报》2004 年 8 月 12 日。

主体资格、起诉证据、诉讼请求、管辖权异议等方面的审查工作,正确确定案由,把好受理关。(2)适度实体审查原则。加强对诉的利益的审查,特别是原告资格的审查,避免出现无利益、无根据之诉。坚决防止当事人规避法律或钻法律漏洞,进行恶意诉讼,损害他人利益,扰乱司法秩序。(3)适时受理原则。增强稳定意识、大局意识,正确适用法律政策,谨慎适时受理敏感案件,实现法律效果与社会效果的统一。(4)新类型案件请示原则。对于法律和司法解释没有明确规定受理的新类型案件,应逐级请示,以统一法律适用,避免各行其是,草率收案,造成工作被动。[①] 1998年9月7日,最高人民法院发布的《人民法院审判纪律处分办法》(试行)第22条规定:"违反法律规定,擅自对应当受理的案件不予受理,或者对不应当受理的案件违法受理,给予警告至记大过处分。私自受理案件的,给予记大过至撤职处分。因过失致使依法应当受理的案件未予受理,或者对不应当受理的案件违法受理,造成严重后果的,给予警告至记大过处分。"尽管从两个方面(即法官违反法律规定因故意或过失对应当受理的案件不予受理或者对不应当受理的案件违法受理)规定了法官的内部纪律责任,但实质上强化了审慎立案和把好立案关的司法政策对于立案人员的约束力。

三、关于起诉与受理制度及其运行状况的调研报告

最高人民法院将《关于人民群众反映"打官司难"问题》列入2004年度的重点调研课题,并决定由最高人民法院民一庭和广东省高级人民法院共同承担该课题的调研工作。"打官司难"主要表现为以下几种形式:个别案件存在司法不公,群众反映"有理打不赢官司";打官司成本过高,老百姓认为"没钱打不起公司";立案难尚未彻底解决,老百姓认为"告状难"的问题仍然存在;诉讼周期太长,判决没有稳定性;"执行难,赢了官司输了钱"。[②] 起诉难(立案难)是"打官司难"的一个重要方面,为此,笔者进行了调研。

---

① 苏泽林:《在全国法院立案审判实务座谈会上的讲话》(2006年11月21日),载苏泽林主编:《立案工作指导》(2006年第2辑),人民法院出版社2007年版,第8—9页。

② 最高人民法院民一庭、广东省高级人民法院:《最高人民法院关于人民群众"打官司难"的调研报告》,载《民事审判指导与参考》(2005年第2集),法律出版社2005年版,第15—36页。

（一）调研的基本情况

为了比较全面深入地把握我国部分地区起诉与受理制度的运行状况和法院立案审判工作的现状，为起诉与受理制度的改革和起诉权的保障研究提供第一手的实证资料，笔者开展了问卷调查活动并进行统计分析。尽管从方法论的角度看，完成报告所使用的调查研究方法未必符合法社会学的规范要求，但报告本身是经过认真调查、分析、总结以及付出大量辛勤工作的成果，也在一定程度上直接、真实地反映我国起诉与受理制度的司法运行现状和起诉权的保障状况。

问卷调查工作总体进展分为三个阶段。第一阶段：设计问卷。笔者在广泛阅读最高人民法院立案庭编的系列出版物《立案工作指导》、立案方面的著作、有关起诉与受理（立案）的司法解释和民事诉讼法学界的有关专著、期刊论文的基础上，设计调查问卷。调查对象是三级法院的立案庭、民庭、研究室的法官和律师等法律职业人以及打过民事官司的当事人，对象分层主要考虑与起诉和受理（立案）工作的关联度和距离远近。调查内容涉及现行起诉与受理制度的运行状况、弊端、改革与完善的诸种设想等，力求全面、真实、客观地反映法官、律师、检察官以及其他法律人对起诉与受理制度及其运行状况的观点、看法以及期望改进之处。第二阶段：全面开展问卷调查工作。问卷的调查方式有两种：一是直接调查。笔者在三届在职法律硕士授课、开题、预答辩时发放问卷，共回收法律人有效问卷 88 份，包括河北省三级法院的法官 31 份、其他法律人 57 份（其中检察官 28 份、律师 9 份、政法委工作人员 4 份、司法局工作人员 5 份、公安局工作人员 4 份、高校法学教师 7 份）。二是委托调查。笔者委托法官、律师 20 余人在所在单位及当地进行调查，回收有效问卷 398 份，其中立案庭法官 110 份，民庭、研究室、基层法庭法官 153 份，律师 135 份。委托调查的对象包括：两个高级法院的立案庭、民庭、研究室法官；河北的三个中级法院、六个基层法院的立案庭、民庭、研究室法官和近十家律师事务所；江苏、浙江的四个中级法院、六个基层法院的立案庭、民庭、研究室和基层法庭法官以及十多家律师事务所。此外，委托律师对打过民事官司的当事人的进行问卷调查，回收有效问卷 50 份。笔者还与一些法官、律师进行了单独交流。第三阶段：数据统计。笔者收回全部问卷后，进行了统计，得出了具体的统计数据，以下将主要方面进行归类分析。

（二）关于起诉难（立案难）

（1）普通案件起诉难的问题并不突出，起诉难的问题主要存在于新型疑难、敏感案件、群体性纠纷案件。

对于“是否存在起诉难（立案难）”，问卷调查结果如下：一是直接调查，在职法律硕士的法官和其他法律人认为不难的比例分别为35.5%、15.8%；认为比较难的比例分别为6.5%、35.1%；没有法官认为难，其他法律人认为难的比例8.8%；认为普通案件不难、新型疑难、敏感、群体性案件起诉难的比例分别为58.0%、40.3%。法官认为普通案件不难占93.5%，特殊类型案件起诉难占58%；而其他法律人有43.9%认为比较难或难，有40.3%认为特殊类型案件起诉难。二是委托调查，三级法院的立案庭法官和民庭、研究室、基层法庭的法官以及律师认为不难的比例分别为36.4%、48.4%、19.2%；认为比较难的比例分别为4.5%、5.2%、20.0%；认为难的比例分别为1.8%、2.0%、8.9%；认为普通案件不难、新型疑难、敏感、群体性案件起诉难的比例分别为57.3%、44.4%、51.9%。立案庭法官和民庭、研究室、基层法庭的法官认为普通案件不难分别占93.7%、92.8%，特殊类型案件起诉难分别占57.3%、44.4%；而律师有28.9%认为比较难或难，有51.9%认为特殊类型案件起诉难。三是委托律师对打过民事官司的50个当事人的问卷调查显示，32.0%认为不难；42.0%认为比较难；26.0%认为难。

由上述调查结果可以看出，立案庭、民庭、研究室等法院的审判人员与律师、其他法律人、打过官司的当事人对起诉难（立案难）的认知有重大差异，法官普遍认为不难但半数左右承认特殊案件存在起诉难，而后者有较大比例认为仍存在起诉难的问题。这可能因为法官与其他法律人、当事人的身份差异和对起诉难的感知状况。由于笔者为了区分案件类型在单项选择题中设置了普通案件不难、新型疑难和敏感案件以及群体性案件起诉难，选择此项的比例较高。我国当事人的起诉权的行使是难还是易抑或是一般，综合上述的调查结果，可以看出：普通案件起诉难的问题并不突出，起诉难的问题主要存在于新型疑难、敏感和群体性案件。

（2）是否存在法院年底立案难？

为保证结案率，是否存在年底立案难？一是直接调查，法官和其他法律人选择“是”的比例分别为48.4%、42.1%；选择“否”的比例分别为

22.6%、8.8%；选择"无关紧要"的比例分别为16.1%、3.5%；选择"不清楚"的比例分别为12.9%、45.6%。二是委托调查，立案庭法官和民庭、研究室、基层法庭的法官以及律师选择"是"的比例分别为40.9%、45.7%、67.4%；选择"否"的比例分别为47.3%、38.6%、14.8%；选择"无关紧要"的比例分别为8.2%、7.2%、12.6%；选择"不清楚"的比例分别为3.6%、8.5%、5.2%。

调查结果显示，年底立案难仍在一定程度上存在。年底立案难的原因主要是追求结案率，这在一定程度上造成了当事人接近司法、接近正义的迟延，虽有可能造成民事纠纷不能及时解决酿成矛盾升级，但由于我国民俗重视春节，一般双方当事人为了吉祥、平安，会保持克制。另外，与院领导的重视程度有关，领导重视结案率就难，不重视则不难。

(3) 起诉难（立案难）的原因。

该多项选择题的问卷调查显示，起诉难（立案难）的原因由高到低依次为：有的纠纷法律没有明确规定，界定不清或难以界定；司法政策要求严格依法审查，审慎立案；审查立案的标准和尺度各个法院之间和同一法院的不同时期不统一；法院和法官将部分社会矛盾和纠纷让位于行政权解决；法律规定的起诉条件过高；司法权过弱；受有关部门或领导干预；极少数立案法官素质不高；结案率的限制；法院内部管辖分工给立案增加难度；当事人法律知识欠缺，诉讼能力较差。

(三) 关于把好受理关（立案关）

(1) 是否赞同把好受理关（立案关）？

是否赞同把好受理关或立案关？一是直接调查，法官和其他法律人选择"赞同"的比例分别为64.5%、14.1%；选择"不赞同"的比例分别为3.2%、29.8%；选择"区别对待（普通案件都应当立案，新类型疑难、群体性、敏感性案件应审慎立案）"的比例分别为32.3%、56.1%。二是委托调查，立案庭法官和民庭、研究室、基层法庭法官以及律师选择"赞同"的比例分别为52.7%、50.4%、16.3%；选择"不赞同"的比例分别为2.7%、6.5%、31.8%；选择"区别对待"的比例分别为44.6%、43.1%、51.9%。

调查结果显示，半数以上的法官赞同把好立案关，有四成左右的法官认为应区别对待即普通案件都应立案、特殊类型案件审慎立案；83.7%的律师不赞成把好立案关，其中51.9%的律师认为特殊类型案件应审慎立

案。调研中发现,对于是否把好立案关,法官往往存在矛盾、纠结的心理。作为职业法官,明知保护诉权和实体权益是第一要务,但是有些纠纷属于敏感案件,有些属于新类型疑难案件,有些属于群体性纠纷,有的是滥诉,有的当事人有背景,有的受地方保护主义的牵制,有的立案后带来后遗症如涉诉信访、缠访,法院的司法能力有限、司法资源欠缺,不只是案多人少的矛盾,更多的是面临审判的风险,所以立案审查制具有现实必要性和合理性,将有些难缠、棘手的案件拒之门外,实属无奈之举。法院的收费主要靠民商事案件和执行案件,一、二审都要收,并且按照诉讼标的额的比例收费。在当地财政比较困难的情况下,法院的经费保障主要依靠诉讼费用,尽管实行收支两条线,但财政要返还绝大部分甚至全部的诉讼费用,因此民商事案件与法院的利益是有密切关系的。司法对仲裁是支持和监督关系,但二者在合同纠纷和其他财产权益纠纷方面构成利益竞争关系。法院和法官受利益驱动,愿意多收民商事案件,既有经济利益,又通过行使审判权与社会各方面产生千丝万缕的联系,形成关系网络和积累人脉资源。法院把好民商事案件的受理关、实行审慎立案的司法政策,有难言之隐,往往是不得已而为之。律师是维权的法律工作者,尽管了解司法环境和法院的难处,但认为法院应将保护诉权放在第一位,维护公平正义,反对立案人员人为地设置障碍、刁难当事人。我国民事诉讼法规定的起诉条件过高,对所有的案件实行"一刀切"的立案审查,不合理。无论是法官还是律师持"区别对待"观点的比例较高,认为普通案件都应当立案,几种特殊的案件(新型疑难、敏感、群体性案件)应审慎立案。

(2) 法院把好受理关(立案关)的原因。

该多项选择题的调查结果显示,法院把好受理关(立案关)的原因依次为:有的纠纷不属于法院主管或属于主管范围但法院不能独立解决;有的纠纷涉及政治性、政策性、社会性问题;审慎立案的司法政策;法院规避和降低审判风险;司法资源欠缺;司法能力有限;有的纠纷即使依法判决后难以执行甚至不能执行;立法滞后或过于原则。

(3) 是否赞成通过司法解释和法院内部文件规定一些案件不予受理?

是否赞成通过司法解释和法院内部文件规定一些案件不予受理?一是直接调查,法官和其他法律人选择"赞同"的比例分别为54.8%、

35.1%；选择"不赞同"的比例分别为45.2%、64.9%。二是委托调查，立案庭法官和民庭、研究室、基层法庭法官以及律师选择"赞同"的比例分别为70.9%、61.4%、21.5%；选择"不赞同"的比例分别为29.1%、38.6%、78.5%。

不论是立案庭的法官还是民庭、研究室、基层法庭的法官，有一定的比例不赞成通过司法解释和法院内部文件规定对一些案件不予受理。有的法官认为，只要符合民事诉讼法规定的起诉条件法院就应当依法受理，不应再通过司法解释更不应通过内部文件规定对某些案件不予受理，否则侵犯或剥夺了当事人的起诉权。有的法官认为，通过司法解释或法院内部文件规定不予受理，在现实中对法院和法官具有保护功能。某主管立案的领导认为，法律的生命力在于它对社会的调节功能和实质的公平正义，当前一些涉及特殊群体或衍生于特殊背景下的纠纷，不但要考虑法律，还要考虑政策。尤其是胡锦涛总书记提出"党的事业至上、人民利益至上、宪法法律至上"的指导思想，最高人民法院王胜俊院长提出法官既要做政治家，又要做法律家。在中国目前的环境下，法官首先要讲政治。因此，法院采取审慎立案的司法政策，将敏感案件等法院难以处理的案件拒之门外，通常采取口头告知不予受理的方式，即使出具裁定后当事人上诉后上一级法院一般也持相同的观点，站在同一立场，维持原裁定。法院这样做是有苦衷的，往往力不从心。有的法官告诉笔者，法院内部文件规定的不予受理比司法解释更多，其把好立案关的要求更具体、力度更大。

有的律师认为，司法解释虽然规定了对一些案件不予受理，但也规定了对一些案件应当受理，赞成通过司法解释或者法院内部文件对法律没有明确规定或界定不清或难以界定的纠纷规定应当受理。有的认为司法解释和法院内部文件规定对一些案件不予受理，一定程度上可以减少缠诉、上访。有的赞同通过司法解释规定不予受理。

（四）法院立案审查工作的现行状况

1. 当事人和律师对立案审查工作的满意程度

一是直接调查，法官和其他法律人选择"满意"的比例分别为16.2%、1.7%；选择"比较满意"的比例分别为70.9%、50.8%；选择"不满意"的比例分别为12.9%、40.5%；选择"很不满意"的比例分别为0、7.0%。二是委托调查，立案庭法官和民庭、研究室、基层法庭法官以及律

师、打过官司的当事人选择“满意”的比例分别为14.5%、28.1%、8.9%、6.0%；选择“比较满意”的比例分别为75.4%、62.8%、58.5%、48.0%；选择“不满意”的比例分别为8.3%、9.1%、29.9%、36.0%；选择“很不满意”的比例分别为1.8%、0、2.7%、10.0%。法官认为当事人和律师对法院立案审查工作满意度较高，而当事人、律师和其他法律人的满意度相对较低一些。

2. 法院立案审查手续是否简便快捷

直接调查显示，法官和其他法律人选择“简便快捷”的比例分别为45.1%、12.3%；选择“一般、还能接受”的比例分别为45.2%、70.2%；选择“繁琐拖延”的比例分别为9.7%、17.5%。委托调查显示，立案庭法官和民庭、研究室、基层法庭法官以及律师、打过官司的当事人选择“简便快捷”的比例分别为40.0%、51.6%、14.8%、12.0%；选择“一般、还能接受”的比例分别为57.3%、43.6%、63.7%、68.0%；选择“繁琐拖延”的比例分别为2.7%、4.8%、21.5%、20.0%。结果显示，绝大多数认为立案审查手续或简便快捷或还能接受。

3. 法院不予受理但不出具裁定书

一是直接调查，法官和其他法律人选择“普遍”的比例分别为16.1%、19.3%；选择“比较普遍”的比例分别为42.0%、45.6%；选择“比较少”的比例分别为29.0%、22.8%；选择“很少”的比例分别为12.9%、12.3%；选择“没有”的比例分别为6.4%、1.7%。二是委托调查，立案庭法官和民庭、研究室、基层法庭法官以及律师选择“普遍”的比例分别为6.4%、6.5%、26.6%；选择“比较普遍”的比例分别为31.8%、38.7%、46.7%；选择“比较少”的比例分别为29.1%、22.2%、20.0%；选择“很少”的比例分别为23.6%、17.6%、5.2%；选择“没有”的比例分别为9.1%、15.0%、1.5%。

从调查结果看，法院不予受理但不出具裁定书的情况比较普遍。本章第一部分几个法院的数据也显示，法院极少出具不予受理裁定书。调研显示主要有以下几种情形：立案人员口头告知不符合起诉的某个条件而拒收或退回诉状，不出具书面裁定；立案人员既不口头告知不予受理，也不下裁定，只是说要请示；口头告知不予受理，但补正材料或符合立案条件后，又立了案；口头告知不予受理，但找人后又立了案；对于敏感、新型疑难、群体性案件，口头告知不予受理，当事人找人后往往也很难立案。

4. 法院不受理且拒发裁定的解决措施

这是一道多项选择题。选择“向受诉法院的上一级法院或有关部门申诉”,法官和其他法律人的比例分别为54.8%、49.1%;立案庭法官和民庭、研究室、基层法庭法官以及律师的比例分别为50.9%、51.0%、54.8%。选择“可以向受诉法院的上一级法院起诉,符合起诉条件的,上级法院可自行审理,也可移交或指定下级法院审理”,法官和其他法律人的比例分别为35.5%、31.6%;立案庭法官和民庭、研究室、基层法庭法官以及律师的比例分别为59.1%、45.1%、45.2%。选择“应受理而未受理的,追究怠于履行职责的立案人员的纪律责任、行政责任”,法官和其他法律人的比例分别为35.5%、33.3%;立案庭法官和民庭、研究室、基层法庭法官以及律师的的比例分别为29.1%、35.3%、45.9%。调查结果表明,法律职业人对于不予受理而拒发裁定的上述三种解决措施有近半数持赞成的观点。《人民法院审判纪律处分办法(试行)》第22条规定:“违反法律规定,擅自对应当受理的案件不予受理,或者对不应当受理的案件违法受理,给予警告至记大过处分。私自受理案件的,给予记大过至撤职处分。因过失致使依法应当受理的案件未予受理,或者对不应当受理的案件违法受理,造成严重后果的,给予警告至记大过处分。”既规定了应当受理而未予受理的纪律责任,又规定了不应当受理而违法受理的纪律责任,后者一定程度上导致了立案人员审慎立案,体现了法院把好受理关的司法政策,不利于保护当事人的起诉权。

法院不予受理但没有作出裁定,原告无法上诉,会选择什么途径继续解决?实践中主要有三种方法:原告找熟人帮助立上案;向法院领导反映,要求立案;向有关部门、领导上访。

对于立案人员拒发裁定的,法律和司法解释可以规定哪些监督措施?归纳调查的一些法官、检察官、律师的建议,有以下几种:(1)原告向院领导或主管领导反映,并建立专门监督机制定期检查;(2)原告向受诉法院或上一级法院申诉;(3)由受诉法院的审判监督庭处理;(4)原告向人大反映,由人大审查,符合起诉条件的,责令法院立案;(5)原告向人大反映,由检察院监督;(6)原告向纪检部门或政法委反映;(7)应当受理而未受理,追究立案人员责任,并列入年终业绩考评。笔者认为,一是赋予原告对拒发裁定的救济权利,即对于口头告知不予受理、拒发裁定的,赋予当事人向受诉法院申请复议的权利,如果作出的复议决定仍是不予受理，应当出具不予受理裁定书，当事人不服的，可以向上一级法院上诉；二是构建立案的检察监督制度；三是强化法院内部的立案监督。

（五）对现行起诉与受理制度的评价及如何改革与完善

1. 对法院“立审分立”的改革与强化立案审判工作的评价

一是直接调查，法官和其他法律人这两类人的结果是，选择“成功”的比例分别为25.8%、12.3%；选择“比较成功”的比例分别为58.1%、50.9%；选择“失败”的比例分别为6.5%、7.0%；选择“说不清楚”的比例分别为9.6%、29.8%。二是委托调查，立案庭法官和民庭、研究室、基层法庭法官以及律师选择“成功”的比例分别为15.5%、20.7%、10.4%；选择“比较成功”的比例分别为69.1%、59.5%、53.3%；选择“失败”的比例分别为5.4%、6.5%、7.4%；选择“说不清楚”的比例分别为10.0%、13.3%、28.9%。调查结果表明，法官、律师和其他法律人对“立案分立”的改革和强化立案审判工作大多数认为是比较成功的，法官的比例更高一些。各级法院建立立案大厅，推行公开立案、统一立案，立案工作实现专业化，实行“大立案”，克服立审不分产生的问题，便于当事人行使诉权。笔者认为，设置立案大厅还有一个作用，作为对外受理案件和接收诉讼资料的窗口，有助于维护法院审判庭的诉讼秩序和法院正常的工作秩序。

2. 采用何种立案审查模式

选择“由立案庭对一审民事案件统一审查立案”，法官和其他法律人的比例分别为35.5%、31.6%；立案庭法官和民庭、研究室、基层法庭法官以及律师的比例分别为67.3%、50.3%、40.7%。选择“以立案庭审查立案为主（普通的一审民事案件），新类型、疑难、群体性、敏感案件由立案庭登记后移送相关民庭审查立案”，法官和其他法律人的比例分别为38.7%、43.9%；立案庭法官和民庭、研究室、基层法庭法官以及律师的比例分别为30.0%、35.9%、41.5%。选择“所有的一审民事案件由立案庭登记后移送相关民庭审查立案”，法官和其他法律人的比例分别为25.8%、24.5%；立案庭法官和民庭、研究室、基层法庭法官以及律师的比例分别为2.7%、13.8%、17.8%。对于这三种立案审查模式，法官、律师和其他法律人大多数赞成采用前两种模式，较少赞成采用第三种模式。

立审分立是法院司法改革的重要成果。《关于人民法院立案工作的

暂行规定》(法发〔1997〕7号),确立了立审分立原则。立案审查模式提出的背景是:从各地法院反映的情况看,在立案庭和民事审判庭的业务分工方面,还存在某些职能划分不明确、不统一,少数案件流转不顺畅的问题。为此,必须进一步明确民事审判庭和立案庭的职能分工:一是在受理审查和案件移转方面,可以采用立案庭审查立案和立案庭登记后由相关民事审判庭立案两种方式。对于知识产权案件的诉前禁令和诉前证据保全的审查、涉外和涉港澳台商事案件的诉前保全、涉外仲裁的司法审查、企业破产案件,立案庭应只做登记,审查工作交由相关民事审判庭完成。二是在管辖权争议案件的办理上,要实行立案庭统一办理和统一监督制度。三是管辖权异议案件,要根据当事人提出异议的时间,确定由相应业务庭办理。在立案阶段提出管辖异议的,由立案庭办理;在案件移交到民事审判庭提出的,由民事审判庭办理。当事人就管辖异议裁定提出上诉的,由上级法院对口业务庭办理。四是在案件审理过程中,当事人申请财产保全、证据保全和申请续保,由各民事审判庭根据案件审理情况和需要,依法裁决。五是在民事案件审理前准备工作方面,一些地方法院进行了工作试点,在立案阶段开展了指导当事人举证,进行证据交换、固定与排除等不属于案件审理方面的工作,取得了一定的效果。但更为深入的审前准备工作,如整理案件争议焦点、调查证据等,应当由民事审判庭负责。①

3. 是否赞成立案调解

法官和其他法律人选择“赞同”的比例分别为80.6%、75.4%;选择“不赞同”的比例分别为19.4%、24.6%。立案庭法官和民庭、研究室、基层法庭法官以及律师选择“赞同”的比例分别为76.4%、70.6%、62.2%;选择“不赞同”的比例分别为23.6%、29.4%、37.8%。不论是法官还是律师、其他法律人,大多数赞成立案调解,但也有一部分持否定的观点。

立案调解这一概念,是最高人民法院在2005年全国法院立案审判工作座谈会上明确提出来的。在此之前,已经有一些法院开展了立案调解工作。苏泽林同志指出,从各地开展立案调解的模式看,有“调裁结合,先

① 曹建明:《当前民事审判工作中的若干问题——在第七次全国民事审判工作会议上的讲话》(2007年1月5日),载奚晓明主编:《民商事审判指导》(2007年第1辑),人民法院出版社2007年版,第30—31页。

调后裁"、"只调不裁"、"诉前调解"三种模式。推行立案调解的障碍主要还是思想认识不到位,如有的片面理解立审分立原则,认为立案调解是新的调审不分,没有将立案庭定位于审判业务庭,曲解了立审分立的本意;有的认为,立案调解减半收取当事人的诉讼费用,减少了法院的诉讼费收入;还有的认为,法院整体的案件数量不多,没有开展立案调解的必要。我们认为,这些观点都不符合人民法院"公正与效率"主题的要求,没有从民商事审判工作的规律出发,也不符合构建和谐社会的要求,是不可取的。为此,各级法院特别是中基层法院,要按照最高法院大力强化诉讼调解的要求,全面推行立案调解工作,充分发挥调解职能作用,及早化解诉讼矛盾,整体提高审判效率,促进社会和谐稳定。① 曹建明同志指出,关于立案环节进行调解的问题,目前各级法院都有一些争论,认为调解属于审判业务,只能由民事审判庭进行;立案庭只应审查立案,不能搞案件调解。对这个问题,最高人民法院的态度是明确的:应当将司法调解贯彻于民事诉讼全过程。立案调解、庭前调解、审理过程中调解、判决送达前调解都是司法调解的重要组成部分,在各个阶段都应当贯彻"能调则调,当判则判,调判结合,案结事了"的原则和要求,充分发挥调解具有的调处矛盾、定纷止争的优势,最大限度地增加和谐因素,最大限度地减少不和谐因素,不断促进社会和谐。② 调研中,一些立案庭法官认为,立案庭与法院的民庭等业务庭相比,地位和权力要差很多。笔者认为,推行立审分立后,立案庭也逐步扩大了自己的职能,例如将立案工作改为立案审判工作,赋予受理审查、审判管理、审判监督三项职能,此外还负责涉诉信访案件的审查。苏泽林同志要求各级法院立案机构强化"四项业务"(案件受理审查业务、诉讼管辖审判业务、再审立案审查业务、立案先行调解业务),规范"两个程序"(申诉和申请再审案件的审查处理程序),突出审判

① 苏泽林:《在全国法院立案审判实务座谈会上的讲话》(2006 年 11 月 21 日),载苏泽林主编:《立案工作指导》(2006 年第 2 辑),人民法院出版社 2007 年版,第 12 页。另外,该书第 216—228 页刊登了立案调解调研组:《关于立案调解制度的调研报告》(最高人民法院立案庭 2006 年重点调研报告)。

② 曹建明:《当前民事审判工作中的若干问题——在第七次全国民事审判工作会议上的讲话》(2007 年 1 月 5 日),载奚晓明主编:《民商事审判指导》(2007 年第 1 辑),人民法院出版社 2007 年版,第 31 页。

职能，大力强化立案机构的审判业务建设。①

4. 对现行立案审查制度的评价

此题为多选题。选择"符合中国国情，具有现实合理性"，法官和其他法律人的比例分别为41.9%、28.1%；立案庭法官、民庭和研究室以及基层法庭法官、律师的比例分别为58.2%、62.1%、17.8%。选择"能避免不当立案，具有过滤功能，防止滥诉"，法官和其他法律人的比例分别为48.4%、28.1%；立案庭法官、民庭和研究室以及基层法庭法官、律师的比例分别为58.2%、51.6%、25.9%。选择"起诉条件过高，不利于保障当事人诉权"，法官和其他法律人的比例分别为6.5%、26.3%；立案庭法官、民庭和研究室以及基层法庭法官、律师的比例分别为6.4%、9.2%、40.7%。选择"不应当进行实体审查，应只进行形式审查"，法官和其他法律人的比例分别为41.9%、45.6%；立案庭法官、民庭和研究室以及基层法庭法官、律师的比例分别为41.8%、28.1%、77.0%。大多数法官认为现行立案审查制度符合中国国情，具有现实合理性，能避免不当立案，防止滥诉。但也有部分法官认为起诉条件过高，不利于保障当事人诉权，不应当进行实体审查，只进行形式审查。律师一般认为起诉条件过高，不利于保障当事人诉权，不应当进行实体审查，只进行形式审查，但也有部分律师认为现行立案审查制度符合中国国情，具有现实合理性，具有防止滥诉的功能。

5. 如何改革与完善起诉与受理制度

选择"维持现行的立案审查制度不变"，法官和其他法律人的比例分别为6.4%、1.7%；立案庭法官、民庭和研究室以及基层法庭法官、律师的比例分别为5.5%、9.8%、0.7%。选择"激进式改革，即用立案登记制取代立案审查制"，法官和其他法律人的比例分别为3.2%、8.8%；立案庭法官、民庭和研究室以及基层法庭法官、律师的比例分别为4.5%、5.9%、11.1%。选择"渐进式改良，即改革和完善现行的立案审查制，降低起诉条件"，法官和其他法律人的比例分别为41.9%、50.9%；立案庭法官、民庭和研究室以及基层法庭法官、律师的比例分别为49.1%、49.0%、30.4%。选择"以立案登记制为原则（即民事案由规定的案件），

① 苏泽林：《在全国法院立案审判工作座谈会上的讲话》（2005年11月2日），载苏泽林主编：《立案工作指导》（2005年第2辑），人民法院出版社2006年版，第17—18页。

以立案审查制为补充（适用于新类型、疑难、群体性、敏感案件）”，法官和其他法律人的比例分别为48.5%、38.6%；立案庭法官、民庭和研究室以及基层法庭法官、律师的比例分别为40.9%、35.3%、57.8%。调查结果显示，不论是律师还是法官，少数主张维持现行的立案审查制度不变或者采取激进式改革，但是有四成多的法官和近六成的律师赞成以立案登记制为原则、以立案审查制为补充。此外，有较高比例的法官和律师赞成渐进式改良，即改革与完善现行的立案审查制度，降低起诉条件。

四、民事案件起诉难的类型化分析

《民事案件案由规定》中的案件类型，笔者称之为普通民事案件，起诉难问题不太突出，但也不容小视。本章第一部分全国法院司法统计公报显示，近九年（2002—2010），民事一审案件驳回起诉案件的数量和驳回起诉率，大体均衡，年均驳回起诉的数量是61013件，年均驳回起诉率是1.25%，其中婚姻家庭、继承纠纷分别为5143件、0.41%，合同纠纷分别为39587件、1.55%，权属、侵权纠纷分别为16283件、1.54%（见图表7—14）。从上述统计数字看，在审结的一审民事案件中法院作出裁定驳回起诉的，年均六万多件，意味着过了受理关（立案关）仍有六万多件案件再次被法院拒之门外，那么不予受理的案件的数量可能更庞大。起诉难（立案难）主要存在于新类型、疑难民事案件、群体性纠纷案件和敏感民事案件，下面简要分析。

（一）关于新类型、疑难民事案件的起诉难问题

新类型案件的受理是法院立案工作面临的永恒课题，关系到当事人的起诉权保护及如何防止当事人滥用起诉权问题，亦关系到法院立案审判职能的发挥。苏泽林同志指出，应当坚持新类型案件请示原则。对于法律和司法解释没有明确规定受理的新类型案件，应逐级请示，以统一法律适用，避免各行其是，草率收案，造成工作被动。并分析了物业诉讼、农村土地补偿和集体收益分配诉讼、劳动争议和人事争议诉讼、教育类纠纷

诉讼、公益诉讼、公司诉讼等六类新类型案件的受理问题。①

所谓新类型案件，是指随着经济社会的发展出现的法律和司法解释暂无明文规定的民事纠纷案件。改革开放三十多年来，经济快速发展，社会加速转型，立法机关相继制定了许多新法律，并不断地适时修改，同时最高人民法院出台了许多司法解释并不断修改，因此新类型案件是一个相对的概念。例如，1983 年的《最高人民法院工作报告》指出，涉外民事案件已出现。1988 年工作报告指出，建议国家早日制定有关民间借贷的法规，对借而不还的规定恰当的制裁措施，把民间借贷纳入法制轨道；著作权、肖像权、名誉权等纠纷已不断起诉到法院，这些纠纷往往很复杂，而有关的法律还在制定中。各级法院依照民法通则规定的原则，努力保护当事人的合法权益；随着经济体制改革的深化，经济纠纷的种类愈来愈多；随着对外开放的发展，涉外经济纠纷案件和海事、海商案件也在增多。1991 年工作报告指出，依法审结了一些名誉权、肖像权、姓名权、著作权等新类型案件。1994 年工作报告指出，依法受理了一批在深化改革、扩大开放中出现的新类型金融纠纷案件。1996 年工作报告指出，新类型案件不断出现。随着法律的陆续修订与新法律的颁布施行，人民法院受理案件的范围不断扩大，增加了期货、票据、企业权属、不正当竞争、房地产开发经营等方面的案件。1998 年工作报告指出，新类型案件不断出现，且涉及一些新的经济范畴和高新科技领域。2002 年工作报告指出，根据修改后的专利法、著作权法和商标法，最高人民法院及时制定相关司法解释，为审理集成电路布图设计、植物新品种等新类型案件提供了具体依据。

2006 年，最高人民法院立案庭成立的新类型案件受理问题调研组经过调研，认为各法院普遍存在的新类型案件主要有：(1) 新公司法实施后出现的新类型案件，包括股东请求解散并清算公司之诉；股东知情权纠纷案件；公司股东请求分红权的诉讼；关联主体之诉。② (2) 涉及房地产纠纷案件，主要集中在业主委员会主体资格、福利分房及集资建房、房屋拆

---

① 苏泽林：《在全国法院立案审判实务座谈会上的讲话》(2006 年 11 月 21 日)，载苏泽林主编：《立案工作指导》(2006 年第 2 辑)，人民法院出版社 2007 年版，第 9—11 页。

② 这些案件是否受理，《关于适用〈中华人民共和国公司法〉若干问题的规定(一)》(2006 年 4 月 28 日，法释〔2006〕3 号)和《关于适用〈中华人民共和国公司法〉若干问题的规定(二)》(2008 年 5 月 12 日，法释〔2008〕6 号)基本上作了规定。

迁、商品房中业主之间利益纠纷等案件。(3)劳动及人事争议案件受理问题。(4)涉农案件受理问题,主要是农村集体收益分配纠纷和农村改造中的权益纠纷。(5)公益诉讼与微利诉讼。(6)在本地区有代表性的新类型案件,如出版者、销售者侵犯著作权案件,以网络为载体的民事案件,"性福权"赔偿之诉,因地方性文件规定实施引起的侵权纠纷,等等。[①] 关于新型疑难民商事案件受理问题,最高人民法院立案庭法官列举了15种案件,笔者选取其中8种案件:(1)集体经济组织成员与集体经济组织之间的土地承包经营权纠纷,因成因比较复杂,不是一般意义上平等主体之间的民事权利义务纠纷,应当由有关部门解决,法院不予受理。(2)检察机关以保护国有资产和公共利益为由,以原告身份代表国家提起民事诉讼,没有法律依据,不应受理;如已受理,应当驳回起诉。(3)业主委员会属于"其他组织",有当事人能力,既有民事诉讼的原告资格,也有被告资格。(4)保存档案的企事业单位,违反关于妥善保存档案的法律规定,丢失他人档案的,应当承担相应的民事责任。档案关系人起诉请求补办档案、赔偿损失的,法院应当作为民事案件受理。[②] (5)国家机关非在编干部因清退发生的争议,其不属于法院受理劳动争议的范围,也不属于事业单位与其工作人员之间的人事争议,法院不予受理。(6)根据《公证法》第6条的规定,公证机构是依法设立,不以营利为目的,依法独立行使公证职能、承担民事责任的证明机构。据此,公证机构承担的是民事责任,而非行政责任,以公证机构行使职责(如实施证据保全行为)不当造成损失起诉的,不能以行政案件受理。(7)因借款人无力履行生效判决确定的偿还借款的义务,原告又基于借款人的开办单位未实际出资应承担民事责任而提起民事诉讼的,两案属于不同的诉讼主体、不同的法律事实、不同的法律关系,不属于重复起诉,法院应予受理。(8)当事人通过合同纠纷案件胜诉后,因判决未能执行,胜诉一方又向第三人提出侵权诉讼,不属于重复起诉,亦不属于请求权竞合,法院应当予以受理。[③]

---

① 新类型案件受理问题调研组:《新类型案件受理问题调研报告》(最高人民法院立案庭2006年重点调研报告),载苏泽林主编:《立案工作指导》(2006年第2辑),人民法院出版社2007年版,第197—215页。

② 姜启波等:《新型疑难民商事案件受理问题(上)》,载苏泽林主编:《立案工作指导》(2006年第1辑),人民法院出版社2006年版,第63—73页。

③ 阿依古丽等:《新型疑难民商事案件受理问题(下)》,载苏泽林主编:《立案工作指导》(2006年第2辑),人民法院出版社2007年版,第60—70页。

何谓疑难案件？首先要区分法律规则上的疑难案件与案件事实上的疑难案件。法律规则上的疑难案件是指因法律规则存有缺陷而使案件的处理存有争议的案件；而案件事实上的疑难案件则是指案件事实扑朔迷离，真相难以查清的案件。学者们讨论的疑难案件一般指法律规则上的疑难案件。例如，疑难案件是指在一定时期、一定范围的法律适用（案件具体事实已经查清）过程中人们没有较为普遍一致的意见的案件。[①] 疑难案件是指由于法律规则存在漏洞而不能统摄案件事实，以至于法官无法对案件做出裁断；或者是一些互不一致的规则都适用于同样的案件，使得法官无所适从；或者根本就没有法律可以适用的涉及重大的社会、道德问题的案件。[②] 疑难案件是从已有的成文法中找不到现成答案或不能通过一般的逻辑推理方法解决的特别案件，它们往往表现为社会新出现的纠纷或极端复杂的、非典型的社会纠纷。[③] 德国当代著名的法哲学家阿列克西认为法律规则上的疑难案件的原因在于法律规则的四种局限：(1) 法律语言的模糊性；(2) 规范之间有可能发生冲突；(3) 可能存在这样的事实，即有些案件需要法律上的调整，但却没有任何事先有效的规范适合来用于调整；(4) 在特定案件中，所作出的裁判有可能背离规范的条文原义。[④] 由此可见，法律规则上的疑难案件与上述新类型案件大体相同，因此往往称为新型疑难案件，法院对于疑难案件采取的司法政策也是向上级请示、慎重受理。

当面对疑难案件的时候，不同的法官可能会采取不同的司法策略：一些法官会不拘泥于法律条文本身，在法律条文没有明文规定或者无先例可遵循时，借助于解释或推理的技术来进行创造性司法，化解法律的难题；而有的法官则显得比较保守，严格遵循已经确立的规则来办案，在遭遇疑难案件时，常以法律没有明文规定为由，不予受理或者驳回起诉。在这不同的策略背后，体现的是法官不同的司法哲学，前者是司法能动主

---

① 刘星：《疑难案件中法律适用的理论与实践》，载《比较法研究》1994 年第 3、4 期。

② 许国鹏：《论疑难案件中的法官角色——兼谈法律中的不确定性》，载《法学杂志》2005 年第 1 期。

③ 严存生：《“法在事中”——从疑难案件的法律解释想起的》，载陈金钊、谢晖主编：《法律方法》（第 2 卷），山东人民出版社 2003 年版，第 38 页。

④ 〔德〕罗伯特·阿列克西：《法律论证理论》，舒国滢译，中国法制出版社 2002 年版，第 2 页。

义,后者是司法消极主义或者称为司法克制主义。[1]

在我国的司法实践中,尤为强调有无法律的明文规定,对于疑难案件往往不予受理或者报请上级法院研究和答复,这不利于保护当事人的起诉权,造成当事人的起诉难。众所周知,成文法有其局限性。但《法国民法典》第 4 条规定:"审判员借口没有法律或法律不明确不完备而拒绝受理者,得依拒绝审判罪追诉之"。我国法律虽没有规定,但法院也不能以案件审理困难、于法无据为由而不受理案件。笔者认为法院应当受理疑难案件,这是因为:首先,社会急剧转型时期,容易发生各种各样的新奇案件,而立法机关很多情况下又不可能及时地做出反应,只有通过司法机关的创造性司法活动,才可以有效地解决纠纷化解社会冲突;其次,法官在个案中的创造性司法,可以为通过立法途径改革法律制度积累经验;再次,法院通过受理疑难案件有助于增强司法权威。正如德沃金所言:"我们之所以需要法官,就是为了解决最疑难、最不确定的纠纷。"[2]

(二)关于群体诉讼案件的起诉难问题

随着我国经济的快速发展,群体纠纷和群体诉讼案件的数量亦日益增多,群体诉讼成为近年来学界研究的热点和重点问题。鉴于群体诉讼是一个集合性、多义性的概念,其形式和内容比较复杂,内涵和外延不是十分明确,与共同诉讼、公益诉讼等的界限与关系还不够清晰,笔者结合学界的研究,将群体诉讼界定为:群体诉讼,是指具有共同或同类权益的一方当事人人数众多,且不能进行共同诉讼时,由该群体的代表人进行诉讼的一种当事人诉讼制度,是共同诉讼制度之外的具有解决群体性纠纷功能的诉讼方式的统称。

由于群体诉讼案件事关社会稳定和司法功能的实现,它不仅是敏感、复杂的法律问题,往往也是社会问题,而且为党委、人大、政府所瞩目。因此,分析法院应对群体诉讼案件的司法政策和策略,具有重要的现实意义。我国法院坚持慎重处理群体性纠纷的司法政策,尽可能地减少乃至不适用代表人诉讼制度,采取审慎立案、拆分案件等策略,其客观原因主

---

① 梁迎修:《寻求一种温和的司法能动主义——论疑难案件中法官的司法哲学》,载《河北法学》2008 年第 2 期。

② 〔美〕德沃金:《法律帝国》,李常青译,中国大百科全书出版社 1996 年版,第 1 页。

要是法院的司法资源欠缺和司法能力有限，主观原因主要是法院规避和降低审判风险，其目的是平息群体性纠纷、救济权利和维护稳定，因此与其说它是一种司法保守主义，不如说它是一种司法能动主义。[①] 笔者欲考察我国群体性纠纷的受理情况及其障碍，但通过查找文献资料和进行调查，难以获得所需的信息。以下简要进行考察和分析群体诉讼适用诉讼代表人制度的状况以及如何改革与完善。

我国现行立法规定的群体诉讼制度是代表人诉讼制度。对这一制度的评价主要有四种观点：一是认为它是一种融贯中西的成功范例，这是理论界的主流观点；二是在对代表人诉讼制度做出高度评价的同时，亦指出了其存在的不足；三是对我国《民事诉讼法》第 54 条和第 55 条确定的两种代表人诉讼分别给予了正评价和负评价；四是认为，我国代表人诉讼制度的规定比较粗糙，不能完全适应现实的需要，持这种观点的人主要在实务界。[②] 笔者认为，我国的代表人诉讼制度是在总结实践经验的基础上，立法者大胆借鉴英美的集团诉讼和日本的选定当事人制度，并结合中国国情加以改造，而确立了具有中国特色的两种代表人诉讼。尽管制度设计还存在比较粗糙等问题，但不能否定它，而应当坚持和完善。[③]

在我国，20 世纪 80 年代，尽管《民事诉讼法》（试行）没有规定代表人诉讼，对于司法实践中的群体性纠纷，一些法院探索运用群体诉讼的机理予以解决，态度是比较积极的。1991 年《民事诉讼法》确立了代表人诉讼制度，最高人民法院在 1992 年发布的《民诉意见》第 59—64 条细化了代表人诉讼的操作规则。此后，最高法院尽管多次强调慎重处理群体诉讼的方针，但并没有就群体诉讼或代表人诉讼制定和发布具体的司法解释。进入 21 世纪后，最高人民法院对于处理群体诉讼的司法政策在两个司法解释中得到充分的体现。2002 年 1 月 15 日最高人民法院发布的《关于受理证券市场因虚假陈述引发的民事侵权纠纷案件有关问题的通知》规定："对于虚假陈述民事赔偿案件，人民法院应当采取单独或者共同诉讼

① 柯阳友：《群体诉讼的界定及法院应对的司法政策与策略》，载《山东警察学院学报》2008 年第 5 期。

② 参见章武生、杨严炎：《我国群体诉讼的立法与司法实践》，载《法学研究》2007 年第 2 期。

③ 江伟教授主持的专家建议稿提出了具体的修改建议，参见江伟主编：《民事诉讼法典专家修改建议稿及立法理由》，法律出版社 2008 年版，在第五章"诉讼参加人"中分三节规定了人数确定的代表人诉讼、人数不确定的代表人诉讼、公益诉讼代表人。

的形式予以受理,不宜以集团诉讼的形式受理。”这里的集团诉讼,就是指《民事诉讼法》第55条所规定的人数不确定的代表人诉讼。这就等于排除了该条确立的代表人诉讼的适用。原最高人民法院副院长李国光作了这样的解释:“尽管采取单独诉讼和共同诉讼这两种诉讼方式,很可能使受诉人民法院审判任务相应增加,但因单独诉讼(包括共同诉讼)参与人相对固定、案情相对简单,赔偿责任和赔偿数额较易确定,故而是可行的。至于集团诉讼,由于诉讼参与人数可能众多,情况会很复杂。特别是各个当事人买入、卖出股票的时间、数量、价位均会有所不同,目前难以通过集团诉讼的方式来解决。同时,以集团诉讼的方式处理也容易影响审判工作顺利进行,对证券市场秩序和社会的稳定易产生较大影响。”①最高人民法院2005年12月30日发布的《关于人民法院受理共同诉讼案件问题的通知》第1条规定:“当事人一方或双方人数众多的共同诉讼,依法由基层人民法院受理。受理法院认为不宜作为共同诉讼受理的,可分别受理。”该司法解释在进一步明确《民事诉讼法》第54条属于共同诉讼性质的同时,回避了代表人诉讼的内容,而规定这类案件既可以共同诉讼受理,亦可分别受理,使代表人诉讼进一步受到冷落。② 该司法解释的主要起草人之一纪敏法官是这样解释的:规定一方或双方当事人人数众多的共同诉讼由基层人民法院依法受理,将矛盾消化在基层,将可能形成的群体性突发事件消灭在萌芽状态,为和谐社会的构建提供及时、有力的司法保障。③

笔者查阅了1978年至2011年的最高人民法院工作报告,只有三次报告涉及群体诉讼问题。1998年报告中指出:“在企业改组、联合、兼并、出售等过程中,劳动者与用人单位之间因劳动关系的建立、变更和解除而

---

① 最高人民法院副院长李国光就《关于受理证券市场因虚假陈述引发的民事侵权纠纷案件有关问题的通知》答记者问。http://www.la-ib.com/fzdt/newshtml/21/20050710211322.htm,发布日期2002-1-25,下载日期2008-6-22。

② 全国人民代表大会常务委员会法制工作委员会编:《中华人民共和国民事诉讼法释义》,法律出版社2007年版,第73、76、78页中分别认为第53条是关于共同诉讼的规定、第54条是关于人数众多且确定的共同诉讼的规定、第55条是对人数不确定的涉及多数人权益的共同诉讼的规定。对第54条、第55条的性质认为都是共同诉讼,而没有明确承认是代表人诉讼或者群体诉讼、集团诉讼。

③ 纪敏:《改革民事共同诉讼案件受理方式 发挥人民法院在构建和谐社会中的保障作用》,载苏泽林主编:《立案工作指导》(2006年第1辑),人民法院出版社2006年版,第24页。

产生的劳动争议特别是集团诉讼的劳动争议案件增多。"[1]1999 年报告中指出:"依法妥善处理各类群体性集团诉讼案件。最高人民法院和地方各级人民法院审理这类案件既坚持严肃执法,又及时妥善处理,防止矛盾激化。去年,全国法院审结了一大批有重大社会影响的群体性集团诉讼案件,对化解社会矛盾,促进社会稳定起了积极作用。"[2]2005 年报告中指出:"去年,民事审判一个重要特点是,集团诉讼和群体性诉讼呈上升趋势,全年共审结 538941 件,上升 9.5%。"[3]

有法官在 2002 年撰文指出,考察十年来的司法实践,代表人诉讼这种诉讼形式很少被援用,甚至有立法资源被浪费之嫌。[4] 从目前我国处理群体纠纷的司法实践情况来看,《民事诉讼法》第 54 条确立的人数确定的代表人诉讼在一些法院仍有不同程度的适用,但在适用的数量上明显呈下降趋势,在一些发达地区和中心城市,代表人诉讼基本上已经销声匿迹。而《民事诉讼法》第 55 条确立的人数不确定的代表人诉讼在我国司法实践中更是难觅踪影。总体而言,在对待群体纠纷案件时,大部分法院并没有积极地适用法律规定的代表人诉讼,而是根据自己的情况和理解采取比较灵活的方式来处理。[5] 目前我国法院群体诉讼案件的处理方式主要有以下几种:(1) 单独立案、合并审理(包括所有案件合并在一起审理或分期分批审理)。这是目前运用最多的方式,许多法院将此类案件称之为"系列案件"。(2) 单独立案、分案审理。(3) 示范性诉讼。我国尽管缺乏示范性诉讼的法律规定或理论,但法院在处理群体纠纷的实践中,也摸索出了一套国外示范性诉讼的做法,并在劳动争议、业主与开发商、业主与物业公司之间的争议、小股东与公司或控股股东等诉讼中被广泛运用。一个案件的开庭,具有类似情况的潜在诉讼当事人或者已经起诉的类似案件的当事人都会到庭旁听庭审,在他们对案件的胜负已经有

---

① 任建新:《最高人民法院工作报告》(1998 年 3 月 10 日),载《中华人民共和国全国人民代表大会常务委员会公报》1998 年第 1 号,第 84 页。

② 肖扬:《最高人民法院工作报告》(1999 年 3 月 10 日),载《中华人民共和国全国人民代表大会常务委员会公报》1999 年第 2 号,第 180 页。

③ 肖扬:《最高人民法院工作报告》(2005 年 3 月 9 日),载《中华人民共和国最高人民法院公报》2005 年第 4 期。

④ 王忠山、伍红:《我国代表人诉讼制度面临的困境及其改革对策》,载曹建明主编:《程序公正与诉讼制度改革》,人民法院出版社 2002 年版,第 422 页。

⑤ 章武生、杨严炎:《我国群体诉讼的立法与司法实践》,载《法学研究》2007 年第 2 期。

相当预期的情况下，通过法官的协调（包括一定程度上对案件法律观点的开示），包括开庭案件当事人在内的绝大多数会选择与对方达成和解或者调解。(4) 合一立案，合并审理。这类案件主要是当事人之间属于必要共同诉讼关系、人数众多达到了司法解释所设定的标准（10 人以上）而归入群体诉讼的范畴，属于普通共同诉讼关系的案件相对比较少。(5) 代表人诉讼。这是我国民事诉讼法确立的处理群体纠纷的诉讼形式。第 54 条的人数确定的代表人诉讼在大部分法院还在不同程度地被适用，但第 55 条的人数不确定的代表人诉讼在司法实践中基本上是难觅踪影。在司法实务中，以上这些处理形式之间又存在一定程度的交叉、融合和综合运用。[①]

法院的同志对于我国代表人诉讼的困境与出路进行了探讨。有的认为，困境有三个方面：良好的立法初衷和实践中代表人诉讼很少被援用的尴尬；代表人权限与本人诉权的理论冲突；裁判效力有限扩张性面临的困境。改革的对策包括：(1) 放宽代表人诉讼的适用条件。有共同的事实问题或法律问题就允许适用代表人诉讼制度。在涉及社会公共利益的代表人诉讼案件中，如受害人仅提起不作为之诉，应适当放宽当事人的适格条件。(2) 代表人权限与被代表人权利保障问题。(3) 增加规定未在公告期内登记权利必须有正当理由作为受理条件，以解决“搭便车”现象。(4) 引入团体诉讼。[②] 有的认为，法院应对群体性纠纷案件时常常陷入困境，伴随公众的诉讼愿景，司法面临前所未有的压力，表现在：司法资源欠缺危及法院正常发展；司法工作相对化冲击司法权威；司法手段的局限性不能满足群体方多元化的诉请；司法程序难以满足突发群体性纠纷案件的效率问题；法律适用难以承担立法滞后带来的压力。以上五种困境表明，我国司法能力是相当有限的，不得不采取鸵鸟政策，走司法保守主义之路，审慎立案、着重调解、寻求外援。解困的司法出路是：顺势力争实现司法功能的必备资源；法官角色由裁判员型向管理型转变；运用博弈论

---

① 参见章武生：《论群体诉讼的表现形式》，载《中外法学》2007 年第 4 期。

② 参见王忠山、伍红：《我国代表人诉讼制度面临的困境及其改革对策》，载曹建明主编：《程序公正与诉讼制度改革》，人民法院出版社 2002 年版，第 422—428 页。

应对群体性纠纷案件；讲究显示法律的艺术维护“审判神话”。[①]

学界对法院冷落代表人诉讼的原因进行了探讨。有的认为，从外部来看，司法独立资源欠缺，法院在人财物等方面都受制于其他国家机关。无论是处于强势地位的党政机关甚至有些大企业和大公司，还是处于弱势地位的人数众多的一方，一旦对处理结果不满意，均会发挥其“能量”，使法院领导或承办法官难以承受。不少法官认为，法院在处理一些棘手的群体案件时实际上处于“弱势”地位。从内部来看，则主要是法院的自身利益，包括法院的业绩以及法院领导的政绩和法官的个人利益。[②] 有学者分析了群体性诉讼的特点：多与社会转型期间的政策性问题有关；处理难度大；备受社会及媒体关注，干预多；涉及各个诉讼类型，难以准确把握，缺乏实证资料。群体性诉讼上升的原因主要有：法律规则与制度的缺失；社会结构、组织形式及社会治理形式的转变；行政机关执法不当、职责不清，纠纷处理不力；社会舆论和公众以及法律界对司法的过高期待；传统诉讼文化对群体力量的迷信。群体性诉讼已经成为一个十分敏感的社会甚至政治问题，而不仅仅是一般的纠纷解决和普通的司法活动。在法院系统内部，以维护社会稳定为第一原则、慎用代表人诉讼的司法政策是贯穿始终的。[③] 并从多层面分析了现状、原因并提出和论证了解决问题的对策。有学者分析了法院拒绝受理群体纠纷的原因，包括：立法过于原则和粗糙；司法独立资源欠缺，法院深感力不从心；指标管理功利计算，法院付出得不偿失；立案程序超职权主义，政府或社会组织直接干预。[④]

为什么备受理论界好评、立法规定的群体诉讼制度——我国代表人诉讼制度在司法实践中会受到冷落？原因是多方面的，也是非常复杂的。笔者认为，从主观方面来看，主要是法院规避和降低审判风险；从客观方面来看，主要是法院的司法资源欠缺和司法能力有限。尽管我国民事诉讼法确立的代表人诉讼制度比较粗糙，但并不是没有可操作性，也不是有

---

① 参见唐文、陈健：《司法功能实现障碍及其破解路径——以人民法院如何应对群体性纠纷案件为视角》，载万鄂湘主编：《公正司法与构建和谐社会——全国法院第十八届学术讨论会论文集》，人民法院出版社 2006 年版，第 50—54 页。

② 参见章武生、杨严炎：《我国群体诉讼的立法与司法实践》，载《法学研究》2007 年第 2 期。

③ 参见范愉编著：《集团诉讼问题研究》，北京大学出版社 2005 年版，第 303—323 页。

④ 傅郁林：《群体性纠纷的司法救济》，载傅郁林：《民事司法制度的功能与结构》，北京大学出版社 2006 年版，第 180—182 页。

重大缺陷,但是最高人民法院和地方法院的司法政策以及最高人民法院出台的司法解释本着慎重处理群体性纠纷的精神,尽可能地减少乃至不适用代表人诉讼制度,采取审慎立案、拆分案件等方法达到平息群体性纠纷、救济权利和维护稳定的目的,运用民事诉讼法规定的诉讼方式化整为零,不失为一种立足于中国国情的现实主义道路。“救济问题还不仅仅是一个法律问题,因为权利的实现在很大程度上是一个经济和文化的问题,或多或少也是一个政治问题。”[①]理论、立法与司法解释、司法政策、司法实践之间的距离或者差距在群体诉讼案件方面体现得尤为充分。笔者主张根据我国国情,借鉴美国的集团诉讼的有益经验对我国的代表人诉讼制度进行改造,重构我国的群体性纠纷解决机制。

(三)关于敏感民事案件的起诉难问题

最高人民法院关于适时受理的司法政策是针对敏感案件的。苏泽林同志指出,坚持适时受理原则。增强稳定意识、大局意识,正确适用法律政策,谨慎适时受理敏感案件,实现法律效果和社会效果的统一。[②] 但何谓敏感案件?就笔者查阅和掌握的资料看,对敏感案件及其受理问题研究极少。有法官认为,所谓敏感案件是指具有群体性、政治性、政策性、社会性的特点;当事人双方利益冲突激烈,而法律界定不清或难以界定;案件处理对社会生活有较大冲击,社会敏感度高,而备受公众瞩目;案件处理的结果关系到社会管理秩序、经济秩序的稳定和良性发展,而司法由于其自身功能的限制难以控制、解决或承担的纠纷。并将司法实践中存在的敏感案件归纳为十类:(1)有重大社会影响,涉及社会稳定的群体性(集团)诉讼案件或公益诉讼案件;(2)以民事赔偿为由提起诉讼,但涉及国家利益、国家行为、国家安全的案件;(3)法律界定不清或难以界定的新类型案件;(4)涉及因城市建设、城中村改造、政府重点招商引资项目、在拆迁安置、土地征用过程中引发的大面积诉讼案件;(5)涉及对于农村集体经济组织与其成员之间法律关系的界定、农村集体组织因选举、土地承包纠纷引起的案件;(6)社会经济体制转型时期的新类型案件;

---

① 程燎原、王人博:《权利及其救济》,山东人民出版社 1998 年版,第 373 页。

② 苏泽林:《在全国法院立案审判实务座谈会上的讲话》(2006 年 11 月 21 日),载苏泽林主编:《立案工作指导》(2006 年第 2 辑),人民法院出版社 2007 年版,第 9 页。

(7) 因行政行为与其他行为交叉的界定;(8) 以党委、人大、政府、法院为被告,人数众多的行政或民事诉讼案件;(9) 涉及人数众多的劳动争议纠纷;(10) 其他法律、法规规定不清,涉及媒体关注甚至炒作,社会影响大,司法难以把握的案件。[①] 从敏感案件的界定和类型看,它包括了新类型案件、疑难案件和群体诉讼案件。司法实践中,因对敏感案件受理不当而使司法陷入困境的现象频发,促使法院对敏感案件的受理特别重视。最高人民法院领导曾强调要加强敏感案件的研究、解决,对那些敏感性很强的案件的立案受理要十分慎重,以免造成工作被动甚至严重的后果。[②] 敏感案件的起诉难问题是非常突出的。如何充分发挥司法的能动作用,保障当事人的起诉权,妥善解决敏感案件的受理,从而达到摆脱司法困境、保障合法权益、解决纠纷、维护社会稳定的目的,是我们应当亟待解决的问题。

五、民事案件起诉难与法院严把受理关的主要原因

(一) 立法缺陷和审慎立案的司法政策

(1) 起诉权缺乏宪法保障,我国《民事诉讼法》总则没有规定诉权。前已述及,诉权分为三个层次:第一,宪法层次的诉权。作为宪法层次的诉权,它并不是在诉讼中产生的,而是人的一项固有权利,该权利不可转让、不可剥夺。人权宣言、人权公约和外国宪法中有关诉权的规定,即属于宪法层次的诉权。2004 年 3 月,我国《宪法修正案》增加规定了"国家尊重和保障人权"的条款。然而,在我国宪法所规定的基本权利体系中,却没有对诉权和起诉权的明确规定。第二,诉讼法抽象层次的诉权。它是连接宪法层次的诉权与当事人在具体的诉讼活动中所享有和行使的诉权的桥梁和纽带。它一般规定在诉讼法典的总则中,例如,《法国新民事诉讼法典》第 30 条规定:"对于提出某项请求的人,诉权是指其对该项请求之实体的意见陈述能为法官所听取,以便法官裁判该请求是否有依据

---

① 刘天运、刘群:《走出困境之路——敏感案件受理问题的实证分析与思考》,载万鄂湘主编:《公正司法与构建和谐社会——全国法院第十八届学术讨论会论文集》,人民法院出版社 2006 年版,第 37—38 页。

② 《祝铭山副院长在全国高级人民法院院长会议上的讲话(节录)》,载沈德咏主编:《立案工作指导与参考》(2002 年第 1 卷),人民法院出版社 2002 年版,第 3 页。

的权利。对于他方当事人，诉权是指辩论此项请求是否有依据的权利。”《俄罗斯联邦民事诉讼法》第 3 条规定：“任何利害关系人都有权按照法律规定的程序，请求法院保护被侵犯或有争议的权利或合法利益。法院不得拒绝请求。”我国民事诉讼法典却没有规定这种层次的诉权。江伟教授主持的《民事诉讼法典专家修改建议稿》第 4 条规定了民事诉讼法抽象层次的诉权：“当事人因民事权益或者法律规定的其他权利、利益受到侵害或者与他人发生争议，有权依照法律规定向人民法院提起诉讼，获得公正、及时的审判。人民法院不得拒绝审判。国家机关、社会团体以及个人对损害国家、集体或者公众民事权益的行为，依据本法以及其他法律规定，以自己的名义为受损害的单位或者个人向人民法院起诉的，适用前款规定。”[①]在民事诉讼法典中规定诉权，不仅可以强调对当事人实体权利与程序权利的保护，而且可以为诉权入宪打下部门法基础。第三，诉讼法具体层次的诉权。它是指当事人在具体的诉讼活动中所享有和行使的诉权，如起诉权、上诉权、再审诉权和应诉权等权利。我国三大诉讼法只是在这个层次上规定了一些具体的诉权。在以上三个不同层次的诉权中，起诉权本质上是诉诸司法的权利，是打开司法之门的钥匙，是整个诉讼程序的原动力，因而宪法和诉讼法典规定的诉权主要是指诉诸司法的权利或者提起诉讼的权利。

（2）民事诉讼法规定的起诉条件过高。我国《民事诉讼法》第 108 条规定了起诉的四个条件：原告是与本案有直接利害关系的公民、法人和其他组织；有明确的被告；有具体的诉讼请求和事实、理由；属于人民法院受理民事诉讼的范围和受诉人民法院管辖。根据此规定，法院在接到当事人的起诉后，按照法定的受理条件，既进行实质要件的审查，又进行形式要件的审查，重点审查是否属于法院的主管范围、当事人主体资格特别是原告资格、起诉证据、管辖权、诉讼请求等方面的审查。立法设定的起诉条件过高，规则较为模糊，弹性极大，易被滥用。例如，第一个条件是原告要“与本案有直接利害关系”，即原告应是与争议法律关系有直接利害关系的“正当当事人”，而这涉及对实体法律关系的审查，在立案阶段很难查明；第三个条件要求“有具体的诉讼请求和事实、理由”，对具体事实和

---

① 江伟主编：《民事诉讼法典专家修改建议稿及立法理由》，法律出版社 2008 年版，第 7 页。

理由的要求属于实体审理事项，相当于要求起诉时就进行较充分的举证，有未审先判之虞，在审查起诉的7日内很难判断，而何谓“具体的诉讼请求”也存在较大弹性；第四个条件要求“属于人民法院受理民事诉讼的范围”，这一项规定过于含糊，而使得人民法院常常以“不属于人民法院受理民事诉讼的范围”将当事人拒之门外，因为解释权属于法院，可以根据是否受理具体案件而进行解释和裁定。立法的简陋是造成司法实践中对于案件的受理原则、标准掌握不一的重要原因。常常表现为该受理的却被拒之门外，限制了起诉权的行使，同时将大量矛盾推向社会而使权利救济无门；对于同类型的案件，有的法院受理，有的法院不予受理，影响了司法的统一性。

（3）民事实体法的滞后性和规定的比较原则。改革开放三十多年来，尽管我国民事立法取得了巨大的成就，相继制定或者修改了许多民商事法律，但是直到现在仍没有制定《民法典》，1986年制定的《民法通则》仍然是民事基本法。民事实体法存在的主要问题：一是法律规则不完善；二是有些法律规则不适当；三是条文简单，不够详细，规定得比较原则。囿于成文法的局限性、滞后性和我国民事法律规则的不完善，一些新类型案件、法律规则上的疑难案件就不可避免地存在起诉难问题。

（4）不予受理的司法解释和审慎立案的司法政策。面对大量的新型、疑难、复杂的民商事纠纷，为克服成文法的局限和僵化的问题，为解决司法实践中出现的问题，最高人民法院依据经济社会生活的发展变化，根据法律的基本原则，对于一些类型的案件是否受理作出一系列司法解释一定程度上起到了填补“法律空白”的作用。但笔者在本章第二部分较详细地考察、分析了不予受理的司法解释和审慎立案的司法政策，它也是当事人行使起诉权的一道屏障。

（二）法院的司法资源欠缺和司法能力有限

进入新世纪之后，人民法院面临着四大挑战：案多人少的矛盾日益加剧，法院和法官不堪重负；处理案件的难度和平衡利益关系的难度越来越大；大量社会矛盾积聚法院，转化为涉诉矛盾，致使涉诉信访总量始终居高不下；人民群众日益增长的多元化司法需求与人民法院司法供给之间的基本矛盾更加突出。这些挑战的存在和发生使得人民法院的司法公信力受到严重影响。肖扬同志指出：“当前人民群众日益增长的司法需求与人民法院司法能力相对不足的矛盾仍然较为突出。一些制约和影响人民法院充分发挥职能作用的体制和机制性障碍依然存在。"[①]司法资源不足体现在三个方面:一是权力资源不足。法院只有裁判权而没有可供解决问题的资源,司法权行政化、地方化的问题比较突出。二是司法独立资源欠缺。法院在人财物等方面都受制于其他国家机关。行政权对审判权的制约问题没有得到有效解决,行政权出于本位主义的考虑干预司法权的现象时有发生。法院对有些棘手的纠纷让位于行政权解决。法院依法独立行使审判权的外部条件不够充分。三是信用资源不足。法院年年向同级人大报告工作,既要容纳多元化的评判标准,又要追求以赞成票数为标志的人民满意度,加上时有司法腐败之类的问题,维护司法信誉实属不易。"司法能力是指司法主体通过司法权的运行,依法履行宪法和法律赋予的司法职责,进而实现司法功能的本领和水平。"[②]纠纷解决功能和权利保护功能是司法活动的直接和基本的功能,但受自身能力以及其他因素的制约,法院通过司法有效化解矛盾纠纷、消弭社会冲突和保障合法权益的作用发挥并不理想。以群体诉讼案件为例,司法能力的有限性主要体现在以下方面:有的群体性纠纷原本是经济问题,并非纯法律问题,单靠法院一家难以"消化",为平息矛盾,确保社会稳定,法院不得不寻求有关职能部门的参与;有的群体性纠纷还涉及行政缺位、民主管理、社会公平等政治问题;一些新类型群体性纠纷案件,法院遇到法律滞后、法律空白、法律模糊、法条竞合等法律适用难题。

(三)法院规避和降低审判风险

风险是指可能发生的危险[③],或遭受损失、伤害、不利或毁灭的可能性。自古以来人类始终生活在一个充满风险的社会之中,像瘟疫、饥荒、自然灾害、战乱等时常发生。规避社会风险,追求社会的和谐、安全与稳定,是人类社会的永恒课题。特别是人类社会自进入工业化时期以来,除

---

① 肖扬:《最高人民法院工作报告》(2008 年 3 月 10 日),载《中华人民共和国最高人民法院公报》2008 年第 4 期。

② 山东省高级人民法院课题组:《关于加强司法能力建设的调研报告》,载最高人民法院研究室编:《审判前沿问题研究——最高人民法院重点调研课题报告集》,人民法院出版社 2007 年版,第 6 页。

③ 中国社会科学院语言研究所词典编辑室编:《现代汉语词典》(修订本),商务印书馆 1996 年版,第 377 页。

了传统类型的风险外，各种新型的社会风险层出不穷。与传统的社会风险相比，现代社会的风险在时间、空间、速度和规模上都发生了很大的变化。社会风险出现的新趋势新特点，刺激了社会理论的创新。一些西方学者直接用“风险社会”来描述正在出现的新的社会形态，其中以德国社会学家乌尔里奇·贝克(Ulrich Beck)、英国著名的社会学家安东尼·吉登斯(Anthony Giddens)等为代表人物的“风险社会”理论引起了广泛的关注。[①] 2003年12月23日，最高人民法院审判委员会第1302次会议通过了全国各级人民法院统一适用的《人民法院民事诉讼风险提示书》文本，决定实行诉讼风险告知制度，规定由各级和各地人民法院在当事人起诉时告知其可能面临的若干诉讼风险，让当事人作好承受、防范和应对诉讼风险的心理准备和行动预期。[②] 笔者以群体性纠纷为例进行说明。基于群体性纠纷的特点和影响，作为审判主体的法院及其法官非常清楚并深刻地体会到这类案件从立案(受理)、审理、裁判、执行、涉诉信访等方面较之通常的纠纷给其带来的难以估量的审判风险。就群体诉讼案件而言，审判风险是指法院及其法官在行使审判权依据法律规定的代表人诉讼制度解决群体性纠纷的活动中，可能导致的不利后果。法院在服从大局的前提下，受理了本不属于法院主管的纠纷或者属于主管范围但不能单挑的棘手案件，结果常常是费力不讨好，甚至成为众矢之的。有的群体性纠纷即使依法判决后难以执行甚至不能执行，进而激化社会矛盾，危及法院自身的生存和发展。按照司法政策的慎重处理群体性纠纷案件的精神，法院一般采取以下措施规避和降低审判风险：熟练地运用程序方面的手段如诉讼主体不合格、不属于法院主管范围等，不予受理，将棘手的群

---

① 风险社会理论的主要观点是：(1) 风险是永恒存在的，人类社会没有绝对的安全。(2) 人类社会正处在从古典工业社会向风险社会转变的过程之中；这一转变正在全球范围内潜在地发生。“高风险性”已成为现代社会的一种典型特征。与传统社会中的风险相比，“风险社会”中的风险的复杂性、不确定性、不可预见性和迅速扩散性都日益增强。(3) 现代社会风险是由于社会进步所带来的副作用与负面效应，特别是科学技术迅猛发展带来的副作用和负面效应。(4) 在全球化时代的背景和条件下，社会风险能够跨越时空的限制。(5) 总体上风险是不能根除的，但对于某个具体的风险是可以控制的。(6) 现代社会的风险具有双重性。风险既具有消极的一面，又具有积极的一面，风险常常和机遇相伴相随。参见〔德〕乌尔里希·贝克：《从工业社会到风险社会——关于人类生存、社会结构和生态启蒙等问题的思考》，王武龙编译，载《马克思主义与现实》2003年第3期。

② 诉讼风险是指当事人行使诉讼权利、履行诉讼义务不当，可能导致的不利后果。如对提出的诉讼请求不能提交有效证据，或者诉讼请求超过法律规定的期限等，法院依法不予支持。《人民法院民事诉讼风险提示书》将诉讼风险归纳为17类。

体性纠纷推给政府等部门解决；采取单独立案、合并审理或单独立案、分案审理的方式，化整为零，疏导群体性诉讼，降低审判的风险；为避免判决带来的上诉、信访、不履行等后遗症，尽可能地进行调解结案；实行请示和呈报制度，如主动向上级法院和同级党委汇报处理方案、等待下达指示；依靠党委、人大，借助于政府资源解决人数众多一方当事人的实际问题，摆脱司法困境。

（四）司法不作为

司法不作为是指立案人员和审判人员违反法律规定对于当事人的起诉应当受理而不予受理、拒发裁定、驳回起诉等行为。主要表现为不敢作为、不愿作为、不屑作为。例如，拒绝或不定期受理群体诉讼案件；有的法院在每年 11 月至 12 月有一段时间基本不受理案件；有的法官利用立案审查，故意刁难当事人，甚至完全置之不理，不作出不予受理的裁定，令当事人无法上诉，所收的当事人的起诉材料或退还给当事人，或由立案法官自行保管；所涉案件内容一般为地方党委或人大领导口头要求法院不要受理的案件，如涉辖区企业改制纠纷、拆迁纠纷等，以及上级法院出于政治目的而通知下级法院暂不受理的案件，如人大会议期间暂不受理群体性纠纷，这属明显的拒绝司法的违法行为；有的法院对起诉条件掌握过严；有的法院利用立案审查权拒绝受理某些敏感案件，也往往拒不作出不予受理的裁定；有的同案异裁，同样的案件有的法院受理并作出判决，有的却拒不受理。我国的起诉难（立案难）现象与法院的不作为有着密切关系。其原因主要有：极少数法官素质不高，人为原因作怪制造立案难；审查立案的标准和尺度各个法院之间和同一法院的不同时期存在一定差异；办案人员较少，案件积压；法官工作中承担着很多风险且现行体制下法院并无能力解决一些社会矛盾，客观上存在规避麻烦的现象。有的当事人在经历了起诉却不予受理后对法院产生信任危机，不再诉讼，而是去上访，这也是涉法上访的一个原因；更有甚者，通过法院不能解决纠纷，当事人不得不自己设法解决，矛盾逐步升级，以至于酿成严重的刑事案件，造成不可估量经济损失、精神损失以及对法律信任的危机。

（五）没有真正确立司法最终解决原则

形成起诉难的原因是多方面的，司法最终解决原则尚未在立法和司法领域中确立也是重要原因之一。一方面,立法者为当事人起诉设置了过高的要件,将那些本应当由法院保护的权利拒之司法大门之外。另一方面,传统上我国的法院和法官潜意识中形成了让位于行政权的习惯,为防止立案后可能形成骑虎难下、难以下判之势,法院对审判界限较为模糊的案件能推则推,尽量通过解释的方法将原告拒之门外。[①] 但是,被关在司法之门外的纠纷大都不会就此自动消失,当事人只能通过其他各种可能利用的手段如向党委、政府上访等非诉途径解决。涉诉信访案件绝对数量仍然很高,涉诉信访仍然呈增多和蔓延的态势,集体上访、重复上访、越级上访、进京上访呈现逐年增多趋势,对法院解决纠纷造成很大压力。究其原因,和近年来群体性纠纷案件多发的态势是分不开的,主要集中在环境污染损害赔偿、企业改制、土地征用补偿、拆迁安置、拖欠农民工工资、劳动争议纠纷等涉及群体性利益的案件上,这类案件容易引发集体上访,也容易引发缠诉、缠访。[②]

① 王福华:《民事诉讼基本结构》,中国检察出版社 2002 年版,第 58 页。

② 江苏省高级人民法院课题组:《人民法院司法能力建设的调研报告》,载最高人民法院研究室编:《审判前沿问题研究——最高人民法院重点调研课题报告集》,人民法院出版社 2007 年版,第 128 页。

第四章 起诉权保障论

——起诉难的解决路径

一、诉权入宪

(一) 诉权入宪的核心是起诉权入宪

诉权是一个权利体系,包括三个层次。作为宪法层次的诉权,是宪法上的程序性基本人权。由宪法上的诉权派生出诉讼法层次上的诉权,包括宪法诉讼中的诉权、刑事诉讼中的诉权、行政诉权和民事诉权。民事诉讼法层次上的诉权,包括起诉权、反诉权、上诉权、再审诉权和应诉权等具体表现形态。在三个不同层次的诉权中,起诉权本质上是诉诸司法的权利,是打开司法之门的钥匙,是整个诉讼程序的原动力,因而起诉权在诉权体系中处于非常重要的地位。

考察人权公约和外国宪法关于诉权的规定,可以得出诉权入宪的核心是起诉权入宪的结论。1948 年的《世界人权宣言》第 8 条规定:"人人于其宪法或法律所赋予的基本权利被侵害时,有权享有国家管辖法院之有效救济。"第 10 条规定:"人人于其权利义务受判定时及被刑事控告时,有权享有独立、无私法庭的绝对平等不偏且公开之听审。"1966 年的《公民权利和政治权利国际公约》第 14 条第 1 款规定:"法院面前人人平等,在审理对被告人的刑事指控或确定当事人的民事权利与义务时,人们有权获得依法设立、有管辖权、独立、公正的法院的公正、公开的审理。"1950 年的《欧洲人权公约》第 6 条第 1 款规定:"在确定当事人的民事权利与义务或审理对被告人的刑事指控时,人们有权获得依法设立的独立、公正的法院在合理的期限内公平、公开的审理。"1969 年的《美洲人权公约》除了有相似的内容外,还规定了上诉权、受赔偿权等。1981 年的《非洲人权和民族权宪章》第7条规定："人人享有对其诉讼案件要求听审的权利"，并将听审权的内容确定为起诉权、无罪推定权、辩护权和审判权。一些国家已将诉权宪法化，尽管宪法上有关诉权的规定以及诉权的称谓有异，但是其涵义基本上是指请求法院司法保护的权利。如日本《宪法》第32条规定："任何人在法院接受审判的权利不得剥夺。"意大利《宪法》第24条规定："任何人为保护其权利和合法利益，皆有权向法院提起诉讼。"俄罗斯《宪法》第46条规定："保障每个人通过诉讼维护自己的权利和自由。"美国宪法并没有直接规定诉权，这一基本权利主要隐含在有关正当程序和平等保护等宪法条款中。德国《宪法》对诉权未作出一般的明确规定，但其第19条第4款规定："如权利遭受公共机构侵犯，任何人有权向法院提起诉讼。"①

（二）诉权入宪的意义

1. 诉权入宪有助于构建和谐社会

利益矛盾和冲突是一种客观的社会现象。和谐社会是社会矛盾能够得到及时、有效解决的社会。和谐社会是民主法治社会。构建和谐社会，既要着力完善民间和行政机关解决纠纷的机制，又要充分发挥诉讼所具有的解决纠纷的强制性、最终性、权威性的功能和优势。我国宪法规定了政治权利、平等权、自由权、社会经济权利和特定主体的宪法权利等权利，但没有规定诉权，在民事、行政等法律中还存在一些不可诉的领域；没有建立宪法诉讼制度，宪法规定的"一切法律、行政法规和地方性法规都不得同宪法相抵触"的"不抵触"原则未能得到切实的贯彻落实，不同位阶的法律规范相抵触、同一位阶的法律规范相矛盾、其他规范性文件违反法律、法规、规章的现象时有发生，以至于发生"规则相撞"、"法律打架"，给人们带来种种困惑和无奈；尚未建立公益诉讼制度；有些宪法权利由于没有法律的具体规定以及合法利益由于没有上升为宪法和法律规定的权利而难以进入诉讼的渠道。我国法律制度自身存在一些不和谐与缺失、法律机制运行存在不和谐、有效的预防和化解社会矛盾的法律机制还不够

① 参见江伟等：《民事诉权研究》，法律出版社2002年版，第147—148页；林喆等：《公民基本人权法律制度研究》，北京大学出版社2006年版，第90页；相庆梅：《从逻辑到经验——民事诉权的一种分析框架》，法律出版社2008年版，第219—220页。

完善等问题，是构建和谐社会必须要解决的问题。将诉权写入宪法，有助于通过诉讼程序解决这些问题。诉权的主要功能是将社会矛盾和冲突引入法律所设定的司法轨道，通过理性、和平的方式解决。[①]

2. 诉权入宪有助于实现诉权制约审判权

作为诉讼程序中的两个基本要素，诉权体现的是当事人的权利，审判权代表的则是国家权力，两者既有相辅相成的一面，又有此消彼长的一面。在诉权与审判权的定位上，诉权应被置于制约审判权行使的优先地位，审判权的行使范围应依托于诉权的实际行使状况。“但现实之中，往往出现法院对于审判权行使的规避及对审判权行使的扩大化。审判权作为国家的职能也是一种义务，不得放弃行使。将案件的能否调解、能否执行作为是否行使审判权的依据之一是对国家审判权的亵渎，也是对人们诉权的严重侵害。而要求当事人在行使启动诉权阶段即具备胜诉要件，或者要求审查诉权的有无等，都是对审判权的滥用。”[②]当然，诉权也涉及由于“个人的私欲”的膨胀使当事人不正当地行使，即诉权的滥用问题。因而，这就需要我们深入研究怎样才能使审判权和诉权各自沿着其应然的、合理的轨道运行，并能达到和谐一致而共同推进诉讼活动的正常运行，使之取得良好的效果。目前，在司法实践中，更多的是审判权对诉权的侵犯。“我国民事审判中最缺乏的是对当事人诉权的充分有效的保护，而不是对审判权力的进一步关怀。”[③]所以，平衡二者的关系关键是建立一种相互制约机制，尤其是建立诉权对审判权的制约机制。正如学者所指出：审判方式改革的出路在于尊重当事人诉讼主体地位，当事人的诉权要得到审判权的尊重，并在此基础上对审判权予以监督和制约。[④] 可见，诉权是公民要求国家司法机关保护其权利不受侵犯或者说公民获得国家司法保护的一种资格。作为“一种公法性质的权利，必然要在宪法上寻找到适当的根据，否则，国家根据什么样的理由认可当事人持有诉权呢？”[⑤]

---

① 柯阳友：《诉权及其入宪的意义》，载《团结》2008 年第 5 期。

② 王云飞、丰霏：《权利本位范式下的民事诉权再评议》，载《大连海事大学学报》2004 年第 2 期。

③ 陈桂明：《诉讼公正与程序保障》，中国法制出版社 1996 年版，第 185 页。

④ 肖建华：《民事诉讼当事人研究》，中国政法大学出版社 2002 年版，第 3 页。

⑤ 刘荣军：《程序保障的理论视角》，法律出版社 1999 年版，第 260 页。

3. 诉权入宪有助于建立宪法诉讼制度和公益诉讼制度

宪法诉讼是指法院直接适用《宪法》解决违宪纠纷的诉讼活动。违宪审查是对法律、行政法规、行政行为等进行审查以对其是否违宪做出裁决的制度。违宪审查主要有三种模式:以美国为代表的普通法院审查模式;以奥地利、德国和法国为代表的宪法法院、宪法委员会等专门机构审查模式;以原苏联为代表的立法机关或最高国家权力机关审查模式。我国现行《宪法》实行的是立法机关审查模式,由全国人大及其常委会负责违宪审查,法院无权过问。宪法诉讼是宪法监督的最有效模式。从世界范围来看,宪法诉讼的受案范围是十分广泛的,主要包括:法律文件违宪纠纷;国家机关行为违宪纠纷;特定公职人员违宪纠纷;政党违宪纠纷;机关权限纠纷;选举纠纷;公民基本权利纠纷。[①] 宪法诉讼制度具有双重目的:通过解决宪法冲突维护宪法秩序;保护宪法权利。[②] 提起宪法诉讼的主体包括两大类:一是特定的国家机关基于宪法赋予的职权提起,二是公民、法人或其他组织基于公民的宪法诉权提起。所谓公民的宪法诉权,是指公民、法人或其他组织在其宪法基本权利受到侵害或发生争议而不能通过普通的诉讼得到司法救济时,享有直接向特定的法院寻求宪法上救济的权利。因为宪法规定的大部分权利都由普通法律加以细化、具体化,一般可以通过民事诉讼、行政诉讼和刑事诉讼使受到侵害的权利得到司法救济。诉权入宪是建立宪法诉讼制度的关键。"诉权的重要特征是给予了每一个公民个体以制度上的表达自己意志的途径,包括对立法机关的立法作出评价的意志都可以通过宪法诉讼的途径得到体现,因此,诉权可以更直接地通过法律制度来保障每一个公民自由表达自己的意志,通过个体意志最大化的法律表达来形成人民整体意志的最大值。没有这种诉权所具有的终极对抗国家权力的性质,人民的意志势必会在国家机关代行人民权力的过程中被削弱。"[③]

在我国,公共利益被漠视、被侵害的现象较为严重,迫切需要建立公益诉讼制度,保护公共利益。根据公益诉讼的客体不同分为民事公益诉讼、行政公益诉讼和刑事公益诉讼。但刑事公益诉讼已为现代刑事诉讼

---

① 参见上官丕亮:《再探宪法诉讼的建构之路》,载《法商研究》2003 年第 4 期。

② 刘志刚:《论宪法诉讼的目的》,载《中国人民大学学报》2003 年第 5 期。

③ 莫纪宏:《论人权的司法救济》,载《法商研究》2000 年第 5 期。

所取代。传统的民事诉讼属于私益诉讼，主要是对于特定纠纷主体之间已经发生的具体纠纷的事后性解决，它以维护私益为目的；行政诉讼是公民、法人或者其他组织在认为行政机关及其工作人员的具体行政行为侵犯自己的合法权益时，依法向法院请求司法保护，并由法院对具体行政行为进行审查和裁判的诉讼活动，行政相对人也以维护私益为目的；而公益诉讼是指对于违反法律侵犯国家利益和社会公共利益的行为，特定的国家机关、社会组织或个人依据法律的授权可以原告的身份提起诉讼，要求法院通过审判追究违法者的法律责任，从而维护国家和社会公共利益的诉讼制度。公益诉讼作为一种新型的诉讼形式，还具有预防的功能，在公益可能遭到损害时也可以提起，即采用事后救济和事前预防相结合的模式。民事诉讼法和行政诉讼法直接规定公益诉讼尚没有明确、具体的宪法依据。如果诉权入宪，则可以解决建立公益诉讼制度的瓶颈问题，民事诉讼法、行政诉讼法可以规定特定的国家机关如检察机关或者公益性团体、个人提起公益诉讼的权利。

4. 诉权入宪有助于完善三大诉讼制度和依法行政、公正司法

尽管依据三大诉讼法的规定，法律关系的双方享有一些具体的诉权，例如，在刑事诉讼中，检察机关享有的国家诉权即公诉权、抗诉权等权利，犯罪嫌疑人、被告人在侦查、起诉、审判阶段享有的以辩护权为主要表现形式的应诉权以及上诉权等权利，自诉案件的被害人享有的公民诉权如自诉权等权利；在行政诉讼中，行政相对人享有的起诉权等权利，行政机关享有的应诉权等权利；在民事诉讼中，双方当事人基于民事法律关系的平等性而享有起诉权、上诉权、再审诉权和应诉权等权利。但是，刑事诉讼的立法和司法实践在贯彻打击犯罪与保障人权并重、实体公正与程序公正并重和控辩平等、审判中立方面还存在一些不足；行政诉讼受案范围较窄，有些案件不能告即不具有可诉性，行政诉讼受案率低下和撤诉率居高不下反映了“民”不敢告“官”，法院对行政诉讼案件存在一定的受理难、审理难、执行难等问题；民事诉讼中，还存在一定的“起诉难”、“申请再审难”、“执行难”等诉讼难题。这些问题形成的一个重要原因是诉讼法对诉权的立法保障不力、司法机关对诉权的司法保障不够以及宪法对诉权保障的缺失、宪法的可诉性或司法化一直没有得到较好的解决。诉权入宪，一方面为公民、法人和其他组织享有和行使诉权提供宪法依据，另一方面为改革与完善诉讼法律制度提供指引和批判工具，强化诉权的

立法保障与司法保障，优化司法职权配置，规范司法行为，推进依法行政和公正司法。从而实现权利与义务、公民权利与公共权力、公共权力之间、公民权利之间、实体权利与程序权利之间的和谐均衡；在司法轨道上进行利益博弈，保障合法权益，鼓励运用法律许可的手段去追求法律承认的利益、制止为追求自身利益而侵害其他主体合法权益的行为；人民有权运用宪法和法律的保障分享改革发展成果。

5. 诉权入宪有助于人权保障和权利发展

我国2004年将“尊重和保障人权”写进宪法之后，党的十七大又正式提出了“以人为本”的原则，标志着我国法治建设的质的飞跃。宪法赋予公民广泛的实体性人权，但是没有规定诉权这种保障实体性人权的程序性人权，是一个重大的缺憾。实体性人权与程序性人权犹如车之两轮、鸟之两翼，缺一不可。诉权入宪是人权入宪的必然要求和配套措施。仅仅依靠诉讼法赋予的具体诉权，不可避免地存在对实体性人权保障不够周延的问题，何况三大诉讼法还存在诉权保障不力的问题。诉权是连接实体性人权与审判权、实体法与诉讼法的桥梁和纽带。诉权的主要功能在于当公民的合法权益受到侵犯或者与他人发生争议时，有权通过诉讼的方式请求法院运用国家强制力保护合法权益和解决纠纷。诉权作为一项基本人权，在法治建设中具有基础性意义。诉权入宪，能够激活宪政运作机制和优化法律运行机制，使宪法和法律文本上的权利变为实有权利。诉权的“宪法化”、“国际化”作为现代宪政的发展趋势，日益呈现出普遍性。现代许多法治国家都将诉权列为一项宪法权利，予以宪法保护。虽然各国在宪法上关于诉权的规定以及诉权的称谓有异，但其基本含义是指请求法院司法保护的权利。《世界人权宣言》、《公民权利和政治权利公约》都对诉权作了明确的规定。“司法是人权法律保护的最后屏障。诉权是独立于司法权的一种人权。”[①]人权如果得不到司法保障，人权即使上升为法律权利，也将会落空。诉权是文明社会所建立的保障人权的一项重要制度，是人权从“应然”走向“实然”的制度保障。

此外，权利是多样化法律生活的最终抽象化，是一个具有发展性的概念。有的权利类型是在法律发展过程中逐渐形成的，若干权利因社会变

---

① 莫纪宏：《现代宪法的逻辑基础》，法律出版社2001年版，第307页。

迁及法律发展而调整其内容。[①] 人们都承认成文法具有局限性，实体法存在法律漏洞，而且存在着可列举的宪法、法律权利与不胜枚举的宪法、法律权利的问题，那么还未上升为法定权利的实体利益或者法律实际并未列举而由法定权利派生、推导出来的权利受到侵犯时，当事人是否享有诉权？向法院起诉法院是否应当受理？诉权入宪，有助于发现并保护新的公民权利，因为将没有相应的实体法规范作为裁判根据而又需要诉讼救济的合法利益予以司法救济，不仅使法律通过自身的机制即诉权这个装置纠正实体法的滞后性，弥补实体法的漏洞，而且保护了尚未上升为权利的合法利益，积累了解决同类纠纷和保护同类利益的丰富的司法实践经验后，修改法律时将这种特定、类型化的利益上升为法定权利。

（三）诉权入宪的建议

一是建议在宪法中明确规定诉权。表述为：任何人在其合法权益受到侵害或与他人发生争议时，有权向人民法院提起诉讼，获得公正的审判。公民提起的民事、行政诉讼和刑事自诉案件，在符合法定条件的情形下，人民法院必须受理并作出公正裁判。二是规定公益诉讼方面的诉权。现阶段我国公益诉讼缺乏明确的法律根据，应当在宪法中明确规定：在国家利益、社会公共利益受到损害时，公民、公益性团体和检察机关均有提起公益诉讼的权利。三是保障性条款。在宪法中规定，公民的诉权受宪法和法律保障；公民进行诉讼确有困难的，有获得司法救助和法律援助的权利。

二、民事诉讼法典总则规定诉权

民事诉讼法作为保障诉权实现的法，从体系的逻辑性和完整性来说，应当在法典总则中规定诉权。我国和德国、日本民事诉讼法的法典总则都没有规定诉权。法国民事诉讼法典直接使用了诉权的概念，使诉权这一概念跳出了法学学术用语的圈子而成为法律用语，并使其制度化、体系化。其第二编专编规定了诉权，并给诉权下了一个定义。应该说迄今为止这在各国民事诉讼法中是绝无仅有的。因此，诉权就成为法国民事诉

① 王泽鉴：《民法总则》，中国政法大学出版社 2001 年版，第 86—87 页。

讼法学中的基本理论和实务问题。[①]《法国新民事诉讼法典》第 30 条规定："对于提出某项请求的人，诉权是指其对该项请求之实体的意见陈述能为法官所听取，以便法官裁判该请求是否有依据的权利。对于他方当事人，诉权是指辩论此项请求是否有依据的权利。"[②]《俄罗斯联邦民事诉讼法》第 3 条（向法院请求司法保护的权利）规定："任何利害关系人都有权按照法律规定的程序，请求法院保护被侵犯或有争议的权利或合法利益。法院不得拒绝请求。"[③]

民事诉讼法典总则规定的是抽象层次的诉权，是宪法层次的诉权在民事诉讼中的法律化，是民事诉讼中当事人诉权的概念界定和抽象概括，是连接宪法层次的诉权与当事人在具体诉讼中所行使的诉权的桥梁和纽带。江伟先生在两个建议稿中都写了诉权，是一个重大的创新和突破。2005 年的《民事诉讼法》修改建议稿第 7 条（当事人的诉权）规定："当事人因民事权益受到侵害或者与他人发生争议，有权向依法设立的独立的人民法院提起诉讼，有权要求获得人民法院公正、及时的审判。"第 12 条（公益诉讼原则）规定"国家机关、社会团体对损害国家、集体或者公众民事权益的行为，依据本法以及其他法律规定，可以以自己的名义为受损害的单位或者个人向人民法院起诉。"[④]2008 年的《民事诉讼法典专家修改建议稿》第 4 条（诉权）规定："当事人因民事权益或者法律规定的其他权利、利益受到侵害或者与他人发生争议，有权依照法律规定向人民法院提起诉讼，获得公正、及时的审判。人民法院不得拒绝审判。国家机关、社会团体以及个人对损害国家、集体或者公众民事权益的行为，依据本法以及其他法律规定，以自己的名义为受损害的单位或者个人向人民法院起诉的，适用前款规定。"诉权在我国一直停留在理论中，并未上升为立法。在民事诉讼法中规定诉权，不仅可以强调对当事人实体权利与程序权利的保护，而且可以为诉权入宪打下部门法基础。[⑤] 我国学者一般是从起

① 张卫平：《法国民事诉讼中的诉权制度及其理论》，载《法学评论》1997 年第 4 期。

② 《法国新民事诉讼法典》，罗结珍译，中国法制出版社 1999 年版，第 9 页。

③ 《俄罗斯联邦民事诉讼法·执行程序法》，张西安、程丽庄译，中国法制出版社 2002 年版，第 2 页。

④ 江伟主编：《〈中华人民共和国民事诉讼法〉修改建议稿（第三稿）及立法理由》，人民法院出版社 2005 年版，第 90、94 页。

⑤ 江伟主编：《民事诉讼法典专家修改建议稿及立法理由》，法律出版社 2008 年版，第 7—8 页。

诉权的角度给诉权下定义。笔者建议在全面修改我国《民事诉讼法》时，在总则中界定诉权的内涵和外延，可以规定："诉权是公民、法人或者其他组织因民事权益受到侵害或者与他人发生争议，享有提起诉讼、进行诉讼并要求人民法院公正审理和裁判的权利，包括起诉权、反诉权、上诉权、再审诉权和应诉权。"

三、确立公益诉权和建立公益诉讼制度

在现代社会，大量的环境污染公害纠纷、消费者保护纠纷、反不正当竞争与反垄断纠纷、国有资产保护问题以及其他类似纠纷的处理过程中，经常涉及社会公共利益的保护或者涉及多数人的利益保护问题。由于受传统的民事诉讼诉讼当事人制度和行政诉讼当事人制度的限制，此类争议事件往往难以得到合理的解决，难以实现实体法所欲达到的目的，在此背景下，公益诉讼理论和制度应运而生。而赋予社会主体以公益诉权并构建相应的公益诉讼程序制度，就成为各国解决上述现代型纠纷、实现公共利益之保护的一个极为重要的渠道。

在我国，自 1996 年 1 月出现第一起公益诉讼至今，公益诉讼在中国的发展已逾 15 年。尽管有个别检察机关开拓性地提起了民事公诉，法院竟也受理并作出了裁判，但从制度层面上将自身置于哈贝马斯所说的"合法性危机"的漩涡之中。公民和公益性团体启动公益诉讼异常艰难。绝大多数的公益诉讼案件，不是被从程序上和实体上驳回没有胜诉，就是被挡在大门之外不让立案。公益诉讼法律缺失，公益诉讼实践步履维艰，建立公益诉讼时不我待，是对公益诉讼现状的描述。究其根源，主要是传统诉权理论方面的局限性，它是我国建立公益诉讼制度的最大障碍。诉权，根据其所行使之目的不同，可以分为两类：私益诉权与公益诉权。公益诉权是公民、社会团体、特定的国家机关依法所享有的基于公共利益受到侵害或者处于这种侵害的危险中而得以请求法院行使审判权以保护公共利益不受侵害的权利。公益诉权的实质是对社会公共利益的保护，实现公平正义，体现宪政精神。

公益诉讼是相对于私益诉讼而言的。公益诉讼有民事公益诉讼与行政公益诉讼之分，其主要共同点如下：起诉主体相同，为人民检察院、公益性社会团体、公民个人；维护的利益同为国家利益或社会公共利益；起诉

均以存在使国家利益或社会公共利益受损的事实或有损害发生的可能为前提；目的是纠正违法行为或消除违法状态。二者的不同点在于：前者的被告是公民、法人或其他组织，针对的是民事违法行为，适用的是民事诉讼程序，后者的被告是行政机关，针对的是违法的行政行为，适用的是行政诉讼程序；诉讼所确认的实体法律关系不同，前者为民事法律关系，后者为行政法律关系；具体的诉讼目的不同，前者以请求法院针对侵害公共利益的民事违法行为追究民事责任和实施民事救济为目的，后者以请求法院撤销被诉的行政行为、责令被告履行法定职责等为目的。[①] 笔者认为，应当在修改我国《宪法》和《民事诉讼法》、《行政诉讼法》时，赋予公益诉权，并在两部诉讼法中分别建立民事公益诉讼制度和行政公益诉讼制度。

建议在我国《民事诉讼法》总则中专条规定诉权，第 1 款规定："公民、法人或者其他组织享有诉权。诉权是公民、法人或者其他组织因民事权益受到侵害或者与他人发生争议，享有提起诉讼、进行诉讼并要求人民法院公正审理和裁判的权利，包括起诉权、反诉权、上诉权、再审诉权和应诉权"；第 2 款规定："在受害人没有提起诉讼或者难以确定受害人的情况下，人民检察院、社会团体、公民对于侵害国家利益或者社会公共利益的行为，可以向人民法院提起诉讼"；第三款规定："公民、法人或者其他组织依法提起诉讼，人民法院不得拒绝审判"。

建议在我国《民事诉讼法》分则的"特别程序"前增加一章"公益诉讼程序"，集中规定公益诉讼的相关程序。下面简要阐述民事公益诉讼的起诉主体、案件范围和既判力之建议。

保护公共利益是全社会的共同职责，应实行起诉主体多元化，包括检察机关、社会团体和公民。[②] 由于难以判断哪些主体有行使起诉权的意

---

① 柯阳友、曹艳红：《论民事公益诉讼与行政公益诉讼的关系》，载陈光中、江伟主编：《诉讼法论丛》（第 11 卷），法律出版社 2006 年版，第 420—423 页。

② 笔者认为，一般不宜赋予行政机关提起民事公益诉讼的权利。因为行政机关的职责是行政监管，如果又赋予事后起诉的职权，可能不利于其依法履行好行政监管职责；因行政机关监管不力或者监管失职造成国家利益或社会公共利益受到侵害的，检察机关、社会团体、公民可以以该行政机关为被告提起行政公益诉讼，那么有关行政机关为了规避在行政诉讼中做被告、逃避责任而率先提起民事公益诉讼。但在不存在监管不力或者监管失职的特殊领域如海洋环境保护方面，现行法律规定了有关行政机关有权提起民事诉讼，我国《海洋环境保护法》第 90 条第 2 款规定："对破坏海洋生态、海洋水产资源、海洋保护区，给国家造成重大损失的，由依照本法规定行使海洋环境监督管理权的部门代表国家对责任者提出损害赔偿要求。"例如，海上碰撞造成的燃油泄漏，一般不存在监管不力或者监管失职的情形。

愿,也为了充分发挥各类主体的积极性,不应区分谁享有优先起诉权。对于侵害国家利益或者社会公共利益的行为,在能够确定受害人而受害人没有提起诉讼的情况下,规定提起民事公益诉讼的前置程序,即检察机关、社会团体、公民应当告知受害人有起诉的权利;如果受害人为国有企业的,因其负有保护国有资产的义务,检察机关应当督促其起诉;受害人拒绝起诉或者在一个月内没有起诉的,检察机关、社会团体、公民可以向法院提起诉讼。在难以确定受害人的情况下,不宜规定提起民事公益诉讼的前置程序,应由起诉主体自行选择下列方式:检察机关发出检察建议督促有关行政机关履行监管职责,社会团体、公民以举报的方式促使行政主管机关履行监管职责;检察机关、社会团体、公民以行为人为被告向法院提起民事公益诉讼;检察机关、社会团体、公民因行政主管机关监管不力或者监管失职以其为被告向法院提起行政公益诉讼。民事公益诉讼的案件范围包括:侵害国有资产案件;污染环境、破坏自然资源案件;侵害不特定多数消费者利益案件;垄断案件;其他侵害国家利益或者社会公共利益案件。传统的民事诉讼属于私益诉讼,其判决的既判力原则上只及于双方当事人。但是,公益诉讼以保护国家利益或者社会公共利益为目的,所以,公益诉讼判决的既判力扩张到未参加诉讼的利害关系人,如果利害关系人明确表示反对公益诉讼人提起诉讼的,判决对其不发生效力。

四、确立司法最终解决和法院不得拒绝审判原则

笔者在本章第六部分提出以立案登记制为原则、以立案审查制为例外的改革我国起诉与受理制度的观点,是基于中国国情的现实主义道路,是对现行立案审查制度的针对性变革。从理想主义出发,我国未来应当确立司法最终解决原则和法院不得拒绝审判原则。两者并不矛盾。

(一)确立司法最终解决原则

司法最终解决原则是由法院的法律地位、职能及特点决定的。其一,法院应当依据宪法和法律规定的职责范围进行审判活动。法院与其他国家机关、社会团体各自的职责范围和权限,宪法和法律已作出原则规定,明确职责,各司其职,这是法治国家与法制现代化的重要标志。属于法院民事审判权作用范围的案件,法院必须受理,其他机关无权终局地处理,

也不得为法院受理这些案件设立障碍。其二,民事纠纷发生后,应从诉讼制度上提倡并保障冲突主体寻求法律途径解决。法治社会具有多种纠纷解决手段,民事性质的纠纷并非全都由法院排他性地处理,但司法程序应当是解决争议的主要手段,司法是解决法律争端的文明、公正、可信赖的法律机制。纠纷主体有权选择他认为最合适的方式解决纠纷,如果他选择了诉讼,那么除非有法定理由,不应限制民事纠纷的主体向法院寻求司法解决的权利。为追求和谐,控制收案数而劝说原告放弃起诉,转由社会大调解等非诉机构处理有违司法终局原则。

我国依然存在着重行政、轻司法的思想,司法最终解决原则未真正确立。其一,不少法律本身设置了一些不合理的、强行性的诉讼前置程序,如劳动争议仲裁等,阻碍了当事人起诉权的充分、迅速行使。其二,国务院《城市房屋拆迁管理条例》规定拆迁人与被拆迁人对补偿形式、补偿金额等不能达成协议的,由房屋拆迁主管部门裁决,当事人对该裁决不服的,才可以向法院起诉。[①]《土地管理法》规定,土地所有权和使用权争议,当事人协商不成的,由县级以上人民政府处理。其通过法律的形式完全排除了法院的管辖,确定由行政机关终局性处理。其三,有些地方法院依据当地党委、政府的要求不受理某些案件,这既妨碍了国家审判权的统一、正确行使,也严重侵犯和剥夺了当事人的起诉权。

在西方国家,诉诸司法的权利是宪法权利。对公民的起诉权随意加以剥夺和限制,它既不利于对当事人起诉权的保护,也不利于法院权威的树立和社会地位的提高。事实上,就司法权的性质和地位而言,其职责主要是适用国家立法机关制定的法律,但这并不意味着它只代表国家机关的利益而不顾当事人的权益,相反,当国家机关违法侵权时,它要依法维

---

① 2011 年 1 月 21 日国务院公布施行《国有土地上房屋征收与补偿条例》,2001 年 6 月 13 日国务院公布的《城市房屋拆迁管理条例》同时废止。新条例第 26 条规定:"房屋征收部门与被征收人在征收补偿方案确定的签约期限内达不成补偿协议,或者被征收房屋所有权人不明确的,由房屋征收部门报请作出房屋征收决定的市、县级人民政府依照本条例的规定,按照征收补偿方案作出补偿决定,并在房屋征收范围内予以公告。补偿决定应当公平。被征收人对补偿决定不服的,可以依法申请行政复议,也可以依法提起行政诉讼。"第 27 条规定:"实施房屋征收应当先补偿、后搬迁。任何单位和个人不得采取暴力、威胁或者违反规定中断供水、供热、供气、供电和道路通行等非法方式迫使被征收人搬迁。禁止建设单位参与搬迁活动。"第 28 条规定:"被征收人在法定期限内不申请行政复议或者不提起行政诉讼,在补偿决定规定的期限内又不搬迁的,由作出房屋征收决定的市、县级人民政府依法申请人民法院强制执行。强制执行申请书应当附具补偿金额和专户存储账号、产权调换房屋和周转用房的地点和面积等材料。"

护社会主体的合法权益。司法机关的设立，很大程度上是为了给予社会主体有可能利用起诉权及公正裁判请求权来抵抗国家权力的侵犯，是为了抵制国家权力的专横和侵权行为，法官不应只是国家利益的维护者，更是社会正义的伸张者，当法律或权力侵害公民起诉权这一宪法权利时，法官有义务予以制止和纠正，并给予有效的司法救济。然而，必须承认，我国的现行立法本来就缺少市民社会的权利观、缺少以纠纷解决为中心的民事诉讼观，当事人在诉讼中的实际状态有时只是权力的客体。[①] 一些法院和法官习惯于从具体的规则出发或绝对地服从权力，宪法意识不强，较少考虑宪法条文和精神。因此，要切实保护公民的起诉权，应当处理好行政权与司法权的关系，贯彻司法最终解决原则。

（二）确立法院不得拒绝审判原则

在法治发达国家，尽管很少国家明确规定法官不得拒绝审判原则，但诸多人权公约将诉权或司法救济权确定为基本人权，许多国家的宪法直接或间接地肯定诉权或司法救济权为宪法基本权，因此法官不得拒绝审判原则是法治社会的题中应有之义，它既是公理，也是常识。即便如此，《法国民法典》第4条明确规定："法官借口法律无规定、规定不明确或不完备而拒绝审判者，以拒绝审判罪追诉之。"人民发生任何民事纠纷，法院均应受理。法院（法官）即使在法律对该项案件无规定或规定不明确、不完备的情况下，也不得拒绝受理案件。这样就使人民总有地方可以解决纠纷，否则就会使社会陷入混乱和不安。[②] 当案件事实真伪不明，法官运用证明责任分配进行裁判时，也是基于法官不得拒绝裁判原则。西方国家实行法官独立审判原则，我国实行法院独立审判原则，因此笔者将其称为法院不得拒绝裁判原则。

受严格规则主义等影响，我国司法实践中过于强调案件的受理必须

---

① 杨荣新、肖建华：《民事诉讼法学十年回顾、展望与法典的修改》，载杨荣新主编：《民事诉讼法修改的若干基本问题》，中国法制出版社2002年版，第20页。

② 谢怀栻：《大陆法国家民法典研究》，中国法制出版社2004年版，第9页。《法国民法典》前编虽仅仅有6条，但规定了近代民族国家法律的几个基本原则，包括法律统一原则、法律不溯及既往原则、法官不得拒绝审判、立法与司法分离的原则、不得破坏公序良俗、公私权（公私法）相互独立的原则，奠定了近代法律的基石。这6条在当时制定时不只是作为民法典的前6条，而是作为当时计划中的包括几个法典（民法典、刑法典、商法典、民事诉讼法典、刑事诉讼法典）的一个总法典的《前编》的。参见该书第7页。

有实体法上的依据。因此,对于一些案件,法院往往以缺乏可诉性为由不予受理或驳回起诉。在具体法律尚无明确规定的情况下,公民的基本权利或其他合法权益受到他人或组织的侵犯而得不到有效的司法救济在我国并不鲜见。针对某些棘手、难以下判的案件,法院又往往以没有法律的明确规定为由不予受理。

各国之所以规定法官不得拒绝裁判,法院应当受理无明文规定的或规定不明的案件,理由主要是应保护的权利与实体法确认的权利不可能一一对应,而实体法权利与起诉权更不可能一一对应。其一,如果仅保护实体法上明确规定的权利,实际上就排斥了没有上升为法定权利的那些权利受到侵害而请求司法救济的可能性。现实生活中还有相当一部分社会关系未被法律所调整,即还有一部分权利没有被法律明确确认,如果包含这类权利的社会关系发生争议因其不属于民事法律关系,而被认为不具有可诉性,那么,这类权利就无法得到法律保护。如果仅以实体法为受案的唯一标准,公民的某些宪法权利则得不到司法救济。宪法权利通常会经过立法程序被法律确认为具体的法律权利,当这些权利被侵害后,当事人可以通过民事诉讼得到司法救济。但并不是所有的宪法权利都已被转化为法律权利,未被转化的宪法权利被侵害后,法院不但要给予救济,甚至还要优先、及时给予保护。此外,有些纠纷不属于明显的民事法律关系争议,又不属于行政诉讼的主管范围,这类纠纷既不能提起民事诉讼又不能提起行政诉讼,因而无法诉诸司法。其二,实际上,实体法上主要在于规范各种实体权利,无须亦不可能为每种权利都设置一个诉讼法上的救济依据,通常立法者只对其认为特别重要的权利在实体法中设置起诉权救济条款,大量的一般实体权利的救济,应通过诉讼解决。[①] 以诉讼法中的一般条款解释起诉权的立法技术安排,可以大大节省立法成本,否则,如果在每项实体权利背后都设置一项救济条款,不但使实体法变得冗长繁琐,而且也使诉讼法在很大程度上丧失了其赖以存在的价值。[②]其三,法院不得拒绝裁判原则的基础是私权保障原则。该原则要求国家必须最大限度地为民事主体提供最为充分和最广泛的司法保护。现代各国

---

① 江伟主编:《民事诉讼法专论》,中国人民大学出版社 2005 年版,第 113—114 页。

② 参见蒋大兴:《公司裁判解散的问题和思路》,载王保树主编:《全球竞争体制下的公司法改革》,社会科学文献出版社 2003 年版,第 399 页。

民商法普遍倡导私法自治，鼓励扩大民商法的适用范围，因此，以法无明文规定而拒绝裁判没有任何法理依据。任何一个国家的立法条件、司法条件和市场环境的改善与成熟都是一个发展的过程，这一过程离不开司法权的积极参与，特别是司法对于形成中的实体权利的认可和保护。总之，无论从法理考虑，还是从政策角度考虑，我国未来的民法典或民事诉讼法典应当规定法官不得拒绝裁判原则，杜绝以法无明文规定而不予受理原告起诉的不良现象，也可以促使法院真正使司法活动融于生活，使司法成为维护公民权利和促进社会进步的有力武器。①

五、拓展纠纷的可诉范围

案件具有可诉性或可司法性（juristiciablity）和法院对受诉事项享有审判权构成民事诉讼的实质要件，二者从不同角度限定了民事审判权的范围。② 在德国、日本等大陆法系国家，前者为涉及诉讼标的的诉讼要件，与涉及当事人的诉讼要件一并规定在民事诉讼法中；后者为涉及法院的诉讼要件，由宪法、法院组织法、民事诉讼法共同调整。在美国，当事人只有将具有可司法性的事项提交法院，才能够使纠纷通过司法途径获得解决。可司法性的条件包括：(1) 必须具备宪法第三条意义内的“案件”或“争议”。争议在这里是指适合法院作出决定的争议，是明确、具体、真实的争议。(2) 原告必须具备诉讼“资格”，即当事人在案件的最终结果中有足够的利害关系。(3) 案件必须是“成熟”的。法院首先考察该争议是否宜于作出司法决定，然后考察如果不考虑该案时对当事人的伤害有多大。(4) 案件不能是“已失去实际意义的”。当不存在法院可以解决的实际争议时，案件就成为既往。(5) 案件不能构成“政治问题”。政治问题应当留给总统或国会解决，但并不是说法院拒绝审理一切具有政治敏感性的案件，其实法院经常决定涉及重大政府问题的具有政治敏感

---

① 参见刘俊海：《公司法的修改与解释：以司法权的适度干预为中心》，载《法律适用》2005年第3期。

② 参见傅郁林：《民事诉讼要件与审查程序——以民事审判权的范围为核心》，载《人民法院报》2005年9月28日第B1版。

性的案件。①

民事审判权的范围一般由三个层次的关系划定：第一，国家与社会（亦即公权力与私权利）之间的界线。立法将哪些社会冲突纳入司法管辖范围，而将哪些纠纷留给社会自治，取决于国家干预社会生活的主观愿望和客观可能性。比如法律规定仲裁协议对司法管辖权的排除效力，是国家司法权对社会自治权的妥协。第二，审判机关与其他国家机构（亦即公权力与公权力）之间的界线。为避免第一层次所界定的权利不会在公权力之间的相互争夺或相互推诿中遭受损害或落空，分权制衡的技术进一步划定了司法权在国家权力结构中的具体份额，这一份额取决于政府和社会对司法权的依赖程度及其为之提供的资源支持，并反过来决定着审判权在承担社会冲突解决方面的能力。第三，法院之间的界线。各法院之间管辖权的划分主要考虑公正审判目标下的方便当事人诉讼、便利法院行使审判权和各法院之间工作负担均衡等因素。② 无论是大陆法系还是英美法系国家，审判权的范围都是由宪法和法律明确确定的，包含了上述三个层次的内容，这一范围实际上也是对起诉权保护范围的界定和限制。这种界定以“限权”（私权对公权）和“分权”（公权对公权）理念为基础，从根本上和基础上确定了司法消极主义，亦即审判权不得超越授权范围行使。所谓司法最终解决原则是在此前提下实行的，亦即在宪法所限定的事项管辖权范围内，只要法律未明确授权其他途径管辖的民事纠纷，均可求助于司法救济，并且其他救济途径均受司法的最终审查，这体现了以社会契约理论为基础的“权利保留”理念——诉权在宪法和法律未加禁止的范围内行使不受审判权的干预。可见，权力限制和权利保护这一对内在逻辑一致的理念将司法消极主义与司法最终救济原则统合为自洽的完整体系，一方面它要求非经法定程序不得剥夺当事人起诉权；另一方面，除非请求事项在法律明确授权的事项管辖权范围内，否则法院不得行使审判权。在此基础上形成的起诉形式审查制，从程序上看，起诉只要符合形式要件即应受理，不受审判权的实质性干预；然而从实质上看，诉讼如果不符合实质要件则不得行使审判权，超越范围行使审判权，即使

① 参见〔美〕海利·爱德华兹：《美国联邦法院的权力和法院命令的执行》，载宋冰编：《程序、正义与现代化——外国法学家在华演讲录》，中国政法大学出版社 1998 年版，第 211—227 页。

② 参见傅郁林：《民事司法制度的功能与结构》，北京大学出版社 2006 年版，第 174 页。

以保护诉权为目的或借口,也会与任意剥夺诉权一样,都构成审判权的滥用。[①] 第一层次的内容在我国宪法或法律中尚无规定,其原因是传统理念上基于公有制国家对权力和资源的垄断,国家权力相对于公民权利而言是没有边界的,缺失权利保留观念。我国的"主管"制度大致涵盖了上述第二层次的内容,《民事诉讼法》第3条笼统规定了案件的"民事"性质,即"法院受理公民之间、法人之间、其他组织之间以及他们相互之间因财产关系和人身关系提起的民事诉讼"。在司法权与其他公权力之间关系的层次上,基于行政化的国家权力一元化的理念,国家机构之间只有职责的相对分工而没有分权,因而只对法院主管民事案件的范围作概括性规定,同时基于协作的理念,司法解释规定法院对不属于自己主管的事项告知当事人向其他机关寻求解决,而不是作出有法律效力的裁定。我国的管辖制度涵盖了上述第三层次的内容。有学者建议将主管概念改为民事审判权的作用范围,因为民事审判权的作用范围往往与一个国家的宪政结构、法律传统密不可分,作为纠纷走向法院的第一道门槛,它反映了法院可司法或可裁判的事项范围,而"主管"这一概念带有浓厚的行政化色彩,其主动性和强制性的色彩与司法被动性和消极性的本质特性是不相符的。[②] 笔者认为,管辖属于法院即司法权或者审判权内部的分工问题,第一层次的内容由宪法规定司法最终解决原则即凡是私法调整的社会关系所引起的纠纷都有权提起民事诉讼,民事审判权的范围具体落实到第二层次的主管制度,赞同将主管概念改为民事审判权的作用范围,有助于革除权力本位的司法观、保障起诉权和改革起诉审查制度。

纠纷的可诉性,是指纠纷发生后,纠纷主体可以将纠纷诉诸法院从而能够通过司法最终解决的属性。可诉范围,是指公民、法人和其他组织的权益受到侵害或者与他人发生争议时,有权提起诉讼要求法院予以司法保护的范围。纠纷的可诉性着眼于内在属性(什么性质的纠纷可以提起诉讼),而可诉范围着眼于外在范围(哪些权益或者什么性质的权益可以要求司法保护),二者是一个问题的两个方面。纠纷具有可诉性或者说属于可诉范围,纠纷主体就能够行使起诉权要求法院通过审判权解决纠纷

① 傅郁林:《民事诉讼要件与审查程序——以民事审判权的范围为核心》,载《人民法院报》2005年9月28日第B1版。

② 廖永安:《我国民事审判权的作用范围》,载《人民法院报》2005年9月14日第B1版。

和给予司法保护。日本学者竹下守夫认为："司法的核心作用应是在有对审结构的程序基础上，对以宪法为基础的各实体法所认可的权利（包括受法律保护的利益）给予必要的救济和司法保障。"[①]因此，可诉范围在权益保护上，大量表现为法定权利，包括一些没有具体诉讼机制予以保护的权利如某些宪法权利，还应当包括没有上升为权利的正当利益即"应有权利"，从而使它们成为现实权利。此外，可诉范围是从公民、法人和其他组织起诉权的角度对其权益范围作出的界定，而受案范围是从法院审判权的角度对法院权力范围的界定。二者的关系是："一方面，受案范围受制于可诉范围，原则上可诉范围即为受案范围，受案范围是由可诉范围决定的。另一方面，可诉范围的实现依赖于受案范围，受案范围体现并反映着可诉范围。"[②]可诉范围与受案范围体现了起诉权与审判权的关系，都是为解决纠纷、保护合法权益而进行的制度设置。

英美法系民事诉讼法制属于事实出发型民事诉讼，通过对案件事实进行法的评价，允许通过判例形成新的权利，允许"潜在的权利人"作为当事人提起诉讼，法律上对可诉范围不做详细规定，但可诉范围极其广泛，几乎没有限制。例如，在美国，除所谓的政治问题（主要适用传统上属于总统或国会职权的领域如外交、国家安全、战争权力等），几乎都可诉诸法院。[③] 美国人十分热衷于"维护自己的权利"，而不论它是基本权，还是对人身伤害提起诉讼的权利。[④] 但可诉性或者可司法性须符合一定的条件，如争议或必须是真实而有实际意义的，原告具有诉讼资格等。英美法系国家虽然没有大陆法系理论上的"诉的利益"的提法，代之以诉讼资格理论，但其要义基本相同。

大陆法系民事诉讼法制属于规范出发型民事诉讼，奉行依法审判，遵循诉讼要件理论，以制定法为确定诉的利益的标准，为具有诉的利益的纠纷当事人提供司法保护。在诉的利益的标准下，法院应当且能够受理社会所发生的各种纠纷，而少有法院不能涉足的领域。诉的利益是诉讼要

---

① 〔日〕竹下守夫：《民事诉讼法的目的与司法的作用》，载《现代法学》1997年第3期。

② 左卫民等：《诉讼权研究》，法律出版社2003年版，第57页。

③ 〔美〕杰罗姆·巴伦、托马斯·迪恩斯：《美国宪法概论》，刘瑞祥等译，中国社会科学出版社1995年版，第40页。

④ 〔日〕小岛武司等：《司法制度的历史与未来》，汪祖兴译，法律出版社2000年版，第20页。

件之一。这种利益也就是保护权利的诉讼上的根据,"不但在作出判决时应当具备这种利益,在提起诉讼时,如果不具备这种利益,就没有请求保护权利的可能,如果在诉讼程序中发现没有这种利益,或这种利益已经消失,那么结果就是驳回诉讼"。[①]《德意志联邦共和国基本法》赋予了联邦宪法法院广泛的管理权,它对德国公民因宪法赋予的权利即基本权利受到侵害时所提起的诉讼都具有管辖权。法院通过司法解释使宪法所规定的基本权利得以实现。于是,抽象的诉权通过法院本着适合、必要以及合乎比例原则为标准的司法解释,对什么是可诉、可诉的条件以及限度做了详细的列明。在民事诉讼领域,确立了"诉之利益"标准。[②] 法国除了在"管辖权"部分间接体现了可诉范围之外,法国新民事诉讼法典第31条还规定:"诉权给予一切与诉讼请求的成立与否有正当利益的人。"它要求提起请求的人应当具有诉的利益。在日本,有关审判权的作用范围的规定往往在宪法和法院法中加以明确界定,司法权定位于裁判"法律上争讼"的权限。法律上的争讼是指适用法律能够终局性地解决对立当事人之间关于具体权利义务的纠纷。因而,请求确认一般的、抽象性的法律无效和请求撤销最高法院规则等制度行为之诉等,是在司法权范围之外的请求。另外,对于具有高度的政治意义的所谓统治行为或政治问题以及对于团体内部纠纷的自律行为等都不成为司法审查的对象。[③] 因此,在日本,接近法院的权利是排除一定纠纷的"法律争论",法院对法律上的任何争议,包括与行政机构决议有关的争议有普遍管辖权。[④]

可诉范围是起诉权实现的前提,受案范围制约甚至决定可诉范围。我国的可诉范围存在以下主要问题:其一,纠纷可诉性的标准尚存在一定的问题。有学者认为,根据我国《民事诉讼法》第3条规定的精神以及我国国情及司法实践经验,纠纷可诉性的标准即法院主管的标准为:(1)法律关系的性质;(2)国家法律规定和最高人民法院的规范性文件的规定。据此标准,法院主管的民事案件范围有以下五种:民法、婚姻法调整的因财产关系及与财产关系相联系的人身关系产生的民事案件;经济法调整

---

① 王福华:《两大法系中诉之利益理论的程序价值》,载《法律科学》2000年第5期。

② 左卫民等:《诉讼权研究》,法律出版社2003年版,第59—60页。

③ 〔日〕兼子一、竹下守夫:《民事诉讼法》,白绿铉译,法律出版社1995年版,第1—5页。

④ 〔日〕小岛武司等:《司法制度的历史与未来》,汪祖兴译,法律出版社2000年版,第197页。

的因经济关系所发生的各类纠纷；劳动法调整的因劳务关系所发生的各类纠纷；其他法规调整的社会关系发生的纠纷；最高人民法院规范性文件规定的案件。[①] 有学者认为，《民事诉讼法》是以发生争议的实体法律关系是否属于民事关系为标准来划定主管范围的。民事诉讼法是保证民法实施的程序法，将因民事法律关系发生的争议作为法院民事诉讼主管的对象是理所当然的。[②] 以纠纷是否属于民事法律关系争议作为纠纷可诉性的标准，使部分宪法权利得不到司法救济，排斥了没有上升为法定权利的正当利益受到侵害而请求司法救济的可能性，也使既不属于明显的民事法律关系争议又不属于行政诉讼的受案范围的纠纷无法诉诸司法。其二，立法和司法的原因致使可诉范围较窄。在立法层面，《民事诉讼法》第3条将受案范围限定为对财产权利和人身权利的保护是有失妥当的，限制了公民权利保护的种类，不足以涵盖对各类合法权益的有效保护，这是因为在我国除有一部分宪法基本权利通过普通法律具体化以外，尚有不少宪法性权利并没有在具体法律中加以体现，那么这些宪法性权利就不能作为民事案件得到司法保护。在关于主体地位的平等性的认定上也存在不少问题，尤其在处理自治组织、公司企业、事业单位及有关团体内部争议问题上，往往将其视为非平等主体之间的争议，对于这类案件，法院一般不予受理。在司法层面，主管标准模糊，法院在确定主管事项方面具有较大的随意性；对于单位内部争议事项，法院一般不予受理；对于新类型的案件，法院往往以法无明文规定为由而不予受理；对于本属法院主管的案件，法院也往往以宜由行政解决为由，而不予受理，“重行政轻审判”的解纷观念依然存在。[③] 其原因在于：立法上以国家本位为理念指导，即从国家的角度和立场出发，简单地把法律视为国家控制和管理社会的工具的思想观念；司法上以法院本位或权力本位为司法理念，即从法院自身利益出发，来决定法院受案的范围与对象。[④] 此外，审慎立案的司法政策和法院缺乏应有的独立性与权威性也是重要原因。这些因素导致新

---

① 常怡主编：《民事诉讼法学》，中国政法大学出版社2002年版，第131页。

② 江伟主编：《民事诉讼法学原理》，中国人民大学出版社1999年版，第336页。

③ 参见廖永安：《民事审判权作用范围研究——对民事诉讼主管制度的扬弃与超越》，中国人民大学出版社2007年版，第18—29页。

④ 参见江伟、廖永安：《我国民事诉讼主管之概念检讨与理念批判》，载《中国法学》2004年第4期。

型疑难案件、敏感案件、群体性纠纷案件的起诉难问题,新型权利和某些宪法权利得不到司法保护。然而,不管有怎样的理由,法院以不属于受案范围为由对诉至法院的案件不予受理,直接剥夺了当事人的起诉权,不能充分保障公民、法人和其他组织的合法权益。

笔者对我国民事诉讼的可诉范围的拓展有以下三个方面的设想:一是可诉性的判断标准以民事法律关系标准为基本准则,以诉的利益标准为补充。民事法律关系标准是实体法的标准,即以实体法为依据,此标准明确、具体,容易把握,虽然包括的权利种类不全,也没有将上升为法定权利的正当利益包括在内,但具有合理性,不应否定。因为民法是调整平等主体之间的财产关系和人身关系的法律规范的总称,而民事诉讼法是保证民法实施的程序法。民事诉讼是民事实体法和民事诉讼法共同作用的"场"。诉的利益标准是诉讼法的标准,可以弥补实体法标准的缺陷,将民事权利之外的宪法权利和没有上升为法定权利的正当利益纳入可诉范围之内。诉的利益是指当民事权利、宪法和法律规定的其他权利及利益受到侵害或者与他人发生民事纠纷时,需要运用民事诉讼予以救济的必要性与实效性。[①] 必要性是指纠纷有无必要通过民事诉讼的方式加以解决。实效性是指法院能否通过民事诉讼实际解决纠纷和保护合法权益。根据诉的类型的不同,确认之诉的诉的利益在于解决某种法律关系或权利、利益的不明确状态,给付之诉的诉的利益在于有要求被告履行义务的必要性,对于形成之诉,只要是法律明文规定可以变动的法律关系,当事人要求变动,且该法律关系又实际存在的,就具有诉的利益。诉的利益标准抽象,可操作性不强,法官在判断当事人诉的利益有无时,往往以立法规定及立法精神、人权保障、社会主流价值取向、公共政策等为考量因素。二是在确立上述可诉性的标准的基础上,将宪法权利和"形成中的权利"纳入可诉范围。宪法权利是涉及公民在经济社会、政治、文化领域享有的基本权利。对宪法所确认的基本权利的保护通常是通过制定具体的法律将基本权利转化为具体的法律权利,如果这些具体的法律权利被他人侵害,则依据普通的诉讼程序获得救济。如果有的宪法权利没

---

① 笔者在此处对传统的诉的利益做扩大解释,将宪法和法律规定的其他权利、利益受到侵害在不符合刑事诉讼、行政诉讼特性或者不能通过刑事诉讼、行政诉讼追究侵害者的责任或者寻求司法保护时,在没有建立宪法诉讼制度的前提下,纳入民事诉讼的范围,避免权利和利益受到侵害时无法诉诸司法。

有转化为具体的法律权利，而受到私法主体的侵害或者发生争议时，具有可诉性，对于这种纠纷，当事人有权提起民事诉讼。宪法权利纠纷是以权利义务关系为内容的法律纠纷。如果说一般的法律纠纷中当事人享有诉的利益，那么宪法权利纠纷更具有诉的利益。我国的一些具有宪法性质的权益纠纷开始通过民事诉讼渠道予以解决。例如，最高人民法院《关于以侵犯姓名权的手段侵犯宪法保护的公民受教育的基本权利是否应承担民事责任的批复》（法释〔2001〕25 号）[①]指出："陈晓琪等以侵犯姓名权的手段，侵犯了齐玉苓依据宪法规定所享有的受教育的基本权利，并造成了具体的损害后果，应承担相应的民事责任。"将宪法权利争议纳入了可诉的范围。由于新型纠纷的出现，人们根据"新的权利"要求法院给予救济，而这些权利往往无从纳入现行法律所承认的权利体制和框架之中，有学者称之为"形成中的权利"，"严格地讲，它是一种正当利益，还不属于法律权利的范畴，一旦获得法院的承认，即成为新的法律权利"。[②] 正因为形成中的权利与现行制定法无法对应，且在实践中法院对其救济方式做法不一，大多数法院无论当事人主张是否具有诉讼保护的必要性，只要其不符合制定法中所规定的实体权利或法律关系，就一概以"不属于人民法院主管"为由而拒绝受理；个别法院尽管知道当事人主张与现行制定法所承认的权利要件不符，但基于社会的需要及正义感驱动，对有关权利的内容作扩张性解释以支持诉讼请求。[③] 在实体法尚无明确规定的情况下，正当利益享有者需要运用诉讼来判断其利益的有无，如果仅仅从"权利既成"的角度来考虑诉的利益的话，这种"形成中的权利"将没有诉讼救济的机会。我们可以将"形成中的权利"归为应有权利之列。当平等主体之间有关人身或财产的正当利益或形成中的权利受到不法侵害，就应当承认其具有诉之利益和享有起诉权。同时，法官不得以没有实体规范为裁判依据为由，拒绝受理和审判形成中的权利受到不法侵害而提起的诉讼，否则就构成对起诉权的侵犯。惟其如此，才能在真正意义上扩大民事诉讼的可诉范围。其三，在立法方面，宪法确立司法最终解决原则和

---

① 2008 年 12 月 24 日最高人民法院发布决定废止《关于以侵犯姓名权的手段侵犯宪法保护的公民受教育的基本权利是否应承担民事责任的批复》，废止理由是"已停止适用"。从 2001 年到 2008 年，所谓"宪法司法化"短短八年时间就夭折了。

② 左卫民等：《诉讼权研究》，法律出版社 2003 年版，第 75 页。

③ 张芳芳：《"形成中的民事权利"之诉权保护研究》，载《政法论丛》2004 年第 2 期。

诉权,全面修改《民事诉讼法》时修订民事诉讼法的适用范围。民事诉讼法的适用范围可以规定为:人民法院受理平等主体之间因财产关系和人身关系提起的民事诉讼,适用本法的规定。虽不属于前款规定的争议,但存在需要并能够通过民事诉讼程序解决的其他权益争议而向人民法院提起民事诉讼的,也适用本法。

六、改革与完善我国的起诉与受理制度

(一)理论界的主要观点

江伟先生在两个建议稿中都主张实行立案登记制,得到了许多学者的赞同,但法院的绝大多数同志持不同观点。2005 年的《民事诉讼法》修改建议稿第 265 条(起诉的条件)规定:“起诉必须符合下列条件:(一)原告有诉的利益;(二)有明确的被告;(三)有具体的诉讼请求和事实、理由;(四)属于人民法院受理民事诉讼的范围和受诉人民法院管辖。”第 268 条(立案登记)规定:“当事人向人民法院提起诉讼,人民法院应当立案登记。人民法院不得拒收当事人的诉状。”建议稿取消了审查起诉、决定是否受理的立案审查规定,代之以立案登记,即只要当事人向法院提起诉讼,提交了符合要求的起诉状,法院无需审查,应当立案登记,而将是否符合起诉条件的审查置于立案登记之后,从起诉程序上解决“起诉难”问题,以保障当事人的诉权。[①] 2008 年的《民事诉讼法典专家修改建议稿》在第一审普通程序的第 1 个条文即第 183 条(起诉状)规定:“起诉应当向人民法院递交起诉状,并按照被告人数提出副本。起诉状应当记明下列事项:(一)当事人的姓名、性别、年龄、民族、职业、工作单位和住所,法人或者其他组织的名称、住所和法定代表人或者主要负责人的姓名、职务;(二)诉讼请求和所根据的事实和理由,事实陈述应当陈明事实发生的具体过程等;(三)证据和证据来源,证人姓名和住所。当事人的起诉状不符合前款规定的,人民法院应指定期限命其补正。”第 184 条(起诉状的登记)规定:“人民法院对于当事人的起诉应当立案登记。当事人将起诉状提交人民法院之时发生诉讼时效中断的效力。”第 185 条

---

① 江伟主编:《〈中华人民共和国民事诉讼法〉修改建议稿(第三稿)及立法理由》,人民法院出版社 2005 年版,第 238、240 页。

（起诉的条件）规定："提起诉讼应当符合下列条件：（一）原告与本案有直接的利害关系或者虽无直接利害关系，但依法可以提起诉讼；（二）有明确的被告；（三）有具体的诉讼请求和事实、理由；（四）属于人民法院受理民事诉讼的范围和受诉人民法院管辖。"该建议稿取消了现行法规定的依据起诉条件审查起诉状，决定是否受理的立案审查程序，而改为立案登记，即当事人向人民法院提交起诉状后，法院无须进行审查，而应立案登记，从起诉程序上解决"起诉难"的问题，以保障当事人的诉权得到充分实现。此外，将起诉所引发的诉讼时效中断的效力立法化。①

张卫平教授认为，现行民事诉讼法关于起诉条件的设置标准过高，实质是将实体判决要件等同于起诉条件以及诉讼开始的条件。主张改革起诉制度，将起诉条件与实体判决要件相剥离，实行实体判决要件的审理和实体争议审理并行的"二元复式结构"。在改革起诉制度的同时，法院内部机构也应当调整，取消现行的"立审分立"原则，不再设立立案庭。②

学术界普遍倾向于实行登记立案。但徐昕教授认为，引入立案登记制应当审慎，立案登记制的确有助于保护诉权，但只是保护程序意义的诉权，当事人因此受益多少需要进一步研究。而且，诉权的概念不应当神圣化，因为诉权的启动会导致他人被动地进入诉讼程序和强制接受裁判。倘若诉权的启动过于轻易，将导致他人无端遭受不当诉讼的侵扰。尽管随着社会的发展，诉权的范围从总体而言呈现出不断扩张的趋势，但广泛地赋予诉权未必是一件绝对的好事，因为它至少会带来两方面的后果：一是滥诉；二是诉讼案件的急增。任何制度的设计都应当关注后果，规定立案登记制必须认真考虑可能引发的多方面负面影响。立案登记制撤销了法院的这道防线，未必有助于司法改革迈向独立和公正的目标。立案登记制难以解决"立案难"的现实问题。并提出完善现行立案审查制的如下基本思路：降低起诉条件；确保法院严格执行起诉条件的规则，禁止提高起诉的门槛，杜绝"抽屉案"和法官故意刁难当事人，相对宽松地适用弹性规定，并明文规定对当事人的救济条款，以及对法院的惩罚条款。③宋朝武教授认为，现行民事诉讼受理制度所规定的起诉条件，既包括实体

---

① 江伟主编：《民事诉讼法典专家修改建议稿及立法理由》，法律出版社 2008 年版，第 213—216 页。

② 张卫平：《起诉条件与实体判决要件》，载《法学研究》2004 年第 6 期。

③ 徐昕：《解决起诉难要立足中国国情》，载《中国审判》2007 年第 1 期。

内容又包括程序要求，确定性有余而灵活性、包容性不足，虽然能够一定程度地起到过滤纠纷，节约司法资源的作用，但其对于新型权利诉求进入诉讼渠道的阻隔作用日益显现，甚至为个别地方限制当事人正当诉权的行使提供了借口。在改造方案的设计方面，应当理性审视现有司法资源和司法环境，更宜采渐进式而非跃进式的方案，避免由于准备不足而导致司法不堪重负，制约正常功能的发挥。①

（二）实务部门的主要观点

在立案方式上，是实行各国普遍采用的登记立案方式，还是保持我国现有的审查立案制度，理论界与实务界发生了严重分歧。学术界普遍倾向于实行登记立案，而实务界普遍持反对态度。有法官认为，“登记立案”弊多利少，将迟延司法进步。实行登记立案必须同时具备三个条件：一是公民良好的法律意识；二是社会完善的纠纷解决机制；三是司法的极大权威。② 各级法院立案机构因深受涉诉信访冲击、干扰之苦，对此更有抵触情绪。在民事审判权作用范围不明的情形下实行登记立案制度，要求人民法院不得拒收当事人的诉状，是不切实际的，必将加剧司法矛盾，带来灾难性后果。③ 另有法官认为，立案登记制度不宜简单移植，理由是：立案登记制也不能解决“立案难”问题；论证不充分，没有实践的土壤；不能适应社会纠纷的复杂性；忽视了司法的有限性；忽视了司法机关以外的其他国家机关和社会组织在化解纠纷中的作用。除此以外，如果废除立案审查制度而简单移植国外的立案登记制度，还将带来以下危害：引起“诉讼爆炸”；降低司法威信；引起滥诉；妨碍法院和其他国家机关及社会组织的关系；实质上取消了主管制度；不适应中国的国情。④ 但也有法官主张，应将起诉要件和诉讼要件区别开来。在立法上将起诉要件规定为，只要提交合法的起诉状和交纳案件的受理费即可；同时应改造现行的民事立案受理制度，只要当事人起诉就立即发生诉讼系属的效力。至

① 宋朝武：《民事诉讼受理制度改造的理论视角》，载《法学论坛》2007 年第 3 期。

② 姜启波：《人民法院立案审查制度的必要性与合理性》，载《人民法院报》2005 年 9 月 21 日第 B1 版。

③ 姜启波：《民事审判权作用范围的相关问题》，载《人民法院报》2005 年 11 月 9 日第 B1 版。

④ 吴少军等：《论民事诉讼立案审查制度》，载陈桂明主编：《民事诉讼法学专论》（中国法学会民事诉讼法学研究会年会论文集 2007 年卷），厦门大学出版社 2008 年版，第 140—143 页。

于案件的管辖、当事人适格和主要证据等诉讼要件,应由法院在诉讼系属内继续审查。籍此进一步降低起诉的门槛,以使民众能更便利地接近司法,使当事人的合法权益都能够得到充分的司法保护和救济。[①]

(三)本书观点:以立案登记制为原则,以立案审查制为例外

以立案登记制代替立案审查制,能确保诉权免遭侵害及有效行使。反对这项改革方案的主要担忧是,无法杜绝恶意诉讼和导致司法资源的浪费。在对立双方的剧烈争论中,不能回避的重要问题是:应如何妥善处理"司法最终救济原则"与"司法解决纠纷有限性"之间的关系?立法设计者在保障公民充分享受诉权时,如何有效防止滥诉缠诉现象的发生?质疑的主要观点是:立案登记制难以解决起诉难,不利于保护诉权;引入立案登记制应审慎,防止激进式改革;立案登记制耗费司法资源,使法院不堪重负。回应的主要观点是:立案登记制旨在保障诉权,符合诉讼法理;实行立案登记制有助于克服现行立案审查制的随意与无序;对当事人加强引导、制约以防止滥诉,但当务之急应是限制审判权滥用。[②] 观点交锋的双方都有自己的理据。

立案审查制与立案登记制的重大区别在于,前者在诉讼系属之前对起诉要件与诉讼要件一并审查,决定是否立案,起诉权行使的结果既有可能启动诉讼程序也有可能不能启动诉讼程序,后者是对符合起诉要件的先登记立案后再审查诉讼要件,起诉权的行使没有遇到障碍,因为当事人起诉非常容易达到提交合法的起诉状和交纳案件受理费的条件;两者相同之处是迟早要对起诉要件和诉讼要件进行审查。如果起诉要件设定低,让当事人进入诉讼程序后再审查诉讼要件,即使因不完全具备诉讼要件而裁定驳回起诉,按照我国的《诉讼费用交纳办法》的规定,退还当事人已经交纳的案件受理费,从经济上原告也没有受到多少损失。

笔者认为,改革和完善我国的起诉与受理制度,应当遵循两个原则:一是充分、及时、有效地保障当事人的起诉权原则。司法是社会正义的最后一道防线,然而现行民事诉讼制度中的立案审查程序却为公民进入司

---

① 卯俊民:《我国民事起诉要件之重构》,载《人民司法》2005年第9期。

② 徐昕等:《"立案登记制降低起诉门槛,旨在保护诉权":质疑与回应》,载《人民法院报》2007年6月5日第5版。

法之门设置了障碍。不论坚持或支持“立案审查制度”者摆出多少“必要性”,他们难以回避的问题是,一定数量的当事人的维权之路被断送在“立案审查”上,公民的权利诉求被司法拒之门外。“状告无门”乃“立案审查”之必然结果。当然,这种必然结果并不可能发生在每一位公民身上,但必然发生在某一位或某一部分公民身上;而至于发生在哪一位公民身上则是不确定的,这也就意味着,所有公民都有可能被“立案审查”阻断权利之路。我们应当直面问题、解决问题,法院应依法行使审判权。二是兼顾我国的国情原则。比如法院的司法资源不足、司法能力有限问题。因此,本书提出以下改革方案:以立案登记制为原则,以立案审查制为例外。

以立案登记制为原则,是指当事人起诉的案由只要属于最高人民法院《民事案件案由规定》中的案由,并提交符合《民事诉讼法》规定的起诉状和交纳诉讼费用,法院就应当立案登记。立案后由民事审判庭审查诉讼要件和权利保护要件。理由是:我国民事实体法基本沿袭大法陆系的传统,注重制定法的作用,注重法律体系的完整性和安定性。《民事案件案由规定》中的每一个立案理由对应着一个或一组民事权利,只要受侵害的民事权利或发生争议的民事法律关系符合“立案理由”中的某个案由的规定,法院就应受理立案,给予法律保护。

以立案审查制为例外,是指对于法律和司法解释没有明文规定的新类型案件实行立案审查制度。法律规则上的疑难案件属于法律无明文规定的案件,实质上也属于新类型的案件。敏感案件、群体性案件中除部分属于新类型案件外,只要是属于《民事案件案由规定》的案件类型,都应当实行立案登记制,不能以任何理由拒绝受理。立案庭收到当事人提交的诉状,如属于新类型的案件则移交相关的民事审判庭进行审查决定是否立案。对于这类案件,法院如果总是一味地迁就现实,规避审判风险,消极不作为,那么司法权在权力结构中就将一直处于弱势,难以承担有效保护公民合法权益的职责。

这个方案是根据我国的法制传统(依照民事诉讼法和民事实体法行使审判权),改革现行民事诉讼法对所有民事案件“一刀切”的立案审查制度,采取“区别对待”的方针,能有效地解决为人们所诟病的法院根据法律规定应当受理而不予受理敏感案件、群体性案件的问题。本方案不如立案登记制的设计者江伟先生及其支持者主张的立案登记制彻底,因

而不是“革命性”的，但比改良主义的方案（如降低现行民事诉讼法的起诉条件等）有实质性的推进，是一种改革性的方案。它的价值在于：一是废除了一般民事案件的立案审查制度，使绝大多数当事人顺畅地进入司法之门；二是解决了敏感案件、群体性案件（除本身属于新类型案件外）的起诉难（立案难）问题，这两类案件往往并不是因为不符合民事诉讼法规定的起诉条件而不予受理，因此它去除了“法”外的因素和权势对起诉权的侵犯；三是以《民事案件案由规定》的案件为标准，可操作性强，简便易行，能解决司法不作为问题。

一些学者和实务部门也提出适当地降低现行民事诉讼法规定的起诉条件，走改良主义的道路。那么降低起诉条件降到什么程度？如果降到与大陆法系的起诉要件一样，就等于实行登记制；如果降低一些，那么从我国所包含的诉讼要件中去除或者修改哪个或哪些要件，起诉难的问题能够得到多大程度的解决？大陆法系为了保障民众接近司法的权利，采取“先松后紧”的措施，区分起诉要件与诉讼要件；我国为了实现控制滥诉和其他目的，采取“先紧后也紧”的制度设置，起诉条件包括了起诉要件和诉讼要件，是在诉讼系属之前进行审查，即使立案后仍进行诉讼要件的二次审查。因此，我国学者所说的降低起诉条件是指适当降低起诉的门槛，并不是降低诉讼要件。适当降低起诉条件的改良方案对于从制度上解决起诉难问题的成效不大，只要还实行立案审查制，法院就可以仍然实行审慎立案的司法政策并以多种理由不予受理。

强化对起诉权的保障，并非倡导公民对所有的纠纷都向法院起诉，并不反对在诉讼之前鼓励公民通过多元化的非诉讼解决机制进行解决。而是认为对于公民起诉到法院的案件，不能将其“堵”在法院门槛之外。尽管宽松的起诉条件和形式化的立案可能会使更多的纠纷进入法院，但并不意味着所有的纠纷都会涌向法院，毕竟，诉讼费用、法院设置、当事人自身法律意识以及司法公信力等众多因素都会对起诉权的行使产生影响。即使面对更多的纠纷涌向法院，我们也不能通过严格甚至苛刻的起诉和受理制度将当事人堵在法院的大门之外。在现代社会，司法是公民维护权利的最后一道屏障，我们无权剥夺公民进入这道屏障的机会。只有保障起诉权的行使，才能把民事纠纷引领到公力救济面前，才能更好地体现“司法为民”。

七、完善起诉权的救济制度

（一）完善起诉权的诉讼法救济制度

不予受理是指法院依据民事诉讼法的规定，审查原告的起诉后，认为不符合起诉条件，从程序上书面裁定不予立案的司法行为。驳回起诉是指法院依照民事诉讼法的规定，在立案受理原告起诉后的审理过程中，发现不符合法定受理条件，以书面裁定驳回其程序上请求权的司法行为。驳回起诉是对当事人起诉权的否定。我国1982年《民事诉讼法（试行）》第85条规定：人民法院接到起诉状或者口头起诉，经审查，符合本法规定的受理条件的，应当在7日内立案；不符合本法规定的受理条件的，应当在7日内通知原告不予受理，并说明理由。我国1991年《民事诉讼法》第112条规定："人民法院收到起诉状或者口头起诉，经审查，认为符合起诉条件的，应当在7日内立案，并通知当事人；认为不符合起诉条件的，应当在7日内裁定不予受理；原告对裁定不服的，可以提起上诉。"增加了三项规定：立案应当通知当事人；不予受理应当作裁定，原告对裁定不服还有权提起上诉；当事人有权提出管辖权异议，当事人对法院作出的裁定不服有权提起上诉。根据第140条的规定，裁定适用于十一种情形，其中只有三种裁定可以上诉，即不予受理的裁定、对管辖权有异议的裁定和驳回起诉的裁定。不予受理的裁定和驳回起诉的裁定是直接针对起诉和受理的。管辖权异议也与案件受理有关，往往是无权管辖的法院受理了原告的起诉，被告或者第三人提出了管辖权异议。1992年《适用意见》第139条规定："起诉不符合受理条件的，人民法院应当裁定不予受理。立案后发现起诉不符合受理条件的裁定驳回起诉。"第142条规定：裁定不予受理、驳回起诉的案件，原告再次起诉的，如果符合起诉条件，人民法院应予受理。由此可见，立法和司法解释比较重视受理问题，目的是在立案审查制的前提下对当事人的起诉权以及应诉权中的管辖异议权提供相应的法律保障。

根据我国民事诉讼法的规定，法院对起诉权的审查有三种结果：一是符合起诉条件的，立案；二是原告起诉后，法院经审查认为不符合起诉条件的，裁定不予受理，这是受理前的裁定；三是立案后发现不符合起诉条件的，裁定驳回起诉，这是受理后的裁定。法律规定了对起诉权的诉讼法救济方式，即不服不予受理的裁定和驳回起诉的裁定，都有权提起上诉。依照现行法规定进行考量，法院在立案程序中不履行或不当履行法定义务主要表现在：法院对起诉人的起诉不予理睬，一般表现为对起诉人的起诉状或口头起诉不予接收；法院对起诉人的起诉予以接收后，在法定期限内不予立案，也不裁定不予受理；法院对起诉人的起诉未认真审查即裁定不予受理，或草率立案后又以不符合起诉条件而裁定驳回起诉。通过第三章的实证分析，法院对于不予受理普遍采用口头告知的方式，实际上是1982年试行民事诉讼法规定的通知方式，并且往往不说明理由，属于程序违法行为，既违反民事诉讼法的规定，又剥夺了起诉人对于不予受理提起上诉的权利，实质上侵害了当事人的起诉权。立案审查制本身不利于保护起诉权，司法实践中法院违反法律的规定不出具裁定，两者叠加，起诉权的保障雪上加霜，导致起诉难。因此，在没有对民事诉讼法的起诉与受理制度进行修改之前，当务之急是法院严格执行民事诉讼法的规定，追究此种程序违法行为的责任，革除当事人对不予受理的上诉权形同虚设的现象。

民事诉讼领域应当借鉴最高人民法院《关于执行〈中华人民共和国行政诉讼法〉若干问题的解释》（法释〔2000〕8号）对起诉权的救济措施。其第32条规定："人民法院应当组成合议庭对原告的起诉进行审查。符合起诉条件的，应当在7日内立案；不符合起诉条件的，应当在7日内裁定不予受理。7日内不能决定是否受理的，应当先予受理；受理后经审查不符合起诉条件的，裁定驳回起诉。受诉人民法院在7日内既不立案，又不作出裁定的，起诉人可以向上一级人民法院申诉或者起诉。上一级人民法院认为符合受理条件的，应予受理；受理后可以移交或者指定下级人民法院审理，也可以自行审理。前三款规定的期限，从受诉人民法院收到起诉状之日起计算；因起诉状内容欠缺而责令原告补正的，从人民法院收到补正材料之日起计算。"第3款既规定了对起诉权的救济措施，又规定了审理问题。这是针对有些法院在法定期限内既不立案又不作出裁定的错误做法而规定的，目的在于为起诉人提供救济途径，有利于解决有些受诉法院因担心起诉人上诉而不作裁定的问题。[①] 但其缺陷在于没有将法院的这种行为定性为程序违法行为，未规定对相关责任人员的追究措施。

笔者认为，在民事诉讼中，针对受诉法院在7日内既不立案，又不作出不予受理的裁定，可以规定以下三个方面的救济措施，由起诉人自己选择救济方式：(1) 直接赋予起诉人向上一级法院起诉的权利。(2) 赋予起诉人向上一级法院申诉的权利，由上一级法院对下级法院实行立案监督。如初步审查后认为符合起诉条件的，责令下级法院立案；若不符合起诉条件，责令下级法院作出不予受理裁定，起诉人对该裁定有权提起上诉，上一级法院组成合议庭对上诉进行审查作出裁定。(3) 建立对既不立案又不作出裁定的检察监督制度。起诉与受理环节是民事诉讼的起点。法院既不立案，又不作出裁定的做法，其实质是剥夺了公民、法人和其他组织的起诉权，是一种严重侵害当事人程序性权利的行为。对此，检察机关可以向相关法院发出纠正违法通知书的方式[②]进行检察监督，保护当事人的起诉权。

（二）建立起诉权的宪法救济制度

无救济即无权利，“救济既是对法定权利的保护，也是对道德权利的宣示。”[③]美国宪法的生命力不在于其确立了联邦制或代议民主，也不在于其增设了权利法案，而在于其创设了违宪审查制度。正是1803年马伯里诉麦迪逊案所确立的违宪审查制度，赋予了“权利法案”以真正的现实意义，因而也盘活了1787年宪法所设置的基本的宪政制度。法国也是如此，“人权宣言”并没有从根本上对法国人民的人权状况带来多少改观，

---

① 甘文：《行政诉讼法司法解释之评论——理由、观点与问题》，中国法制出版社2000年版，第102页。

② 笔者认为，不宜采取提出检察建议的方式促使法院自行纠正错误。检察建议是检察机关针对法院在民事审判活动中存在的实体性错误或一般程序性错误，或者法院在民事审判工作中应予改进的问题，提出纠正或者改进建议的一种监督方式。这是一种比较柔性的监督方式，建议不具有强制效力，仅供法院参考。纠正违法通知书是借鉴刑事检察中的做法而创设的一种监督方式，主要用于纠正法院在民事、行政诉讼中存在的严重程序性错误。这种监督方式具有一定刚性，但是由于比较尖锐、激烈而难以被法院接受。两种方式各有其特点，也各有其局限性，实践中往往针对不同情况分别运用。参见李鹏飞、刘云：《论检察机关对民事诉讼过程的监督》，载陈桂明、王鸿翼主编：《司法改革与民事诉讼监督制度完善》，厦门大学出版社2010年版，第516页。

③ 夏勇主编：《走向权利的时代——中国公民权利发展研究》，中国政法大学出版社2000年版，第3页。

倒是后来确立的宪法委员会和行政法院给法国人权提供了实实在在的公力救济或保障。人权宣示只能给人民带来精神上的满足,权利救济才能带给人民实实在在的利益,因此,权利宣示制度仅仅是宪法的一项内容,唯权利救济制度才是宪法之生命所在,权利的救济优于权利的宣示。权利保障是宪法的基本原则和内容,而宪法对权利保障的最根本最有力的方式莫过于为每一个可能受到侵害的权利主体设置便捷可行的申诉机制,其中最为重要的是宪法诉讼机制。①

对基本权利的救济主要有宪法上的救济和普通法律对基本权利的救济这两种方式。宪法上的救济主要是通过宪法监督制度,即违宪审查制度、宪法诉讼制度以及宪法的司法化等来实现的,而普通法律上的救济则主要是通过刑事诉讼、民事诉讼和行政诉讼以及非诉讼救济的途径来实现的。② 我国公民权利的实现与司法救济之间大致有三种关系模型:一是已为普通法律所规定,并为之设置了司法救济途径;二是仅仅为普通法律具体化,但并未为之提供司法救济渠道;三是既没有为普通法律所规定,亦未为之设立司法救济渠道。这样,公民权利能否得到司法保障完全取决于各个单行法,尤其是各个诉讼法的具体规定,公民在司法救济方面的权利也往往被局限于刑事诉讼法、民事诉讼法、行政诉讼法所规定的各项具体诉讼权利,很少认为这应当首先是宪法上权利。宪法规定公民司法救济权的直接意义就在于,当公民穷尽了其他救济手段之后,能够通过宪法而获得救济;一切在普通诉讼法律制度中得不到保障的权利都应当能在宪法中找到最终的救济根据与途径。如果存在公民不能获得救济的领域,那就意味着为公民权利的保障撕开了一个可怕的缺口,也意味着宪法和法律上的人权可能随时会遭受到突如其来的打击而又无法予以防御;如果权利不能得到国家司法权的最终认可和保障,那就不是真实的权利而只是一种纯粹的道德宣言或者是一种哲学上的概念而已。③ 当宪法规定的基本权利被法律具体化后,公民权利受到侵害自然可以诉求于法律保护,但当宪法确认的基本权利没有被具体化时,传统的法律救济机制就无能为力了,这就有悖于"有权利必有救济"的法治原则。公民宪法权

---

① 江国华:《无诉讼即无宪政》,载《法律科学》2002 年第 1 期。

② 参见许崇德主编:《宪法》,中国人民大学出版社 1999 年版,第 182 页。

③ 苗连营:《公民司法救济权入宪问题之研究》,载《中国法学》2004 年第 5 期。

利受到侵害时,若无实体法依据,法院往往不予受理。这无疑成了宪法权利的司法保护的瓶颈,也大大削弱了宪法的权威性,使宪法陷入了名义上的最高法而实践上被漠视的尴尬境地。因此,除了在立法上直接确认诉权外,还应突破宪法不可诉的惯例,使公民在宪法权利受到侵害时,可提起宪法诉讼。

诉权是基本人权的救济手段,诉权又是救济性的基本人权。作为公权与私权之间的桥梁,程序与实体之间的纽带,诉权的宪法化和宪法性为诉权提供了司法救济和宪法救济两个渠道,救济也相应地分为两个相互连接的层次:权利的救济导引出诉权,作为一种救济权的诉权的救济导引出宪法诉讼。从保障诉权进而保障人权的角度出发,我们应顺应世界各国整体性的走向和趋势,建立中国的违宪审查和宪法诉讼制度,走宪法司法化之路。[①]由于宪法的可诉性或司法化问题一直没有得到很好的解决,因而对于公民所享有的而民事实体法没有作出具体规定的宪法性权利,在受到行政机关、社会组织或者他人侵犯时,公民无法通过行使诉权的方式请求司法救济,诉权的宪法保障力度因此大大削弱。诉权的贯彻,取决于是否有法定的机构以法定的程序纠正、追究侵犯诉权的行为并给予相应的救济,这种救济的有效途径是违宪审查和宪法诉讼。违宪审查是对立法或特定行为(一般指国家机关的行为)是否合宪作出的判断。更直接的救济方式为公民在诉权受到侵害时,向拥有违宪审查权的机构提起宪法诉讼。鉴于我国实行立法至上,行政、司法由人大产生,并向人大负责的政体,为从法理上理顺立法、行政和司法三权的权力配置以及健全三权的相互制衡功能,可考虑逐步设立中央与地方两级的宪法法院审查立法及某些行为的合宪性并审理全部的宪法诉讼案件。可以考虑将公民因诉权遭受侵害提起诉讼的条件界定为:第一,公民的诉权遭受包括普通法院在内的国内公共权力机构或者优势社会团体的权力侵犯;第二,在提起宪法诉讼之前已经穷尽了所有其他司法救济手段。[②] 作为一个公民,有要求国家司法机关保护其权利的权利。这是一项宪法性的权利,也是民事诉讼立法的根源。公民向司法机关提出救济的要求时,只要符合有关

---

① 江伟、王铁玲:《论救济权的救济——诉权的宪法保障研究》,载《甘肃政法学院学报》2006 年第 6 期。

② 同上。

程序，司法机关必须受理并依法对其作出相应的具体救济。同理，诉权作为基本人权的救济手段和救济性的基本人权，亦享有诉诸司法、请求国家保护的权利。例如，一些法院对涉及政府债务纠纷的案件，出于内在的顾虑及外在的压力，不予立案或在立案后迫使当事人撤诉。法院对于许多涉及党政机关的案件不受理，主要还是由于法院的人、财、物被行政机关控制，所以涉及这些机关的案件，法院为了不得罪他们的“衣食父母”，也不予受理。

笔者以为蔡定剑教授的宪法私权诉讼先行的思路具有现实意义。根据蔡定剑教授的观点，宪法诉讼可分为违宪审查之诉和宪法私权诉讼两个层面，所谓宪法私权诉讼是指公民在认为自己的宪法基本权利受到国家权力以外的侵犯时，依据宪法所提起的诉讼。在中国先走违宪审查之诉的道路面临巨大的体制上、观念上的障碍的情况下，可以通过启动宪法私权诉讼来开辟宪法的实施道路，先把宪法适用起来，把宪法的作用发挥起来，把宪法保障公民权利的价值体现出来，把人们对宪法只是政治纲领而不是法律的认识和观念转变过来。然后再推动宪法针对公权力的违宪审查制度可能就会容易一些。由于中国目前的法律不完备，公民的宪法权利裸露，不仅面对着国家权力的侵犯，而且也面临着其他公民、社会组织的侵犯，宪法的私法适用因此就显得非常必要。同时，宪法的私法适用只是由法院权衡决定是否保护某种公民的权利，而不是裁决谁违宪，不存在公民成为违宪主体的问题。[①]

八、完善妨害起诉权的责任制度

受权力本位思想的影响，我国《民事诉讼法》第十章以及有关规定的制裁规则集中在对当事人诉讼权利滥用与妨害民事诉讼行为方面，以至于大多数人形成了这样的观念，认为民事诉讼法律责任的主体仅仅是当事人以及其他诉讼参与人，其行为通常表现为滥用起诉权、扰乱法庭秩序、伪造证据、不履行协助义务、拒不履行生效裁判等妨害民事诉讼行为，似乎法院或法官不能成为责任主体。事实上，法院或法官本身也是民事诉讼的主体之一，而且处于强势的一方，其作为当事人权利的义务主体，

---

① 蔡定剑：《中国宪法实施的私法化之路》，载《中国社会科学》2004 年第 2 期。

对当事人权利的实现起着至关重要的作用。

田平安先生认为,民事诉讼实体法律责任是指不履行民事诉讼法所规定的义务而应承担的实体性不利后果,分为刑事责任、行政责任和民事责任;民事诉讼法律责任是指民事诉讼主体因违反民事诉讼法所设定的程序义务而依照民事诉讼法应当承担的程序性不利后果,包括程序权利减损、程序结果无效和程序行为重作。[①] 最高人民法院直到 1998 年才出台《人民法院审判人员违法审判责任追究办法(试行)》(法发[1998]15 号)和《人民法院审判纪律处分办法(试行)》(法发[1998]16 号)。[②]

如果法院或法官对合法的起诉拒不受理或不公正裁量,法律上又没有具体追究其法律责任的制度,则原告往往只能无可奈何,听任起诉权受到侵害。我国在"起诉难"形成数年后,才于 1998 年出台了上述两个规范性法律文件。《人民法院审判纪律处分办法(试行)》第 22 条规定:"违反法律规定,擅自对应当受理的案件不予受理,或者对不应当受理的案件违法受理,给予警告至记大过处分。私自受理案件的,给予记大过至撤职处分。因过失致使依法应当受理的案件未予受理,或者对不应当受理的案件违法受理,造成严重后果的,给予警告至记大过处分。" 最高人民法院《人民法院审判人员违法审判责任追究办法(试行)》将违法受理纳入追究范围,其第 5 条规定:"违反法律规定,擅自对应当受理案件不予受理,或者对不应当受理的案件违法受理,或者私自受理案件的。因过失致使依法应当受理的案件未予受理,或者对不应当受理的案件违法受理,造成后果的。"第 32 条规定了违法审判的责任方式:"对责任人的追究,应当根据违法行为的具体情况确定:情节轻微的,责令有关负责人作出检查或

---

① 参见田平安:《程序正义初论》,法律出版社 2003 年版,第 302—321 页。

② 2005 年最高人民法院发布的《法官行为规范(试行)》(法发[2005]19 号)规定了法官的立案行为规范。立案的基本要求是:保障当事人依法行使诉权;便利人民群众诉讼;确保立案质量,提高立案效率。当事人的起诉,符合起诉条件的,在法定时间内及时立案;不符合起诉条件的,不予受理并告知理由,当事人坚持起诉的,裁定不予受理;当事人自愿放弃起诉的,应当准许;提供诉讼指导材料。如果不属于法院主管或者本院管辖,告知当事人不属于法院主管或者本院没有管辖权的理由;根据案件实际情况,指明主管机关或者有管辖权的法院;不得违反管辖规定受理案件。如果诉状内容和形式不符合规定,告知按照有关规定进行更正,做到一次讲清要求;不得因起诉要件以外的瑕疵拒绝立案。若起诉材料中证据不足,不能以支持诉讼请求的证据不充分为由拒绝立案。遇到疑难复杂情况,不能当场决定是否立案的,收下材料并出具收据,告知等待审查结果;及时审查并在法定期限内将结果通知当事人。发现涉及群体的、矛盾易激化的纠纷,及时向领导汇报并和有关部门联系,积极做好疏导工作,防止矛盾激化。

者通报批评;情节较重,应当给予纪律处分的,依照《人民法院审判纪律处分办法(试行)》给予相应的纪律处分;有犯罪嫌疑的,移送有关司法部门依法处理。”但是,此条规定的妨害起诉权的法律责任不全面、不到位:(1)仅规定法官对法院的内部纪律责任,充其量算是行政处分的行政法律责任形式,而妨害起诉权的法律责任主要是对当事人和社会的责任,是对外的责任。(2)仅规定了法官的责任,回避了法院的集体责任。妨害起诉权的法律责任主体包括法院和独任制法官、合议庭等审判组织,如果是法院领导集体决定甚至是通过司法解释或者规范性文件规定不予受理,则对外责任主体应是法院,法官执行的是领导或者上级决定,就不能追究法官的责任,最终导致无法追究;违法行为由法官个人决定和作出,责任主体是法官个人。(3)由法院追究本院法官的责任,这种内部责任追究制度人治的成分太浓,护短、包庇等责任无法落实的情形不可避免。妨害起诉权法律责任的裁决者应是当事人与法院或法官以外的第三人,否则,就会因事先丧失居中的立场而使人怀疑其结果的公正性。

本书在第二章介绍了我国古代封建社会规定了应当受理而不予受理的法律责任,侵犯原告的起诉权要承担刑事责任。当事人持有“不理状”依法上诉官司推抑而不受理,当事人“请状上诉”而官司“不给状”,有人邀车驾及挝登闻鼓及上表申诉主司却不接受,如此等等违反告诉与受理制度的行为,《唐律·斗讼》都规定了相应的法律责任,予以刑事制裁。根据宋律的规定,对于符合起诉条件的民事诉讼,有管辖权的机构必须受理。应受理而不受理者要治罪,“应合为受推,抑而不受者,笞五十,三条加一等,十条杖九十”。对于不符合起诉条件的民事诉讼,则不允许官司受理。不应受而受理者,也要治罪。在元朝,如应受理而不受理者,主管官吏也要受到惩罚。明代规定了不应受理而受理的责任,“官司受而为理者,笞五十。”应该受理而不受理的,要追究其刑事责任,“斗殴、婚姻、田宅等事,不受理者,各减犯人罪二等,并罪止杖八十。受财者,计赃以枉法从重论。”依照“原告就被告”的原则,被告所在机关应受理却“推故不受理者,罪亦如之。”在清代,州县官无故不受理民事案件的法律责任是:凡“告……婚姻、田宅等事不受理者,各减犯人罪二等,并罪止杖八十。受(被告之)财者,计赃以枉法(罪与不受理罪)从重论。”州县官应受理而未受理的民事案件,或违反审案期限,未经展限而过期结案,或由于故意、过失使判决有出入,均须承担法律责任。[①]《法国民法典》第4条明确规定:“法官借口法律无规定、规定不明确或不完备而拒绝审判者,以拒绝审判罪追诉之。”笔者认为,对于应当受理而不予受理的,追究刑事责任,过于苛严,其行为的违法性尚未达到犯罪的程度,不宜采用。但是否应承担民事责任?民事责任基本是针对个案的侵权行为,如没有正当理由而拒绝受理、对认为不应受理的案件拒绝制作裁定、主动干预个案的起诉等,承办法官以及其他责任人是基于故意而妨害起诉权行使的,应当对原告承担赔礼道歉的民事责任,如果对原告造成了一定的损害,应当承担赔偿损失。妨害起诉权的行为,属于程序性违法行为,应当采取程序行为重作的方式,即应受理而不予受理的,责令受理。此外,对于不予受理拒发裁定导致当事人无法上诉的,借鉴行政诉讼法司法解释的规定赋予向上一级法院上诉的救济权。如果赋予直接向上一级法院起诉的权利,与级别管辖的规定有冲突,但也可以视为强化起诉权保障的特殊规定。

九、贯彻落实司法救助制度和法律援助制度

(一)关于司法救助制度

司法救助制度,是指人民法院对于当事人为维护自己的合法权益,向人民法院提起民事诉讼,但经济确有困难的,实行诉讼费用的缓交、减交、免交的制度。在现代法治国家,当事人依法获得司法保护是一项宪法性权利,而保证经济确有困难者亦能有机会平等地利用司法程序在本质上则是一种国家责任。在国家实行“有偿诉讼”制度的情况下,没有经济能力通过司法途径保护自己的权益,即“打不起官司”、“接近司法有经济障碍”,为了确保经济确有困难的当事人能够行使起诉权,进行诉讼,保障其合法权益,应当建立并贯彻落实司法救助制度。

我国最初的司法救助制度始于1984年最高人民法院颁布的《民事诉讼收费办法》(试行)。1999年最高人民法院出台的《〈人民法院诉讼收费办法〉补充规定》第4条第2款正式提出了“司法救助”的概念。2000年最高人民法院颁发的《关于对经济确有困难的当事人提供司法救助的

① 张晋藩主编:《中国民事诉讼制度史》,巴蜀书社1999年版,第31、65、112、148、192页。

规定》对我国的司法救助制度做了初步系统的规定,2005 年 4 月最高人民法院对该规定进行了修订,但仍有不足。国务院公布的并自 2007 年 4 月 1 日施行的《诉讼费用交纳办法》对司法救助做了较为详细的规定。

根据《诉讼费用交纳办法》的规定,当事人申请司法救助,符合下列情形之一的,人民法院应当准予免交诉讼费用:(1) 残疾人无固定生活来源的;(2) 追索赡养费、扶养费、抚育费、抚恤金的;(3) 最低生活保障对象、农村特困定期救济对象、农村五保供养对象或者领取失业保险金人员,无其他收入的;(4) 因见义勇为或者为保护社会公共利益致使自身合法权益受到损害,本人或者其近亲属请求赔偿或者补偿的;(5) 确实需要免交的其他情形。诉讼费用的免交只适用于自然人。当事人申请司法救助,符合下列情形之一的,人民法院应当准予减交诉讼费用:(1) 因自然灾害等不可抗力造成生活困难,正在接受社会救济,或者家庭生产经营难以为继的;(2) 属于国家规定的优抚、安置对象的;(3) 社会福利机构和救助管理站;(4) 确实需要减交的其他情形。人民法院准予减交诉讼费用的,减交比例不得低于 30%。当事人申请司法救助,符合下列情形之一的,人民法院应当准予缓交诉讼费用:(1) 追索社会保险金、经济补偿金的;(2) 海上事故、交通事故、医疗事故、工伤事故、产品质量事故或者其他人身伤害事故的受害人请求赔偿的;(3) 正在接受有关部门法律援助的;(4) 确实需要缓交的其他情形。当事人申请司法救助,应当在起诉或者上诉时提交书面申请、足以证明其确有经济困难的证明材料以及其他相关证明材料。因生活困难或者追索基本生活费用申请免交、减交诉讼费用的,还应当提供本人及其家庭经济状况符合当地民政、劳动保障等部门规定的公民经济困难标准的证明。人民法院对当事人的司法救助申请不予批准的,应当向当事人书面说明理由。当事人申请缓交诉讼费用经审查符合规定的,人民法院应当在决定立案之前作出准予缓交的决定。人民法院准予当事人减交、免交诉讼费用的,应当在法律文书中载明。人民法院对一方当事人提供司法救助,对方当事人败诉的,诉讼费用由对方当事人负担;对方当事人胜诉的,可以视申请司法救助的当事人的经济状况决定其减交、免交诉讼费用。

有学者提出并论证了完善我国司法救助制度的建议①,笔者认为,《诉讼费用交纳办法》所确立的司法救助制度较以往的司法解释的规定有明显进步,增强了可操作性,符合中国国情。关键是贯彻落实好司法救助制度,切实保障经济困难的当事人能够行使起诉权进行诉讼,通过司法救济维护自己的合法权益。

(二)关于法律援助制度

根据2003年7月国务院颁布的《法律援助条例》的相关规定,法律援助是指国家为了保证法律赋予公民的各项权利在现实生活中切实得以实现,对需要法律救济,但因经济困难无力支付法律服务费用的当事人以及某些特殊案件的当事人,提供免费法律服务,以保障其合法权益得以实现的一种法律保障制度。法律援助是政府的责任,由司法行政部门监督管理法律援助工作,并根据需要确定法律援助机构,律师协会对法律援助工作予以协助,社会团体、事业单位等社会组织可以利用自身资源为经济困难的公民提供法律援助。我国有关法律援助的法律规范主要有:国务院制定的《法律援助条例》(2003年9月1日起施行)、最高人民法院、司法部《关于民事法律援助工作若干问题的联合通知》(1999年4月12日发布)、和最高人民法院、司法部《关于民事诉讼法律援助工作的规定》(2005年12月1日起施行)。

根据《法律援助条例》第6条的规定,公民对下列需要代理的事项,因经济困难没有委托代理人的,可以向法律援助机构申请法律援助:(1)依法请求国家赔偿的;(2)请求给予社会保险待遇或者最低生活保障待遇的;(3)请求发给抚恤金、救济金的;(4)请求给付赡养费、抚养费、扶养费的;(5)请求支付劳动报酬的;(6)主张因见义勇为行为产生

---

① 有学者认为,应当从以下几个主要方面提出了完善司法救助制度:(1)司法救助制度应由我国《民事诉讼法》而非司法解释加以规定;(2)实施司法救助所需之成本应由国家做专项开支而非由救助法院自行负担;(3)司法救助的适用主体形态应合理拓展至单位当事人;(4)司法救助的适用条件亟待进行“改良”。参见赵钢、朱建敏:《关于完善我国司法救助制度的几个基本问题——以修订《民事诉讼法》为背景所进行的探讨》,载《中国法学》2005年第3期。有学者在国务院《诉讼费用交纳办法》实施后提出了完善司法救助制度的建议,主张从扩大适用主体于单位主体、适当放宽适用条件和由政府负担救助费用等三个方面进一步完善司法救助制度。参见周成泓:《建设和谐社会视野下的民事司法救助制度》,载《广西政法管理干部学院学报》2008年第3期。

的民事权益的。

法律援助与司法救助主要存在以下区别:(1) 提供主体不同。前者主要是律师、公证员和基层法律工作者,后者则是人民法院。(2) 接受的主体不同。前者是经济困难或特殊案件的当事人,主体范围相对较大,后者则为民事以及行政案件中有充分理由证明自己的合法权益受到侵害但经济确有困难的当事人,主体范围相对较小。(3) 事项范围不同。前者包括诉讼事项和非诉讼事项,并且诉讼事项中还包含刑事诉讼案件和国家赔偿诉讼案件,后者则仅涉及民事诉讼事项和行政诉讼事项,范围要窄得多。(4) 法律援助的形式多种多样,包括法律咨询、代拟法律文书、代理诉讼、代理非讼事务以及提供公证证明等方式;司法救助的形式则比较单一,表现为诉讼费用的缓、减、免。

我国法律援助实践中存在的经费、质量、供需矛盾等问题,需要认真对待,并加以解决。此外,建议实行司法救助与法律援助的对接。国家通过建立法律援助和司法救助两项制度,为解决经济困难群众"打官司难"提供了法律保障,但由于这两项工作分别由司法行政部门和人民法院负责,如果两者各行其是、互不往来,当事人要多次往返于两个机构,办理两套申请手续,准备两套相关证明材料,耗费较大的精力和成本,使本来生活就捉襟见肘的困难当事人承受更大的压力甚至出现获得法律援助而得不到司法救助,或得到司法救助而不知道法律援助的现象。对接的措施是:实行对当事人经济困难状况审查互免的原则,一个机构审查批准,另一个机构对申请人的经济状况将不再做实质性审查,直接进入救助或援助程序。法院和司法局的法律援助机构还互负对申请人的告知义务,主动引导其向另一方申请救助或援助。

附录
诉权新论

一、国外诉权学说、理论和立法对诉权的界定

诉权是民事诉讼的核心概念,也是民事诉讼的理论基础。诉权的概念界定是研究起诉权的逻辑前提。概念是思维的基本形式之一,反映客观事物的一般的、本质的特征。人类在认识过程中,把所感觉到的事物的共同特点抽出来,加以概括,就成为概念。概念的内涵是指一个概念所反映的事物的本质属性的总和,也就是概念的内容。概念的外延是指一个概念所确指的对象的范围。[①] 内涵决定外延,外延反映内涵,二者是辩证统一的。从逻辑上讲,界定概念,应当做到内涵准确、外延周延。尽管有着民事诉讼理论中的"哥德巴赫猜想"美誉之称的"诉权这一概念多义性,给研究者布下了一个真正的迷宫,这座迷宫里道路交错乱杂,很容易使研究者脱离正道,误入歧途,或者有时使他贪便宜走了近道,但是实际上没能真正解决问题"[②],但不同时代不同国家的学者对诉权的概念界定、性质等基本问题苦苦求索,乐此不疲,形成了诸多的诉权学说和理论流派,诉权理论成为民事诉讼理论中最为复杂、最有争议的理论和久盛不衰的论题。

"诉权",德语是 Klagerecht,法语是 action,在英文中通常被译成 right of action。在英美法系中,与诉权比较接近的专门术语实际上应是"司法

---

① 中国社会科学院语言研究所词典编辑室编:《现代汉语词典》(修订本),商务印书馆 1996 年版,第 404、919、1295 页。

② 〔苏联〕M. A. 顾尔维奇:《诉权》,康宝田、沈其昌译,中国人民大学出版社 1958 年版,第 3 页。

救济权(right of judicial remedies)"、"诉诸司法的权利(right of access to courts)"等。"诉权"一语源于罗马法中的Actio,并且诉权与诉讼均用该词来表达。[①] "Actio"原意指某人诉诸官厅,不论他处于原告或被告的地位。随后又指诉诸官厅的权利即诉权,或指进行诉讼采用的程序。[②] 诉权是指有权在审判员面前追诉取得人们应得的东西。[③] 意大利罗马法学家彼德罗·彭梵得经过考证后,认为诉讼与诉权本同属一义,"诉讼只不过是通过审判要求获得自己应得之物的权利"[④]。在古罗马时代,并未形成诉权学说。这是因为,罗马法的诉讼包含着诉讼法上的诉权与私法上的请求权,处于未分离的状态,不仅有公法上的性质,而且也包含着私法上的内容,就不发生为什么提起诉讼的问题,学理上不需要像近现代学者那样为提起诉讼寻求理论上的根据。诉权学说是19世纪前半叶德国普通法末期以后产生的。诉权学说的出现,意味着诉讼法与实体法的分离。[⑤] 所谓诉权学说,就是以为什么可以提起诉讼这个问题为对象,涉及诉讼法整个领域,影响诉讼理论构造的理论体系,是一切诉讼理论的中心理论。[⑥]

私法诉权说产生于19世纪中叶公法学尚不发达的德国普通法时代。该说认为,民事诉讼是私法上权利在审判上行使的过程或方法,诉权是一种私权,尤其是请求权的强制力的表现,或私权被侵害转换而生的权利。按照该派学者对于诉权与实体权利之间关系的不同理解,私法诉权说可划分为三种:"发展阶段说",诉权被视为实体权利的一个发展阶段,是只有在通过诉讼实现它的时候才出现的一个阶段;"组成部分说",虽承认诉权的独立性,但主张诉权是实体权利的组成部分;"属性说",认为诉权是民事权利的强制属性。从19世纪后半叶开始,受法治国家思想的影响,并伴随着公法观念和公法理论的发达,人们将国家与国民的关系视为公法上的权利义务关系,诉权在性质上不是依据私法上的请求权派生的

---

① 肖建国:《司法公正的理念与制度研究》,中国人民公安大学出版社2006年版,第298页。

② 〔罗马〕查士丁尼:《法学总论》,张企泰译,商务印书馆1989年版,第205页注释。

③ 同上书,第205页。

④ 〔意〕彼德罗·彭梵得:《罗马法教科书》,黄风译,中国政法大学出版社1992年版,第85页。

⑤ 参见王锡三:《资产阶级国家民事诉讼法要论》,西南政法学院1986年印行,第109页。

⑥ 王锡三:《民事诉讼法研究》,重庆大学出版社1996年版,第146页。

权利,是一种公法上的权利,于是产生了公法诉权说。公法诉权说包括抽象诉权说、具体诉权说、本案判决请求权说和司法行为请求权说等四种学说。抽象诉权说认为诉权是不依赖任何实体条件而存在的公法权利,是人权所不可缺少的组成部分;诉权是当事人向法院提起诉讼、请求合法审理和判决的权利;诉权是个人对国家的一种自由权,它和诉讼中争议的私法上的权利或诉讼标的没有关系。具体诉权说又称为权利保护请求权说,认为诉权是当事人向法院请求特定内容的胜诉判决的权利,曾一度成为德国的通说。具体诉权说提出了诉权要件这一概念。诉权要件是指当事人获得胜诉判决的要件,也就是权利保护要件。权利保护要件与诉讼要件(提起诉讼所应具备的一般性程序要件)有着严格的区别,它包括实体的权利保护要件(实体权利存在与否的事实即诉讼标的的要件)和诉讼的权利保护要件(即当事人适格和诉的利益的要件)。本案判决请求权说也称纠纷解决请求权说,是对具体诉权说的修正,主张诉权是要求法院为本案判决(诉讼上请求是否正当作出判决)的权利,它在日本取代权利保护请求权说而成为通说。它不以请求的正当性为要件,诉权的存在与私法上权利关系存在与否没有关系,因此,诉权要件不包括实体的权利保护要件,仅指诉讼的权利保护要件(当事人适格和诉的利益)。司法行为请求权说,又称为诉讼内诉权说,为德国目前的通说。司法行为请求权说认为,抽象诉权说、具体诉权说和本案判决请求权说等将诉权与现实的诉讼程序分离,并认为诉权系存在于诉讼外的权利,这是不合理的。该说主张,诉权是指请求国家司法机关依实体法和诉讼法审理和裁判的权利。诉权具有发展的环节和内容,即诉权因起诉而开始,依当事人提出的攻击防御方法,依诉讼程序的各阶段而逐渐展开,演变其形态,直到裁判为止。第二次世界大战后,日本学者根据本国《宪法》第 32 条的规定,“任何人在法院接受审判的权利不得剥夺”,提出了宪法诉权说,将宪法上所规定的公法性质的人民享有接受审判的权利与诉权相结合,主张应将宪法上所保障的诉讼受益权引进诉权理论。该说将诉权定位在宪法上接受裁判的权利,赋予了诉权学说以新的内容。原苏联民事诉讼法学家顾尔维奇在其名著《诉权》(1949 年)提出了三元诉权说,主张诉权应该包括三个部分:一是程序意义上的诉权,即起诉权;二是实质意义上的诉权,是指处于能够对义务人强制实现的状态中的主体民事权利;三是认定诉讼资格意义上的权利,是指获得正当当事人资格意义的权利。多勃罗沃里斯基等著的《苏维埃民事诉讼》一书中保留并修正了顾尔维奇诉权论中诉权的前两种含义，舍弃了第三种含义，形成了二元诉权论：程序意义上的诉权就是提起诉讼的权利，即起诉权；实体意义上的诉权则指原告对被告的实体上要求满足的权利，即胜诉权。法国宪法学者、社会连带法学派的代表狄骥否定一切权利，对于诉权也持否定态度。日本学者三月章在其著作《民事诉讼法》（1959 年）首次从理论上提出了诉权否定说，认为诉权不过是对诉讼目的的主观投影，将这种权利作为一种制度上的权利来看待不具有任何意义。中村宗雄认为，当事人对于国家司法机关并无诉权存在，当事人请求司法机关就其发生的私权争执为裁判，仅属“法律地位”而已。[①]

私法诉权说、抽象诉权说和具体诉权说共同构成了近代的三大诉权学说，提出和探讨了诉权与实体权利的关系、诉权的概念、诉权的性质和内容、诉权要件、诉权的根据等几个带有根本性的问题。新的诉权学说尽管是基于批判、修正或补充这三种学说而提出的，但始终未能出其之右。比如，本案判决请求权说的立论基础是解决纠纷的诉讼目的论，渊源于具体诉权说，只不过诉权要件除去了具体诉权说中的实体的权利保护要件；司法行为请求权说近似于抽象诉权说，区别在于该说认为诉权具有发展的环节和内容；“前苏联二元诉权说实际上是三大诉权学说的简单综合，程序意义诉权和抽象诉权无异，实体意义诉权则是私法诉权说和具体诉权说的共同衍生”[②]；诉权否定说尽管极力否定诉权的理论和实践意义，所否定的仅仅是“诉权”这一概念外壳，但诉权的内容和功能则无法否定和替代。

在抽象诉权说的影响下，诉诸司法的权利或要求获得国家司法救济的权利已作为公民基本权利而被人权公约采纳。《世界人权宣言》（1948 年 12 月 10 日）第 8 条宣告：“任何人当宪法或法律所承认的基本权利受到侵害时，都有权向有管辖权的国家法院对这种侵害行为请求实际的救

---

① 关于国外诉权学说的述评，参见江伟等：《民事诉权研究》，法律出版社 2002 年版；常怡主编：《比较民事诉讼法》，中国政法大学出版社 2002 年版；刘荣军：《程序保障的理论视角》，法律出版社 1999 年版；相庆梅：《从逻辑到经验——民事诉权的一种分析框架》，法律出版社 2008 年版。

② 顾培东：《论诉权》，载中国法制出版社编：《民事程序法论文选萃》，中国法制出版社 2004 年版，第 311 页。

济。"《公民权利和政治权利国际公约》(1966 年 12 月 16 日)第 2 条第 3 项规定:"本公约各缔约国承担义务:(1) 保证本公约所承认的权利和自由受到侵犯的任何人均享有有效的诉讼救济,即使此种侵犯行为是由履行官方职责的人所为;(2) 保证有管辖权的司法、行政或立法机关,或者其他有管辖权限的任何权力机关对提起诉讼的人的权利作出审理裁判,并发展司法诉讼救济的可能性;(3) 保证由有管辖权的机关对这种经承认有理由的诉讼救济给予满意的答复。"因此,该公约的规定并不仅仅限于确认诉讼救济应当得到保证,它还要求有管辖权的权力机关要对所提出的诉讼请求作出审理判决,并且在提出请求者胜诉的情况下,应当对其得到承认的权利作出答复。在《欧洲人权公约》中,"诉诸法院的权利"虽然仅仅以一种暗示的或有限的方式得到承认,但是,欧洲人权法院承认人人都享有"诉诸法院的权利",人人都享有"得到司法救济的权利"。[1]

尽管诉权具有相当的重要性,但要准确、完整地表述诉权的含义和全部内容却是非常困难的,以至于许多大陆法系国家如德国、日本虽然在民事诉讼理论上有大量关于诉权的论述,也有比较定型的理论,但在法典上却仍未直接使用诉权这一概念。诉权的基本含义在法典中是以其他语言表达方法加以体现的。不过,法国民事诉讼法典直接使用了诉权的概念,使诉权这一概念跳出了法学学术用语的圈子而成为法律用语,并使其制度化、体系化。法国民事诉讼法典第二编专编规定了诉权,并给诉权下了一个定义。因此,诉权就成为法国民事诉讼法学中的基本理论和实务问题。[2]《法国新民事诉讼法典》第 30 条规定:"对于提出某项请求的人,诉权是指其对该项请求之实体的意见陈述能为法官所听取,以便法官裁判该请求是否有依据的权利。对于他方当事人,诉权是指辩论此项请求是否有依据的权利。"根据第 31 条的规定,享有诉权的条件是利益与资格。[3] 法国诉权理论的特色体现在对诉权的具体划分,将诉权分为物权性诉权、债权性诉权和混合诉权,还进一步把诉权分为动产诉权和不动产诉权、本权诉权和占有诉权。其实用性在于把诉权与诉讼管辖和各种具体的诉讼程序和制度联系起来,使诉权成为各种具体诉讼权利的基础,而

---

① 〔法〕让·文森、塞尔日·金沙尔:《法国民事诉讼法要义》(上),罗结珍译,中国法制出版社 2001 年版,第 101—105 页。

② 张卫平:《法国民事诉讼中的诉权制度及其理论》,载《法学评论》1997 年第 4 期。

③ 《法国新民事诉讼法典》,罗结珍译,中国法制出版社 1999 年版,第 9 页。

不是完全抽象的权利或仅仅停留在理论上。[1] 多元诉权说在现代的法国民事诉讼法学理论上也占据了重要位置。法国诉讼法学者让·文森、塞尔日·金沙尔将诉权理论分为三个不同层次:(1) 在基本自由的宪法层面上,当事人有"进行诉讼的主观权利",此即"自由诉诸司法的权利"。(2) 在诉讼程序的层面上,当事人有一种"进行诉讼的权力",或称诉讼权力。"进行诉讼的权力"是承认诉讼权利为一种基本自由的直接结果,诉讼权力是诉讼权利的延伸,但是从程序的角度来看,进行诉讼的权力表现的是一种"法定权力"。这种"法定权力"是向法官提出某种诉讼主张,由法官听取陈述,获得法官就有关这种诉讼主张的实体问题作出裁判的权力。(3) 从实施程序或程序实践的层面看,人人都享有的进行诉讼的权力要通过特别的诉讼行为来实施,这种特别的诉讼行为就是"请求"与防御(辩护)。[2] 俄罗斯民事诉讼法典也明确规定了诉权。《俄罗斯联邦民事诉讼法》第 3 条(向法院请求司法保护的权利)规定:"任何利害关系人都有权按照法律规定的程序,请求法院保护被侵犯或有争议的权利或合法利益。法院不得拒绝请求。"第 4 条(向法院提起民事案件)规定:"法院可根据如下申请受理民事案件:(1) 要求保护自己权利或合法利益的人提出的申请;(2) 检察长提出的申请;(3) 依法能够要求法院保护他人权利和利益的国家管理机关、工会、国家机关、企业、集体农庄、合作社组织及其联合体、社会团体或公民个人的申请。"[3]

诉权的概念是大陆法系国家民事诉讼理论中特有的概念。虽然英美法系关注自然正义、正当程序和救济问题,注重当事人的程序性权利的保障,不热衷于诉权的内涵等抽象问题的理论上探讨,更不热衷于诉权理论的体系化,而是着重于有关诉权规则的合理制定和有关诉权的实用性等问题的探讨,但我们能够从英美法辞典中找到对诉权概念的界定。《牛津法律大辞典》的定义很简洁,诉权(right of action)是"提起诉讼的权利。一个人是否享有诉权,取决于他是否具有向他人要求给予救济或补偿的、

① 张卫平、陈刚编著:《法国民事诉讼法导论》,中国政法大学出版社 1997 年版,第 56 页。

② 〔法〕让·文森、塞尔日·金沙尔:《法国民事诉讼法要义》(上),罗结珍译,中国法制出版社 2001 年版,第 97—100 页。

③ 《俄罗斯联邦民事诉讼法·执行程序法》,张西安、程丽庄译,中国法制出版社 2002 年版,第 2 页。

可强制执行的权利。"[①]《元照英美法词典》的定义与此相类似,诉权(right of action)是"为实现自己的权利或寻求法律救济而在法院就特定案件提起诉讼的权利。"[②]《布莱克法律辞典》的定义是:"诉权(right of action)是就特定案件向法院提起诉讼的权利。"[③]英美法系国家对当事人进行司法保护离不开司法救济法。在英美法中,救济既不是实体的,也不是程序的,它是跨越两者之间、相对独立的一部分,即救济法是跨越实体法和程序法的独立中间领域。在侵权、财产和合同范畴中,人们所要回答的问题是:原告是否有诉因?原告是否能诉?而在救济的范畴中,则是以原告的实体权利已被确认受到了侵害而假定的,原告能得到何种赔偿?当原告胜诉时,他所能得到的是什么?[④] "救济先于权利"是英美司法救济法的一大特点,它通过救济显现权利的内容,法官对救济的给予有全面的裁量权,法官针对新的案件所发展出的救济方法不断出现,救济方法灵活多样,但主要包括处罚性救济和预防性救济两类司法救济。而大陆法系以权利体系为主线,呈现出对权利保护的各种救济方法,救济被当做权利的内容,法官只能按照实体法的规定给予救济,一般将权利的实体救济方式归纳为"形成型"、"请求型"和"抗辩型"三种形态,而诉(给付之诉、确认之诉和形成之诉)和判决的不同形态是程序法上的救济形态。[⑤]

二、我国学者对诉权概念的理解和表述

自20世纪80年代初,我国民事诉讼法学者在苏联二元诉权说的基础上,对之加以改造而形成了自己的二元诉权说,此说至今仍处于通说地位。但同时一些学者对二元诉权说提出异议,而主张一元诉权说。有的学者在不同时期的著述中随着认识的深化对诉权的界定也有所不同。我

---

① 〔英〕戴维·M.沃克:《牛津法律大辞典》"诉权"词条,北京社会与科技发展研究所组织翻译,光明日报出版社1988年版,第775页。

② 薛波主编:《元照英美法词典》"right of action"词条,法律出版社2003年版,第1201页。

③ Black's Law Dictionary, Eighth Edition, Published by West Publishing Company, 2004, p. 1349.

④ Russell L. Weaver, Modern Remedies: Cases, Practical Problems and Exercises, West Publishing Company, 1997, p. 1.

⑤ 参见冀宗儒:《民事救济要论》,人民法院出版社2005年版,序、第199、227页。

国学者关于诉权概念的理解和表述主要有以下二十几种[①]：

（1）向法院对一定的人提出诉这种请求的权利，叫做诉权。根据其法律性质，诉权可分为程序意义上的诉权和实体意义上的诉权。前者又叫起诉权，它的内容即起诉要件，它是请求法院对权益的争议进行审判的一种权利。后者是提请法院运用审判这一特殊手段，强制实现权益要求，即要求明确被告的义务和强制履行其义务的权利。权利主体从实体法律关系发生时起，享有实体意义上的诉权；但他要实现这一权利，还必须有程序意义上的诉权。[②]

（2）诉权是当事人双方就其民事法律关系的争议而进行诉讼，实施诉讼行为，以维护其正当民事权益的权利。这一定义内含着四个要素：第一，诉权是当事人双方的权利；第二，诉权是基于实体法律关系的争议而由国家赋予的权利；第三，诉权是进行诉讼，实施诉讼行为的权利，它通过诉讼过程中当事人一系列诉讼权利加以体现；第四，诉权是当事人用以维护自己正当民事权益的权利。[③]

（3）诉是国家保护当事人民事权益的法律制度。诉权是诉的制度所赋予的诉讼权利，是双方当事人都享有的诉讼权利，诉权贯穿于诉讼活动的全过程。[④] 该学者后来对自己的观点做了一定的修正和补充。诉权是指法律所确定的，赋予当事人进行诉讼的基本权利。诉权的主要内容是：当事人有权依法提出自己的诉讼主张，有权向法院陈述案情，并证明其在案件中所具之事实；有权依法获得司法上的实质保护；有权要求法院依法纠正确有错误的裁判。双方当事人都有诉权，当事人行使诉权贯穿诉讼的全过程。诉权是诉讼权利的基础，而诉讼权利是诉权在诉讼中的具体表现形式。诉讼权利是程序法上规定的从事诉讼活动的系列权利，而诉权是实体法和程序法两方面法律所确定的有权进行诉讼的权利。[⑤]

---

① 笔者梳理了我国学界关于诉权界定的主要观点，既为自己的研究服务，也为诉权研究者提供素材；选取的诉权论点要览大多数是民事诉讼法学界知名学者的论述，不过有的知名学者未对诉权进行专门研究。

② 《中国大百科全书·法学》“诉权”词条，中国大百科全书出版社1984年版，第564页。

③ 顾培东：《论诉权》，载中国法制出版社编：《民事程序法论文选萃》，中国法制出版社2004年版，第334—335页。

④ 刘家兴：《有关诉和诉权的几个问题》，载《政治与法律》1985年第6期。

⑤ 柴发邦主编：《民事诉讼法学新编》，法律出版社1992年版，第62—67页。刘家兴教授撰写该教材第四章“诉和诉权”。

(4) 诉权是起诉权和应诉权的总称，是当事人要求法院保护自己的民事权益的权利，应该为原告、被告双方当事人所享有。[①]

(5) 诉权是国家法律赋予社会主体在其权益受到侵害或与他人发生争执时，请求人民法院通过审判方式保护其合法权益的权利。诉权是当事人进行诉讼所享有的程序性权利，是当事人的各项诉讼权利的概括和集中的体现，是保障当事人的实体权利请求得以满足的权利。诉权具有以下几层意思：第一，诉权是法律赋予社会成员的最基本的权利；第二，诉权的享有和行使以民事权益受侵犯或发生争议为前提；第三，诉权为双方当事人平等享有；第四，诉权贯穿民事诉讼过程的始终，是民事诉讼的基础，是连接各诉讼阶段的桥梁；第五，人民法院依法履行职责是诉权充分行使的保障。[②]

(6) 江伟教授对诉权有三种表述：诉权意指当事人请求人民法院行使审判权以保护其民事权益的权利。与诉的双重含义相对应，诉权也有双重含义，即程序意义上的诉权和实体意义上的诉权。诉权的性质和特征可表述为：第一，诉权既是实体性权利，又是程序性权利。从实体性权利来看，诉权就是请求权，即当事人请求法院通过审判强制实现其合法权益的权利。从程序性权利来看，诉权是起诉权，即当事人的合法权益受到侵犯或发生争执时请求法院给予司法保护的权利。诉权的实体性质体现了诉权实现的可能性，而诉权的程序性质则反映了诉权实现的现实性。第二，诉权既是抽象的权利，又是当事人享有的具体权利。第三，诉权既是客观性权利，又是主观性权利。第四，诉权是自诉讼外部加以利用的权能。[③] 诉权是当事人请求法院行使审判权以强制实现其民事权益的权利。分为程序意义上的诉权和实体意义上的诉权。前者是请求法院对案件行使审判权的权利，主体是纠纷当事人双方，其外延是起诉权、反诉权、上诉权和申请再审权，应诉权和答辩权不是程序意义诉权；后者是指当事人请求法院保护或强制实现其民事权益的权利，其在归属上具有单一性，不能同时为双方享有，外延是期待胜诉权和申请执行权。诉权既非实体权利，也非诉讼权利，从程序权利和实体权利的划分来认识诉权的性质显

---

① 杨富静：《析民事诉讼中的诉权为当事人双方享有》，载《现代法学》1988 年第 2 期。
② 李祥琴：《论诉权保护》，载《中国法学》1991 年第 2 期。
③ 江伟：《市场经济与民事诉讼法学的使命》，载《现代法学》1996 年第 3 期。

然是行不通的，应从公法和私法划分的角度来看待诉权，诉权属于公法性质的权利。[①] 诉权是指基于民事权益受到侵犯或与他人发生争议，国民请求法院行使审判权保护民事权益或者解决民事纠纷的权利。诉权是一种救济权，是一种向法院的请求权，是国民平等享有的一种宪法基本权利。诉权是自诉讼外加以利用的权能，即诉权是存在于诉讼外的权利。诉权包括程序涵义和实体涵义。程序涵义是指在程序上向法院请求行使审判权，实体涵义是指保护民事权益或解决民事纠纷的请求。[②]

（7）诉权是当事人要求人民法院保护民事权利或法律关系的权利。具体地说，就是公民或法人的民事权利或法律关系受到侵害或者发生争议时，依法要求人民法院保护的权利。保护的方法，就是用裁判恢复权利或法律关系的原状或者除去其侵害。诉权的本质属性是要求利己判决，表现形式是诉。管辖权、当事人能力、诉讼行为能力等诉讼要件是诉权的非本质属性。不同意二元论的诉权论，主张一元论的诉权论，即诉权是权利保护请求权。诉权不是公权，而是公民享有的基本权利。诉权分为两种：一是主观的诉权，即与人身相联系的诉权，是诉的形式要件；二是客观的诉权，即与实体权利有联系的诉权，是诉的实质要件。诉权的根据是宪法。[③]

（8）诉权是公民、法人及其他组织在诉讼上享有的基本权利。诉权是法律赋予当事人的提起和反驳诉讼的权利，是当事人进行诉讼活动的基础。诉权对于双方当事人是平等的。诉权对于原告来说，是以诉讼的形式请求人民法院保护其实体民事权益的基本依据。原告享有诉权的核心就是提起诉讼的权利和期待获得胜诉的权利。诉权对于被告来说，是以诉讼的形式拒绝原告的诉讼请求，请求人民法院保护自己的合法权益的基本依据。被告享有诉权的核心是应诉的权利和对原告的主张进行答辩的权利。诉权是诉讼上的基础权利，一切诉讼权利都是从诉权中派生出来的，是诉权在不同诉讼阶段的具体表现。诉权自纠纷发生时产生，到

① 江伟、单国军：《关于诉权的若干问题的研究》，载陈光中、江伟主编：《诉讼法论丛》（第1卷），法律出版社 1998 年版，第 227、234—242、249—250 页。

② 江伟等：《民事诉权研究》，法律出版社 2002 年版，第 131—155 页。

③ 王锡三：《民事诉讼法研究》，重庆大学出版社 1996 年版，第 149—151 页。

诉讼终了时消灭,存在于诉讼的全过程。①

(9) 诉权是指具有特定利益的主体对特定的民事纠纷,享有以当事人名义提起和参加民事诉讼并请求法院依法行使审判权的权利。诉权具有四个特征:第一,诉权具有使当事人以自己的名义提起和参加民事诉讼的功能;第二,诉权属于具有特定利益的民事纠纷当事人;第三,诉权是与审判权相对应并彼此制约的权利;第四,诉权的行使贯穿于民事诉讼的全过程。就提起诉讼而言,诉权的具体权能表现为起诉权、反诉权和上诉权。就参加诉讼而言,诉权的具体权能表现为进行诉讼的权利和对审判权的制约权利。诉权就其基本性质而言,只是程序性的基本权利。②

(10) 诉权是指当事人请求人民法院行使审判权,以保护其财产权和人身权的权利。诉权是当事人进行民事诉讼的基本权利,是诉的基础。诉权的涵义应当包括两个方面:第一,程序意义上的诉权,是指民事诉讼法确定的赋予当事人进行诉讼的基本权利。它对提起诉讼的原告一方来讲,是请求人民法院行使审判权,对自己的合法民事权益给予保护的权利。对被告来讲,是应诉答辩的权利。第二,实体意义上的诉权,是指当事人通过人民法院向对方当事人提出实体请求的权利。对原告来讲,当其利用程序意义上的诉权,请求人民法院通过审判的方法保护自己的合法权益时,人民法院受理案件,经过审理,查明原告有实体意义上的诉权,并确实受到了被告的侵害或者与其发生了民事权益争议,人民法院就应作出裁判,保护其合法权益。对被告来讲,是指可以通过人民法院反驳原告提出的实体上的请求,有权在诉讼中提起反诉。③

(11) 诉权是指当事人可以基于民事纠纷的事实,要求法院进行裁判的权利。它包含以下内涵:第一,诉权的发生根据是民事纠纷的事实存在;第二,诉权是程序权利;第三,诉权是当事人要求法院就争议的民事纠纷作出裁判的权利。④

(12) 诉权是国家赋予当事人请求法院运用诉讼程序保护其正当民

---

① 杨荣新主编:《民事诉讼法学》,中国政法大学出版社 1997 年版,第 70 页。陈桂明教授撰写该教材第七章“民事诉讼中的诉与诉权”。

② 田平安主编:《民事诉讼法学》,中国政法大学出版社 1999 年版,第 133—136 页。张晋红教授撰写该教材第八章“诉与诉权”。

③ 常怡主编:《民事诉讼法学》,中国政法大学出版社 1999 年版,第 125—126 页。吴明童教授撰写该教材第八章“诉权和诉”。

④ 刘荣军:《程序保障的理论视角》,法律出版社 1999 年版,第 256—257 页。

事权益的权利。它包含以下内容:第一,诉权是国家赋予社会成员的权利;第二,有争议的民事法律关系是享有和行使诉权的现实基础;第三,诉权贯穿于诉讼的全过程。诉权是程序性质的权利。诉权是诉讼权利的根本依据,各个程序表现的诉讼权利,只是诉权的派生和具体化,是诉权在不同情况下的不同表现形式。①

(13) 诉权是指民事纠纷的主体所享有的,请求国家司法机关公正地解决他们之间存在的民事纠纷的权利。诉权的内涵表现在以下几个方面:第一,诉权的主体是与民事纠纷有直接利害关系的公民、法人或其他组织;第二,诉权的行使以诉讼行为的实施为外在载体;第三,诉权是对位于国家审判权的一种权利。②

(14) 诉权是法律赋予当事人进行诉讼的基本权能,是当事人进行诉讼活动的基础。它有以下几层含义:第一,诉权是国家法律制度赋予当事人的一种权利。第二,诉权是双方当事人都享有的一种权利。第三,诉权作为当事人进行诉讼的一种基本权能,其内容是特定的,主要包括:当事人依法提出诉讼主张的权利;陈述案件、证明事实、获得司法保护的权利;要求法院作出公正裁判的权利。第四,诉权贯穿于诉讼的全过程。③

(15) 诉权是当事人发动诉讼的基本权能。诉权是当事人作为人所当然享有的权利之一,是当事人维护自身的独立人格和意志自由所必然拥有的权利,属于人权的范畴,它既不是实体权利的附庸,也不是一般的程序权利。诉权具有主动性,审判权具有被动性;审判权对于诉权具有应答性;诉权与审判权相互制衡。把诉权定义为人权,就是赋予当事人"主张权利的宝剑";审判权对于诉权的应答性,正是法治社会所要求的权利保障与权利生成的必要条件之一。④

(16) 作为对当事人各项具体诉讼权利的高度抽象,诉权应是一个只属于诉讼范畴的、具有自身统一内涵的科学概念,即诉权是当事人请求法院依法作出公正裁判的权利。对原告而言,诉权体现为原告提起诉讼请求,要求法院依法作出裁判的权利。原告对诉权的行使具有主动性。对

---

① 李祖军:《民事诉讼目的论》,法律出版社 2000 年版,第 135—137 页。

② 江伟主编:《民事诉讼法》,高等教育出版社、北京大学出版社 2000 年版,第 37—38 页。赵钢教授撰写该教材第二章"诉与诉权"。

③ 潘剑锋:《民事诉讼原理》,北京大学出版社 2001 年版,第 52—53 页。

④ 吴英姿:《诉权理论重构》,载《南京大学法律评论》2001 年春季卷。

被告而言,诉权体现为针对原告的诉讼请求进行抗辩的权利。被告对诉权的行使具有被动性。诉权具有以下几个基本特征:第一,诉权是一种以实体权利为基础的程序权利;第二,诉权不是纯粹的诉讼上的请求权;第三,诉权具有任意性和自由性;第四,诉权既是抽象的权利,又是当事人享有的具体权利。①

(17) 当事人因民事实体权利义务关系发生争议或者处于不正常的状态,请求法院作出裁判,确认民事实体权利义务关系,排除侵害的权利就是诉权。因此,诉权就是民事实体权利义务关系争议的司法保护或者司法解决请求权,也可以叫做司法救济权。它应该具备以下特征:第一,诉权总是就某一个具体的纠纷而言的,"无争议便无诉权"。诉权不是一项法律赋予的抽象的权利。第二,诉权只能在法院行使。第三,诉权为双方当事人所享有,"纠纷双方都有诉权"。第四,诉权贯穿于民事诉讼的全过程。诉权是法律赋予双方当事人的一种司法救济的权利,这种权利在诉讼开始以前当事人已经享有,在纠纷没有得到司法的最终解决以前是不会消失的。第五,诉权以民事诉讼法和民事实体法为依据,国家从这两个方面为诉权提供了依据。但从本质上讲,诉权是一种程序上的权利。②

(18) 民事诉讼中的诉权,是指当事人请求法院依法保护其民事权益的权利。诉权是为实体权利寻求司法保护的手段,它既非实体权利,也非诉讼权利,而属于公法性质的权利,诉权的实质是司法保护请求权,或曰司法救济权。可见,诉权应当是一个国家的公民、法人和其他组织依法享有的一项基本权利,是人权的重要内容。诉权的根据是宪法。诉权具有以下基本特征:第一,它的行使须以民事诉讼法和民事实体法为依据;第二,它为纠纷当事人平等享有;第三,它的行使贯穿于诉讼的全过程;第四,它的内容包括进行诉讼的权利和满足诉讼请求的权利。③

(19) 诉权具有多义性的特征。人们比较认同的说法是,诉权是指当事人为维护自己的合法权益,要求法院对民事争议进行裁判的权利。诉

① 王福华:《民事诉讼基本结构——诉权与审判权的对峙与调和》,中国检察出版社 2002 年版,第 75、85—87 页。

② 李龙:《民事诉权论纲》,载《现代法学》2003 年第 2 期;常怡主编:《比较民事诉讼法》,中国政法大学出版社 2002 年版,第 138—140 页,李龙教授撰写该著作第六章"诉权"。

③ 谭兵主编:《民事诉讼法学》,法律出版社 2004 年版,第 56—57 页。谭兵教授撰写该教材第二章"民事诉讼中的诉权、诉和反诉"。

权是人们的一项基本权利。诉权的基本涵义可以从以下几个方面来理解:第一,诉权是一种要求司法裁判的权利。诉权是一种基本的程序性权利,诉权的存在不是由实体权利所决定的,而是由根本法直接赋予的,是国家赋予当事人维护自己民事权益的一种手段。当自己的民事权益受到侵害或产生争议时,就可以行使诉权启动公权力来解决私权纠纷,从而得到国家的司法保护。第二,诉权与诉讼上请求的关系。诉权是一种向法院提起诉讼的权限,而诉讼上请求是当事人行使这种权能的诉讼行为。诉权是实现实体权利的一种手段,是一种潜在的权限。诉权本身不能引起诉讼法律关系的产生,只有当事人的请求才能引起诉讼法律关系的产生。第三,诉权与实体权利的关系。因为诉权不是一种实体上的权利,所以诉权的存在与当事人有无实体上的权利没有必然的联系。没有实体上的权利,也有诉权。诉权是一种权能,是一种可以启动诉讼程序的资格。第四,诉权与当事人诉讼权利的关系。诉权不是当事人诉讼权利的集合和概括。某些诉讼权利与实现诉权有关,是诉权的具体表现,如起诉权、上诉权。第五,诉权与宪法权利的关系。国内外一些学者将诉权与宪法联系起来,认为诉权不仅是民事诉讼法上的一项基本权利,更是一项宪法上的权利。虽然目前我国的宪法没有明确规定诉权是一项宪法权利,但由于宪法规定了任何人都有接受司法裁判的权利,任何人也有权要求法院对法律上的争议进行审理和裁判,而这一基本权利就是诉权。诉权是一种宪法上的权利,这种认识无疑提升了诉权的地位,起到了强化诉权的意义。第六,诉权的任意性与诉权的滥用。所谓任意性,是指诉权的行使是由本人决定的,是否行使不是一种义务。诉权的滥用是指没有行使诉权的正当根据,而为非正当的目的行使诉权的情形。第七,诉权行使是有条件的。诉权是一种抽象的权能,因此,当这种权能要转化为具体启动诉讼程序时,必须满足一定的条件。[①]

(20)诉权是请求法律救济的权利,是启动与延续诉讼的权利。它是一项与诉讼权利、应诉权、公诉权有别的权利。诉权的形式有民事诉权、行政诉权、刑事诉权和宪法诉权。诉权的内容有起诉权、上诉权、反诉权、

---

① 张卫平:《民事诉讼法》,法律出版社 2004 年版,第 30—31 页;江伟主编:《民事诉讼法》(第 3 版),高等教育出版社 2007 年版,第 45—46 页,张卫平教授撰写该教材第四章“诉权与诉”。

申请再审权以及申请宪法解释权和刑事自诉权等等。在法治社会,诉权是高于实在法的道德权利,是一项基本人权。在社会进化过程中,诉权实质内容不断丰富,诉权形式逐渐多样化,诉权主体走向普及,人们在诉权面前实现了平等,随之诉权地位也从习惯的权利上升为宪法的权利与基本人权。诉权的结构可以从诉权的主体、诉权的对象、诉权的义务人三方的关系中去认识。这一特殊的三角结构使诉权产生了不同于其他权利的特殊的社会功能:保障权利、控制权力、和平解决社会纠纷。①

(21) 诉权,是指基于一定民事纠纷的事实,对该纠纷具有利益的特定主体提起和参加民事诉讼程序,并要求法院对争议的民事案件作出裁判,以维护自身的合法权益的权利。诉权具有以下特征:第一,诉权为特定的民事主体享有;第二,诉权以一定的民事纠纷事实的存在为基础;第三,诉权是与审判权相对应的程序性权利;第四,诉权的行使贯穿于民事诉讼的全过程。诉权具有双重性质:一方面,诉权是一种当事人能够寻求司法救济的程序性权利,具有公法的性质;另一方面,诉权不能等同于实体权利,但是又需要从实体法领域去寻找诉权形成的法律根据。完整意义上的诉权应当包括程序和实体两个方面的内容:诉权的主体可以向法院提出请求,要求开始审判程序解决民事纠纷;通过向法院行使诉权来揭示要求法院行使审判权所要保护的民事利益或要解决的民事纠纷。②

(22) 所谓诉权,是指当事人因其民事实体权利义务关系发生争议或者处于不正常状态的条件下,请求人民法院对其民事财产权、人身权进行司法保护,或者请求人民法院确认民事实体权利义务,以及排除侵害的权利。它具有以下特征:第一,诉权在性质上是一种程序性的权利。表现在三个方面:诉权的行使方式具有很强的程序性;诉权只能在诉讼程序中行使;诉权的具体内容构成了诉讼程序的基本内容。第二,诉权以民事纠纷的存在为前提。第三,诉权为诉讼中的双方当事人享有。第四,诉权贯穿于民事诉讼的始终。③

(23) 以往的各种诉权学说,包括二元诉权说在内,都可以概括为"传

---

① 周永坤:《诉权法理研究论纲》,载《中国法学》2004 年第 5 期。

② 田平安主编:《民事诉讼法学》,法律出版社 2005 年版,第 88—90 页。唐力教授撰写该教材第七章"诉与诉权"。

③ 田平安主编:《民事诉讼法学研究》,高等教育出版社 2008 年版,第 47—49 页。廖中洪教授撰写该教材第三讲"诉与诉权"。

统诉权理论”，而宪法诉权说则具有完全不同的时代特征，因此不妨称之为“现代诉权理论”。所谓宪法诉权，指的是诉权是一项由宪法所直接确认和保障的基本程序权，据此，诉权从来源上说，它既不来源于实体法或实体性权利，也不来源于民事诉讼法这一公法本身，而是来源于作为民事实体法和民事诉讼法的共同上位法的宪法。宪法诉权说具有这样几个特征：理论基础是人权学说，规范基础是宪法化文件；所指的诉权具有独立的程序指向性；所形成的诸种现代诉权构成了统一的程序权利体系；所展现的现代诉权是一种国际化的基础性权利。诉权在现代社会发生了诸多变化，这些变化可以概括为诉权的“四化”，即诉权的人权化、诉权的宪法化、诉权的国际化以及诉权的实效化。①

（24）诉权是指国民在民事纠纷发生时，请求国家给予司法救济的权利。其特征则主要可以概括为以下几点：诉权属于人权的范畴；诉权是公法上的权利；诉权是程序权利；诉权的要件不包括实体权利要件，而仅仅包括程序要件；诉权是自程序外加以利用的权能，不包括诉讼内的权利。②

（25）诉权是法律主体向国家请求司法保护的一种权利，具体到民事诉讼而言，是指当事人请求法院依法保护其民事权益的权利。它包括以下含义：诉权的主体为当事人，如果人民检察院提起民事诉讼，是行使民事公诉权，应当属于诉权；诉权主体行使诉权的目的在于请求法院保护自己的民事权益，而不是其他权益；法院保护诉权主体民事权益的方式是作出有利于诉权主体的判决。可以从具体诉权说、本案判决请求权说中选取一个并加以改造，作为我国的诉权学说。③

（26）我国《民事诉讼法》修改建议稿第 7 条（当事人的诉权）规定：“当事人因民事权益受到侵害或者与他人发生争议，有权向依法设立的独立的人民法院提起诉讼，有权要求获得人民法院公正、及时的审判。”第 12 条（公益诉讼原则）规定“国家机关、社会团体对损害国家、集体或者公

---

① 汤维建主编：《民事诉讼法学》，北京大学出版社 2008 年版，第 43—56 页。汤维建教授撰写该教材第四章“民事诉权”。

② 相庆梅：《从逻辑到经验——民事诉权的一种分析框架》，法律出版社 2008 年版，第 36 页。

③ 常怡主编：《民事诉讼法学》，中国法制出版社 2008 年版，第 59、68 页。肖建华教授撰写该教材第三章“诉权”。

众民事权益的行为，依据本法以及其他法律规定，可以以自己的名义为受损害的单位或者个人向人民法院起诉。”①《民事诉讼法典专家修改建议稿》第4条（诉权）规定：“当事人因民事权益或者法律规定的其他权利、利益受到侵害或者与他人发生争议，有权依照法律规定向人民法院提起诉讼，获得公正、及时的审判。人民法院不得拒绝审判。国家机关、社会团体以及个人对损害国家、集体或者公众民事权益的行为，依据本法以及其他法律规定，以自己的名义为受损害的单位或者个人向人民法院起诉的，适用前款规定。”本条规定当事人的诉权与公益诉权。诉权在我国一直停留在理论中，并未上升为立法。在民事诉讼法中规定诉权，不仅可以强调对当事人实体权利与程序权利的保护，而且可以为诉权入宪打下部门法基础。诉权作为当事人请求法院对其民事权益予以审判保护的基本权利，其完整内涵不仅包括审判保护请求权，还应当包括公正审判请求权和及时审判请求权。②

（27）诉讼权是指公民在认为自己的合法权益受到侵犯或有纠纷需要解决时，享有的诉诸于公正、理性的司法权求得救济和纠纷解决的权利。诉讼权具有基础性和广泛性，存在于各诉讼领域。诉讼权的内涵大于诉权。在民事诉讼领域，诉讼权以起诉权、应诉权、反诉权、再审请求权等方式得以全面体现。诉讼权是应然权利、自然权利，更是公民的基本人权和宪法权利。公民诉讼权发展的两条线索：一是大陆法系中的诉权理论与实践的发展，二是“接受裁判权”的演进及自20世纪中叶至今“接近正义”的发展。③ 我国台湾地区“宪法”第16条规定，人民有诉讼之权利。就大法官对于诉讼权的内涵的解释综合言之，民事诉讼程序上之诉讼权，包括适时审判请求权、权利有效保护请求权、听审请求权、程序上平等权以及公正程序请求权，此等权利亦可称之为“程序基本权”。但关于各项权利之具体内容，于大法官解释中，并未为进一步的阐释。④

（28）裁判请求权是指任何人在其权利受到侵害或与他人发生争执时都享有的请求独立的不偏不倚的司法机关公正审判的权利。它在不同国家和地区的立法或理论上有不同的用语，包括刑事事项上的裁判请求权、民事事项上的裁判请求权、行政事项上的裁判请求权。裁判请求权是

① 江伟主持：《〈中华人民共和国民事诉讼法〉修改建议稿（第三稿）及立法理由》，人民法院出版社2005年版，第90、94页。

② 江伟主编：《民事诉讼法典专家修改建议稿及立法理由》，法律出版社2008年版，第7—8页。

③ 左卫民等：《诉讼权研究》，法律出版社2003年版，第2—5、10页。

④ 沈冠伶：《诉讼权保障与裁判外纷争处理》，北京大学出版社2008年版，第4—6页。

宪法赋予公民的一项基本权利，是程序基本权，内容包括诉诸法院的权利和公正审判请求权。诉权是当事人在其权利受到侵害或与他人发生争执时请求法院审判的权利，它是当事人在民事诉讼法意义上的一项权利。裁判请求权与诉权既有区别又有联系。①

（29）诉权，系指私人对于国家司法机关，要求依判决为保护行为之权利，又称判决请求权，此可称为本案判决请求权说或司法行为请求权说。② 当事人向法院起诉，请求判决之权利谓诉权或判决请求权。③ 我国台湾地区学者及实务界多数一直奉行权利保护请求权说，但民事诉讼法学界关于诉讼目的论、诉讼要件论、诉讼行为论、既判力与诉讼标的理论取得的丰富研究成果，实乃归功于早期诉权理论的权利保护请求权说与本案判决请求权说前辈研究基础之贡献，但学界不够重视诉权理论的研究，深入研究诉权的学者也不多。④

通过对我国民事诉讼法教科书、专著和学术论文关于诉权的论点考察，可以看出，尽管学界投入了很大的精力进行研究，取得了一些进展，但诉权的定义不统一、概念不确定、对诉权的认识存在诸多分歧、研究不够深入的现状仍然是一个非常突出的问题，这源于诉权理论是一个极其抽象而深奥、极为复杂的研究课题。诉权的魅力吸引了众多富有才华的诉讼法学者对它情有独钟，但常常有一种力不从心、捉襟见肘、收效甚微甚至无功而返之感，研究的过程痛苦且往往没有"痛并快乐着"的成就感；诉权的高深使有的学者敬而远之；诉权的重要性使许多学者在撰写民事诉讼法教科书时或者基于其著作的理论体系的需要而不能回避对诉权的阐释。诉权的定义和学说纷繁复杂，犹如博登海默描述的"普洛透斯似的脸"⑤，至今未能达成基本的共识，更遑论有一个称得上"权威"的诉权理论；诉权研究似乎"上得去"而"下不来"，尽管一些学者提出和论证了上

---

① 刘敏：《裁判请求权研究——民事诉讼的宪法理念》，中国人民大学出版社 2003 年版，第 3、18—38 页。

② 何孝元主编：《云五社会科学大辞典 · 法律学》"诉权"词条，台湾商务印书馆 1976 年版，第 325 页。

③ 孙森炎：《论诉权学说及其实用》，载杨建华主编：《民事诉讼法论文选辑》（下），台湾五南图书出版公司 1984 年版，第 493 页；王甲乙等：《民事诉讼法新论》，台湾广益印书局 1981 年版，第 248 页。

④ 参见陈荣宗、林庆苗：《民事诉讼法》，台湾三民书局 2005 年版，第 79、81 页。

⑤ 正义有着一张普洛透斯似的脸，变幻无常、随时可呈不同形状并具有极不相同的面貌。当我们仔细查看这张脸并试图解开隐藏其表面背后的秘密时，我们往往会深感迷惑。参见〔美〕E. 博登海默：《法理学：法律哲学与法律方法》，邓正来译，中国政法大学出版社 1999 年版，第 252 页。

升到宪法层面的宪法诉权说和诉权是人权的观点,但学者们往往以起诉权为范例抽象、宏观地论述诉权,未能深入到诉讼程序的运行中去,有些浅尝辄止的感觉,不能充分体现诉权理论对民事诉讼程序制度的建构、批判作用和对诉讼实践的指导价值;对“诉权为双方当事人平等享有”、“诉权的行使贯穿于诉讼的全过程”的解释难以使人信服;诉权具有“阳春白雪”的高贵品质但缺失“下里巴人”①的实际效用,曲高和寡,诉权成为玄学,成为一个大而空的概念,诉权的涵义虽深奥,却不影响和排斥人们对诉权一词的使用,但普通百姓只知道起诉、应诉、上诉等具体的诉讼行为,不知道诉权是什么、有什么用,法官难以把握诉权的内涵和精髓,就连诉讼法学者对于诉权也是感到迷惑,难怪日本著名学者三月章教授提出了诉权否定说。江伟先生在谈到《民事诉权研究》一书的写作意图时指出:“当初在立项时,有不少学者及同行跟我说,‘诉权’这东西在理论上太抽象,虽有很高的理论价值,但研究起来难度很大,是个吃力不讨好的选题。不过我认为‘诉权’不应该仅是一个纯理论课题,也应该是一个与普通百姓的日常生活有密切联系的实践性课题。也就是说,‘诉权’是实践的,而不仅仅像大多数教科书写的那样,是一个玄而又玄的抽象概念。我想建立一个保护普通大众的合法权益的诉权理论。”②笔者知难而进,对诉权这一基本而又重大的问题提出并论证自己的新见解。

三、民事诉权新论

(一)民事诉权的内涵和外延

诉权是公民人权的重要内容,是公民获得司法救济、实现权利的前提和基础。诉权是一种宪法权利,而它由宪法诉讼诉权、民事诉讼诉权、刑事诉讼诉权和行政诉讼诉权四块构成。

笔者认为,民事诉权是当事人享有提起诉讼或者应诉并要求法院作出公正裁判以保护其民事权益的权利,它包括起诉权、反诉权、上诉权、再审诉权和应诉权。

起诉权是公民、法人或者其他组织享有的作为原告要求法院启动审

---

① 阳春白雪泛指高深的、不通俗的文学艺术,下里巴人泛指通俗的普及的文学艺术。参见中国社会科学院语言研究所词典编辑室编:《现代汉语词典》(修订本),商务印书馆 1996 年版,第 1456、1358 页。

② 江伟等:《民事诉权研究》,法律出版社 2002 年版,第 365—366 页。

判程序,就自己提出的诉讼请求进行审判并给予司法保护的权利。起诉权是诉权最典型、最充分的体现,是诉权的核心内容,是最重要的一种诉权。只有通过起诉权启动了第一审程序,才可能发生基于上诉权启动的上诉审程序和基于再审诉权或者法院、检察院依职权启动的再审程序。当事人行使起诉权提起诉讼是启动诉讼程序和法院对民事案件行使审判权的原动力,是当事人寻求司法保护的起点。

对于民事纠纷的双方当事人来说,都享有起诉权,而且是平等的。任何一方当事人都有权首先向法院提起诉讼,而一旦一方当事人起诉后,另一方享有的起诉权表现为反诉权。反诉权是指原告起诉后,被告为抵销、吞并原告诉讼请求而在同一诉讼程序中向法院提起诉讼的权利。本诉的被告在反诉中称为"反诉原告",本诉的原告称为"反诉被告"。反诉权是一种特殊形式的起诉权,是被告针对原告起诉权的攻击性权利,具有平等保护双方当事人的合法权益、避免法院作出相互矛盾的判决和实现诉讼经济的功能。对于被告反诉权的行使条件,理论界的通说认为除了符合起诉条件外,还有额外附加的限制条件,如要求反诉与本诉基于同一法律关系或同一法律事实而有牵连关系。有独立请求权的第三人是以起诉的方式参加诉讼,在诉讼中的地位相当于原告,既对抗本诉的原告,又对抗本诉的被告,其诉权实质上也是一种特殊形式的起诉权。

上诉权是指当事人不服第一审法院所作出的判决和裁定,在法定期限内要求上一级法院撤销或者变更一审裁判的权利。上诉权的行使是上一级法院开始第二审程序的唯一依据。根据我国民事诉讼法的规定,上诉权是一种普遍的、绝对的诉权。说其普遍,是因为享有上诉权的主体是非常广泛的,一审程序中的当事人都可以作为上诉人,包括原告、被告、共同诉讼人、诉讼代表人、有独立请求权的第三人以及判决承担民事责任的无独立请求权的第三人。[①] 说其绝对,理由是民事诉讼法没有对上诉权进行实质性的限制[②],所以司法实践中不存在"上诉难"问题。我国《民事

---

① 《适用意见》第176条规定,双方当事人和第三人都提出上诉的,均为上诉人。第177条规定,必要共同诉讼人中的一人或者部分人提出上诉的,按下列情况处理:(1) 该上诉是对与对方当事人之间权利义务分担有意见,不涉及其他共同诉讼人利益的,对方当事人为被上诉人,未上诉的同一方当事人依原审诉讼地位列明;(2) 该上诉仅对共同诉讼人之间权利义务分担有意见,不涉及对方当事人利益的,未上诉的同一方当事人为被上诉人,对方当事人依原审诉讼地位列明;(3) 该上诉对双方当事人之间以及共同诉讼人之间权利义务承担有意见,未提出上诉的其他当事人均为被上诉人。

② 尽管提起上诉有四个条件:提起上诉的主体必须合格、客体是依法允许上诉的裁判、必须在法定期限内上诉、必须提交上诉状,但这些都不是实质性的限制条件。

诉讼法》第140条赋予原告对不予受理的裁定、驳回起诉的裁定的上诉权,《适用意见》第208条规定,对不予受理、驳回起诉的裁定可以申请再审,是对起诉权的救济和保障。

再审诉权,又称申请再审权,是指当事人认为已经发生法律效力的判决、裁定、调解书在实体和程序上存在重大瑕疵即具有申请再审的法定事由,要求法院撤销原裁判并对案件再次进行审理的权利。[①] 为解决当事人反映强烈的"申诉难"和"执行难"问题,全国人大常委会于2007年10月28日通过了《关于修改〈中华人民共和国民事诉讼法〉的决定》,对审判监督程序和执行程序进行较大的修改。[②] 此次修改的一大亮点是比照起诉的模式规范再审的申请、审查和处理方式,对当事人申请再审的权利进行诉权化的改造,切实保障当事人的再审诉权。[③]

---

① 我国2007年修改后的《民事诉讼法》第178条仍然沿用了当事人申请再审的前提是对已经发生法律效力的判决、裁定"认为有错误的"这一表述,但在第179条将再审事由由原来的5项细化为13项及一款特别规定;对第177条的两款未做修改,仍将对已经发生法律效力的判决、裁定"发现确有错误"作为法院直接启动再审的前提;根据第187条的规定,检察院的抗诉事由与当事人申请再审的事由一样,即由原来的4项改为13项及一款特别规定。对当事人要求再审,德国、日本称为再审之诉,我国和法国称为申请再审,尽管名称不同,但实质上都是当事人认为生效裁判有错误而要求法院撤销原裁判,对案件再次进行审理。

② 王胜明同志在《关于〈中华人民共和国民事诉讼法修正案(草案)〉的说明》中使用了"申诉难"的表述,并作了解释,"申诉难",难就难在应当再审的未能再审,应当及时再审的长期未能再审,不少当事人申请再审的权利得不到保障。由此可见,"申诉难"指的就是"申请再审难",并且是不应有、不合法、不正常的再审难,因为再审是一种特殊的救济手段,再审制度的合理建构应在保障当事人再审诉权与维护生效裁判的既判力之间寻求到一个平衡点,主要措施是设立法定的再审事由和审查程序。由于当事人的申诉一般是法院依职权发动再审和检察院抗诉启动再审的来源,此次修改强化了检察院抗诉权,比如抗诉事由扩大到与当事人申请再审事由完全一样、法院应当在30日内裁定再审,为当事人的申诉权提供了有力的保障。因此,当事人的再审诉权与申诉权并存,并继续在民事诉讼中发挥作用。

③ 《关于修改〈中华人民共和国民事诉讼法〉的决定》第5条规定,增加一条,作为第180条:"当事人申请再审的,应当提交再审申请书等材料。人民法院应当自收到再审申请书之日起5日内将再审申请书副本发送对方当事人。对方当事人应当自收到再审申请书副本之日起15日内提交书面意见;不提交书面意见的,不影响人民法院审查。人民法院可以要求申请人和对方当事人补充有关材料,询问有关事项。"第6条规定,第179条第2款改为第181条,修改为:"人民法院应当自收到再审申请书之日起3个月内审查,符合本法第一百七十九条规定情形之一的,裁定再审;不符合本法第一百七十九条规定的,裁定驳回申请。有特殊情况需要延长的,由本院院长批准。因当事人申请裁定再审的案件由中级人民法院以上的人民法院审理。最高人民法院、高级人民法院裁定再审的案件,由本院再审或者交其他人民法院再审,也可以交原审人民法院再审。"

起诉权、上诉权、再审诉权是启动诉讼程序的诉权[①]，基于诉权平等和审判权平等保护双方当事人的原理，应诉方享有的诉权是应诉权。应诉权是指应诉一方当事人所享有的进行诉讼并要求法院作出公正裁判的权利，是其享有和行使诉讼权利、实施诉讼行为的根据，具有对抗诉方的诉权的功能。民事诉讼法为了保障应诉权，就需要根据诉讼地位和诉讼程序阶段给应诉一方当事人配置一系列诉讼权利，如答辩权、提出管辖权异议、委托诉讼代理人、申请回避、收集和提供证据、质证、申请不公开审理、辩论权等。应诉权既是对应诉一方当事人享有的诉讼权利的抽象概括，又是其享有的诉讼权利的权利来源；诉讼权利是应诉权的具体权能和表现形式。学者们承认"诉权为双方当事人所享有"，那么应诉一方当事人的诉权叫什么？它又是如何贯穿于诉讼的全过程？目前笔者未见到明确的、令人信服的解释。笔者以为，"应诉权"一词能够比较恰当地表述和概括应诉一方所享有的诉权，厘清它与应诉一方当事人的诉讼权利的关系及其权利层次，因为应诉权与"答辩权"、"应诉答辩权"、"辩论权"、"提供证据权"等词的"能指"和"所指"不同。[②]

苏联民事诉讼法学家顾尔维奇精辟地阐述了应诉权：起诉权是原告为解决民事诉讼而向法院提出请求的权利的表现，与它相对应的是被告要求参加诉讼的权利，即被告的应诉权。如果把召集被告参加诉讼的根据单纯看作是一种消极的权利状态，看做是由于提起诉讼和开始了诉讼程序而产生的被告的义务，则是不正确的。被告参加诉讼的根据，是其所

---

① 起诉权、上诉权、再审诉权也分别包含了在第一审、第二审、再审程序中进行诉讼的权利。

② 能指和所指是现代语言学的重要概念，最初由法国的索绪尔（1857—1913）提出。能指，是"声音形象"，具有区别符号特征的功能。所指，是声音形象所表达的"概念"。这两个概念后成为符号学的重要概念。美国哲学家皮尔士（1839—1914）所提出的符号学概念与索绪尔的概念异名同实，但在时间上比索绪尔晚大约三年。皮尔士的贡献在于他的符号三大类型的理论，即图像（icon）、标志（index）和象征（symbol）。在"图像"中，符号和对象的关系，或者能指和所指的关系，表现出"某种性质的共同体"；在"标志"中，关系是具体的、现实的，通常是前后因果关系，所指和能指的关系是以标志的方式体现出来的，如敲门是某人到来的标志；就"象征"而言，所指和能指的关系是武断任意的，它需要解释者创造指示关系这种积极配合，这种方式的符号的重要而系统化的现象发生在语言中。我可以指着或看着一片树叶，说这是树的标志；也可以说我关于树的图画或图表是树的图像。但是，如果我们说出"树"这个词，它就是树的象征。因为，在这个能指中，没有固定的、必然的"像树一样"的性质，它和现实的树的关系，从本质上说是武断的、强加的，唯一支撑这种关系的，是它在其中出现的那种语言结构（这只有它的解释者才理解），而不是它特指的哪一个外在的经验领域。参见吕世伦主编：《西方法律思潮源流论》，中国人民公安大学出版社 1993 年版，第十三章"符号学法学"的第 271—273 页。

享有的作为诉讼参加人的权利，是其所享有的要求审判的权利，这是和原告的诉权有着相同性质的一种诉讼权利。被告这种在个别民事案件的诉讼中的应诉权，同公民一般的“应诉”的权利能力比较之下，也具有和相应的起诉权一样的特定化的性质。与起诉权的积极性质不同，应诉权是由于法院召集被告参加诉讼的行为而产生的；就产生根据来说，应诉权最初是带有被动性的；这是被原告指名为发生纠纷的法律关系参加人的那个人参加诉讼程序作为被告的权利。由此可见，向法院提起具体诉讼的请求权（即起诉权）和对这个诉讼的应诉权，乃是享有权利能力的个人和组织要求审判的总的权利（向法院的请求权）的两种性质相同的表现。[①] 我国学者赵钢教授对被告应诉行为进行了分析，其主要观点是：被告的应诉行为是一个集合概念，是对民事诉讼过程中被告所实施的能够产生诉讼法上之一定效果的一系列行为的泛指或统称，可以简括为应诉行为。被告的应诉行为均具有回应原告诉讼行为之特质，直观地表现为承认（含部分承认）诉讼请求与反驳诉讼请求这两种样式，但在更多的场合下体现为庭审前所为的应诉行为和庭审中所为的应诉行为，前者主要有委托诉讼代理人、收集（提供证据）、按期提交答辩状这三种应诉行为，按期提交答辩状是其基核，后者以被告的言词答辩行为为主干。与其说被告按期提交答辩状是其所享有的一项诉讼权利，毋宁认为它是被告应尽的一项诉讼义务。[②] 我国《民事诉讼法》第 100 条、第 130 条、第 132 条、第 136 条对被告出庭行为的规制采取了区别对待的方式。被告无正当理由拒不到庭的，对于“必须到庭的被告”[③]经两次传票传唤而拒不到庭的，法院可以拘传，而对于其他经传票传唤拒不到庭的被告，则可以作出缺席判决。如果被告是因正当理由而不能到庭的，则不能适用拘传或者缺席判决，只能作出延期开庭审理之处置或者裁定中止诉讼。言词答辩的应诉行为应为

---

① 〔苏联〕M. A. 顾尔维奇：《诉权》，康宝田、沈其昌译，中国人民大学出版社 1958 年版，第 50 页。

② 学界对被告答辩行为的性质存在分歧，有“权利说”、“义务说”、“既是权利又是义务说”三种观点，并由此产生我国是否引进“答辩失权”、是否构建“强制答辩制度”的讨论。笔者认为，被告答辩的性质具有“权利义务二重性”，它与原告享有起诉权、被告享有反诉权和应诉权的诉权性质并不矛盾，因为民事诉讼是建立在原告的诉权与审判权、被告的诉权与审判权、原告的诉权与被告的诉权互相对抗而行使诉讼权利、履行诉讼义务、实施诉讼行为的基础之上，以平等保护双方的合法权益和公正地解决民事纠纷为目的。

③ 《适用意见》第 112 条第 1 款规定：民事诉讼法第 100 条规定的必须到庭的被告，是指负有赡养、抚育、扶养义务和不到庭就无法查清案情的被告。

所有被告一体享有的一项诉讼权利,可以拘传部分被告到庭的行为甚为失当,应予以删除。[①] 以上两位学者的论述为笔者提出的观点"应诉权是应诉一方当事人所享有的诉权"提供了有力的支撑。

诉讼的主体与权利结构是两类性质、三方的关系结构:诉方的起诉权(上诉权、再审诉权)与法院的审判权、应诉方的应诉权与法院的审判权即诉权与审判权的关系结构,权利主体是双方当事人,义务主体是法院;双方当事人诉权之间对抗的关系结构。在诉的合并的情形下,显得更为复杂一些。以应诉权为例,在一审程序中,被告人和无独立请求权的当事人享有应诉权;如果被告提起反诉,本诉的原告享有应诉权;如果有独立请求权的第三人以提起诉讼的方式参加诉讼而形成"三方鼎立"的诉讼格局,其在本诉中享有应诉权,本诉的原告和被告在参加之诉中都享有应诉权。在二审程序中,未提起上诉的当事人(包括二审判决书中列为被上诉人和依原审诉讼地位列明的当事人)享有应诉权;如果双方当事人和第三人都提起上诉的,都享有上诉权和应诉权。在再审程序中,我国再审的判决书是按照原第二审和第一审的诉讼地位列明当事人,未申请再审的当事人享有应诉权;如果再审程序是法院依职权发动或者检察院抗诉启动再审的,尽管往往是基于一方当事人的申诉,但双方当事人都享有应诉权,且相互对抗。

(二)诉权是当事人要求法院作出公正裁判的权利

起诉权是启动第一审程序的权利,也是继而进行诉讼的权利,被告的应诉权是进行诉讼的权利。起诉权和应诉权不只是要求或接受法院审判,更重要的是要求法院公正地审理和裁判。对于依法可以上诉的判决、裁定,一审裁判作出后,原告、被告、共同诉讼人、诉讼代表人、有独立请求权的第三人以及判决承担民事责任的无独立请求权的第三人都享有上诉权,裁判文书送达后,所有当事人都可以在法定期间内行使上诉权。我国《民事诉讼法》第147条规定的"当事人不服"实质上是认为"一审法院的裁判不公正"。对于生效的判决、裁定,第178条规定的当事人"认为有错误的",享有再审诉权,可以向上一级法院申请再审,实际上也是认为"生效裁判不公正"。诉权是当事人要求法院作出公正裁判的权利,具体表现

---

① 参见赵钢:《对被告应诉行为的定性分析》,载《法学评论》1999年第6期。

在以下五个方面[①]:

(1)程序上平等权。程序上平等,又称为“武器平等”,系指当事人在诉讼程序上享有地位平等、机会平等以及风险平等。就地位平等而言,系指当事人不论系攻击者(原告)或防御者(被告),亦不论其在诉讼外的实体法律关系是否有上下从属关系,在诉讼上,均享有相同的地位。就机会平等而言,则指当事人享有平等地接近、利用法院的机会,以及提出攻击防御方法的机会。就风险平等而言,则指诉讼的胜败风险对双方当事人应为平等的分配,不应由一方当事人负担较高的败诉不利益风险。且不仅为形式上的平等,亦须为实质平等的保障,使有意主张权利的人均能有机会使用诉讼制度,而为其排除主张权利的障碍。[②]

(2)适时审判请求权。适时审判请求权系基于宪法的国民主权原理及其所保障的自由权、财产权、生存权及诉讼权等基本权。当事人基于该程序基本权享有请求法院适时、适式审判的权利及机会,借以平衡追求实体利益及程序利益[③],避免系争实体利益或系争外的财产权、自由权或生存权等因程序上劳费付出所耗损或限制。为落实适时审判请求权的保障,赋予当事人程序选择权、程序处分权,使其可积极参与适时、适式审判的程序形成,并赋予法院诉讼指挥权、程序裁量权,使其酌定如何兼顾发现真实及促进诉讼的要求,而且加强法官有关诉的变更、追加、反诉及法律观点的阐明义务,要求其提供资讯,防止突袭。[④] 法院负有诉讼促进的义务,主要体现在:对当事人为适当、适时的阐明,以使当事人得于适当时期提出攻击防御方法、为事实上或法律上陈述、声明证据,或为诉的变更、追加;尽速指定言辞辩论期日或提出书状的期日;为集中审理而行言辞辩论的准备,选择适当的辩论准备方式,使当事人为书状交换,或使其整理争点并协议简化之;就当事人逾时提出攻击防御方法予以驳回。当事人亦负有协力促进诉讼的义务[⑤],如予以违反,可能受失权制裁。诉讼程序

---

① 笔者考察和借鉴我国台湾学者近年来关于当事人诉讼中的权利、法院的义务以及当事人诉权对法院的审判权的制约方面的研究成果。

② 沈冠伶:《诉讼权保障与裁判外纷争处理》,北京大学出版社 2008 年版,第 27 页。

③ 程序利益系指因简速化程序的利用或不使用烦琐、缺乏实益的程序所可节省的劳力、时间或费用。参见邱联恭:《程序利益保护论》,台湾三民书局 2005 年版,第 5 页。

④ 许士宦:《审判对象与适时审判》,台湾新学林出版股份有限公司 2006 年版,第 2 页。

⑤ 关于法院和当事人的诉讼促进义务,参见柯阳友、吴英旗:《民事诉讼促进义务研究》,载《山东警察学院学报》2006 年第 3 期。

的不当延滞,自属程序瑕疵,但基于时间因素的特性,难以经由事后的救济以排除该瑕疵。如以程序再开之方式,反而使得程序无法终结。一些国家和地区理论和实务上在探讨就权利保护的延滞如何提供有效的救济途径。[①] 我国民事诉讼法及其司法解释规定的期间制度、审理期限制度和法院治理“超审限”问题,是基于适时审判的要求。唐德华先生对我国审限制度的确立及意义做了这样的解释:我国1991年《民事诉讼法》对审限的规定,是一个新发展,在民事诉讼法史上也是一次新的突破。不仅在我国民事诉讼的立法史上尚无先例,在世界各国的立法上,据了解也尚未有过。当然许多国家都在研究诉讼过分拖延的问题,有些国家在诉讼上是采取不间断的原则,还有一些国家规定开庭审理终结后,必须在多长时间内作出判决。审限问题是法院自己提出来的,可以说是许多法院主动要求规定的,这一点立法部门对法院的同志是很赞赏的。许多同志认为,民事诉讼法规定审限是必要的,按现在规定的审限,绝大多数案件也是能办到的。[②]

(3) 权利有效保护请求权。它不仅指当事人有接近、利用法院的权利,而经由法院程序使实体权利完全地受到保护,更包括当事人有请求法院有效率地进行程序的权利,而为适时的裁判。依德国联邦宪法法院的看法,民事诉讼上的权利有效保护请求权包括适时审判请求权在内,于此部分二者具有重叠性。[③] 诉讼期间过长,虽不致使胜诉完全归于无用,却会降低胜诉者所取得判决的价值。诉讼的长期化成为有效权利保护的主要障碍。亦即,不正义不在于方式,而在于迟延。而且,无论如何理解裁判的实体正当性的意义,只有迅速的司法始能真正实现权利保护,再无比缓慢处理更有损于司法的声誉。漫长的诉讼期间通常不利于经济上弱者,结果增大诉讼机会之差距。诉讼久拖不决,甚至妨碍与诉讼促进思想背反的实体上公正裁判目标的实现。[④]

(4) 听审请求权。听审请求权是请求法院听审的权利。为保护程序主体的实体上利益(因实体法上权利、地位的实现所可获得的利益),受

---

① 沈冠伶:《诉讼权保障与裁判外纷争处理》,北京大学出版社2008年版,第7、47页。

② 唐德华:《民事诉讼法修改情况介绍》,载最高人民法院民事诉讼法培训班编:《民事诉讼法讲座》,法律出版社1991年版,第146—147页。

③ 沈冠伶:《诉讼权保障与裁判外纷争处理》,北京大学出版社2008年版,第9页。

④ 许士宦:《审判对象与适时审判》,台湾新学林出版股份有限公司2006年版,第7页。

诉法院应赋予程序主体参与程序为攻击防御的机会，以作成慎重而正确的裁判；否则，未赋予此项机会的法院审理，即造成发现真实的突袭或达成正确裁判的突袭。为维护程序主体的程序上利益（因程序进行未招致劳力、时间及费用的额外支出时所可获得的利益或所避免的不利益），受诉法院亦应赋予相当的参与程序机会，使程序主体能借此陈述意见或为攻击防御，以作成迅速而经济的裁判；否则，未赋予此项机会的法院审理，就造成促进诉讼的突袭。[①] 听审请求权的归属主体（请求权人），不仅指程序上形式当事人，亦包括法律上利害关系的第三人。至于证人或鉴定人，虽直接参与程序，亦非法律上利害关系的第三人，则非属听审请求权人。听审请求权的内容及其受侵害的情形主要体现在以下几个方面：第一，受通知权。为使当事人于程序上能为充分陈述，应及时地受到通知，而可认识到程序的开始、进行、他方陈述以及法院的卷宗数据。且法院所定的期日，亦须使当事人有充分准备时间。如当事人未受通知，以至于未为陈述，即属听审权的侵害。第二，陈述权。它包括事实陈述、证明权[②]和法律见解的陈述。就事实而言，民事诉讼程序原则上适用辩论主义，事实的陈述、提出，不仅是当事人的权利，亦是当事人的责任。当事人就事实的陈述，应为真实及完全，对于对方当事人所提出的事实，亦应为陈述。为避免当事人疏忽而未就对方所提出的事实予以陈述，有害及辩论权，法院应向当事人发问或晓谕，而负有阐明义务。法院如应阐明而未阐明，而使当事人未能于裁判前有充分陈述的机会，即为侵害当事人的陈述权。当事人就其提出的事实，得提出证据，并于证据调查时，在场见证，进而得就证据调查的结果陈述意见。证据提出权系指，当事人有提出证据的权利，而法院就该证据负有调查的义务。就在场见证权而言，系指当事人有权利知悉，法院是如何进行证据调查（如何讯问证人、阅读书证、鉴定或进行勘验等），而能当场表示意见。因此，法院于行证据调查前，应通知当事人到场。当事人于证据调查时在场，不仅是消极地听闻，更得积极地参与调查的过程，而有发问权，以随时主张自己的实体利益及程序利益。当事人就其个案应适用的法律、构成要件与事实间的涵射，或法律规范的解

① 邱联恭：《司法之现代化与程序法》，台湾三民书局1992年版，第112—113页。

② 关于证明权，参见柯阳友：《证明权与当事人收集证据制度》，载《法学杂志》2007年第2期。

释,应有陈述的机会。第三,法院审酌义务。法院就当事人有权予以陈述的事项(包括事实、证据及法律见解),均负有义务予以审酌,并于裁判中说明其理由。法院如漏未为审酌,于判决中未说明其不采的理由,亦属听审权的侵害。第四,突袭性裁判禁止与法院的阐明。突袭性裁判系指,当事人依照程序进行的过程,不能合理地预测到法院裁判的内容或判断过程,可分为在事实认定、证据评价及法律见解上的突袭。突袭性裁判构成听审权的侵害。法院之所以负有阐明义务,除有助于减少当事人间攻击防御能力的差距,达到平等权的保障,或有助于发现客观真实,达到实质正义;透过法官的阐明,使当事人知晓法官的事实及法律上判断(心证)为何,而可避免突袭性裁判的发生;有助于集中审理及诉讼促进的功能。第五,听审权与失权规定的关系。失权规定以当事人具有可归责性作为要件,甚至得考量是否"显失公平",即已虑及当事人听审权保障,在当事人已有充分提出攻击防御的机会下,但却因可归责之事由,迟误该机会,则无再对其听审权予以保护的必要。法院应审酌三个因素:当事人是否曾被赋予陈述意见的机会;当事人是否因可归责之事由不尽早提出攻击防御方法;程序迟延的原因是否亦因法院未履行诉讼促进义务。当事人未受充分听审所生的程序瑕疵,在原审中如未能治愈者,则得循通常救济程序主张。第二审法院如使当事人有陈述的机会,当事人在第一审未受听审的程序瑕疵即属治愈,原则上毋庸发回原审法院。但如影响审级利益重大,例如:第一审系基于一造辩论而为判决,当事人于原审全无陈述之情形,则可发回原法院。侵害当事人之诉讼权、听审权,如当事人不能循审级途径予以救济,宜使当事人能提起再审之诉。①

(5)公正程序请求权。公正程序请求权归属于双方当事人,它所要求于法官的内容系指:法官所为的程序形成,必须是民事诉讼当事人就程序当然可以期待之水平者,亦即,法官不得为矛盾的行为,不得从自己或可归责于自己的瑕疵或延滞导出程序上的不利益,以及在具体的状况下对于程序关系人一般赋予照顾的义务。法官的程序形成,应防止导致当事人法律上救济手段丧失,并应致力调整诉讼当事人间力量关系的均衡。易言之,法官于其程序形成,应该确保当事人自主决定的可能性,维护当

---

① 沈冠伶:《诉讼权保障与裁判外纷争处理》,北京大学出版社 2008 年版,第 11—27、37—41 页。

事人的实体利益及程序利益，并且维持当事人间实质的公平。① 公正程序请求权具有补遗性权利的性质，适时审判、权利保护之有效、听审、程序上实质平等，均可认为系公正程序所应具备的要素，如得直接援引该权利作为主张的根据，可先据上述权利主张之，但如非上述权利的保护领域所得涵盖时，则主张公正程序请求权。②

（三）诉权的性质是程序性人权，但渗透着实体权益的因素

诉权包含以下三层意思：

（1）诉权是一种基本人权。人权是人依其自然属性和社会本质所享有和应当享有的权利，是受一定伦理道德所支持与认可的人应当享有的各种权益。人权的内容十分广泛，主要包括人身人格权利，政治权利与自由，经济、社会、文化权利等三个方面。人权主要有三种存在形态，即应有权利、法定权利、实有权利。③ 现代社会中，人权的核心内容是基本人权（或称基本权利、宪法权利）。所谓基本人权，是指对于人的生存和发展具有重要意义的权利。我们可以将我国《宪法》所确认的公民基本人权分为两个类别：一类是所有公民的基本人权，一般是指《宪法》第二章“公民的基本权利和义务”中专列的，以及第一章“总纲”中的第8、10、13、17—22、26、27条，第三章“国家机构”中的第125、134条等规定的权利，分为七类42项，这七类包括平等权、自由权（包含人身权）、参政权、社会权（包含财产权）、诉讼权（公开审理权、用本民族语言文字诉讼权这2项）④、婚姻家庭权和发展权。另一类是处于特殊群体中的公民的基本人权。公民基本人权在宪法上的确立，实际上是国家对于每一个公民在社会中生存和发展所必须具备的条件的认可和确立的底线。⑤ 平等权、自由权、参政权、人身权、财产权等权利是人依法享有的具有直接、具体的物质利益或精神利益的实体性人权。诉权是人为了保障实体性人权得以实

---

① 许士宦：《程序保障与阐明义务》，台湾学林文化事业有限公司2003年版，第43—44页。

② 沈冠伶：《诉讼权保障与裁判外纷争处理》，北京大学出版社2008年版，第32页。

③ 李步云：《法理探索》，湖南人民出版社2003年版，第169—170页。

④ 不能将我国现行《宪法》没有“诉权”一词或者没有规定诉权的内涵作为“诉权”不是一项宪法性权利的依据。我国《宪法》第33条关于公民在法律面前一律平等原则、第125条关于公开审理，特别是第126条关于法院独立行使审判权等规定，都可以被理解为是对诉权的宪法性保障条款。参见江伟等：《民事诉权研究》，法律出版社2002年版，第367页。

⑤ 参见林喆：《公民基本人权法律制度研究》，北京大学出版社2006年版，第21—25页。

现或不受侵犯而依法享有的要求法院公正审判的一种程序性人权。[①] 从本质上看,"诉权是基本人权的救济手段,诉权又是救济性的基本人权"[②]。甚至有的宪法学者认为,诉权是法治社会的第一制度性人权,人权的司法救济以宪法诉讼的存在为前提。对人权的司法救济要求扩张诉权的内涵和外延,使诉权在宪法面前能够与国家权力平等。[③] 人权宣言和人权公约对诉权予以确认和保障。1948 年的《世界人权宣言》第 8 条规定:"人人于其宪法或法律所赋予的基本权利被侵害时,有权享有国家管辖法院之有效救济。"第 10 条规定:"人人于其权利义务受判定时及被刑事控告时,有权享有独立、无私法庭的绝对平等不偏且公开之听审。"1966 年的《公民权利和政治权利国际公约》第 14 条第 1 款规定:"法院面前人人平等,在审理对被告人的刑事指控或确定当事人的民事权利与义务时,人们有权获得依法设立、有管辖权、独立、公正的法院的公正、公开的审理。"1950 年的《欧洲人权公约》第 6 条第 1 款规定:"在确定当事人的民事权利与义务或审理对被告人的刑事指控时,人们有权获得依法设立的独立、公正的法院在合理的期限内公平、公开的审理。"1969 年的《美洲人权公约》除了有相似的内容外,还规定了上诉权、受赔偿权等。1981 年的《非洲人权和民族权宪章》第 7 条规定:"人人享有对其诉讼案件要求听审的权利",并将听审权的内容确定为起诉权、无罪推定权、辩护权和审判权。一些国家已将诉权宪法化,尽管宪法上有关诉权的规定以及诉权的称谓有异,但是其涵义基本上是指请求法院司法保护的权利。如日本宪法第 32 条规定:"任何人在法院接受审判的权利不得剥夺。"意大利宪法第 24 条规定:"任何人为保护其权利和合法利益,皆有权向法院提起诉讼。"俄罗斯宪法第 46 条规定:"保障每个人通过诉讼维护自己的权利和自由。"美国宪法并没有直接规定诉权,这一基本权利主要隐含在有关正当程序和平等保护等宪法条款中。德国宪法对诉权未作出一般的明确规定,但其第 19 条第 4 款规定:"如权利遭受公共机构侵犯,任何人有权

① 法律程序(立法程序、行政程序、刑事诉讼、民事诉讼、行政诉讼、宪法诉讼)中都存在程序性人权,既有共性(如公正程序请求权),又有个性,表现形式有所不同。

② 江伟、王铁玲:《论救济权的救济——诉权的宪法保障研究》,载《甘肃政法学院学报》2006 年第 4 期。

③ 莫纪宏:《论人权的司法救济》,载《法商研究》2000 年第 5 期。

向法院提起诉讼。"①

(2) 诉权是程序性权利,不是实体性权利,但渗透着实体权益的因素。诉权是启动诉讼程序或应诉并要求法院公正审判的权利,是一种通过审判权实现自我保护的权利。从诉权的各个子权利的功能来看,起诉权不是只为了起诉而起诉,原告利用民事诉讼制度的目的是为了保护自己的实体权益和解决民事纠纷;被告行使反诉权是为了吞并、抵销原告的诉讼请求,被告行使应诉权也是为了保护自己的实体权益,是为了避免法院的裁判合法地减损其既有的实体利益;有独立请求权的第三人以提起诉讼的方式参加到已经开始的本诉是为了主张自己的权益,无独立请求权的第三人行使应诉权是为了避免法院判决其承担民事责任,既有的利益未减少对于被告或者无独立请求权的第三人来说也是一种实体利益。如果一审判决被告或无独立请求权的第三人承担民事责任,其行使上诉权并进行第二审程序的诉讼,此种情形下若原告未上诉,原告在二审中行使的是应诉权,攻防的角色和地位发生了转换,但诉讼目的都是为了保护自己的实体权益。但是否由此认为诉权既是程序性权利又是实体性权利?我以为,诉权的基本属性是程序性权利,但渗透着实体权益的因素。理由是:诉权的基本权能或者诉权这种权利的质的规定性是发动和进行诉讼,其本身包含程序权益但并不直接包含具体的实体权益。发动和进行诉讼之权能的作用是启动审判权、要求法院公正审判进而保护诉权主体的实体权益,实体权益如影随形地伴随着诉权的行使。民事诉讼是诉讼法和实体法共同作用的"场",诉权的法律根据来自于宪法和民事诉讼法,实体权益的法律根据来自于民事实体法和宪法,诉权通过审判权发挥保障实体法的贯彻实施、发展和完善实体法等作用②,并使民事实体法律规范成为裁判规范。诉权通过诉讼程序来行使,诉权也是诉讼程序的动

---

① 参见江伟等:《民事诉权研究》,法律出版社 2002 年版,第 147—148 页;林喆:《公民基本人权法律制度研究》,北京大学出版社 2006 年版,第 90 页;相庆梅:《从逻辑到经验——民事诉权的一种分析框架》,法律出版社 2008 年版,第 219—220 页。

② 人们都承认成文法具有局限性,实体法存在法律漏洞,那么还未上升为法定权利的实体利益或者法律实际并未列举而由法定权利派生、推导出来的权利受到侵犯时,按照诉权既是程序性权利又是实体性权利的观点,当事人就不享有诉权,法院因此不予受理。德沃金教授在《关于不胜枚举的权利的概念》一文探讨了这样一个问题:可列举的宪法权利和不胜枚举的宪法权利之间的区别提出了一个重大的宪法问题:法院是否和何时有权将宪法实际并未列举的权利作为真正的宪法权利加以实施的问题。参见〔美〕德沃金:《认真对待人权》,朱伟一等译,广西师范大学出版社 2003 年版,第 37 页。

力机,诉讼程序依靠诉权启动和推进。诉权的内容构成诉讼程序的基本内容。诉权与实体权益具有各自的相对独立性。承认诉权的程序性权利的性质,但不否认诉权与实体权益的内在密切联系,有助于降低进入法院的门槛和保证法院公正地审判,有利于保障诉权主体的民事权益。

(3)诉权是一种公法上的权利或曰公权利。这一点学界已达成共识。依据公法学理论,公法包括宪法、行政法、诉讼法、刑法以及国际公法,公权力与公权利的关系是贯穿公法始终的逻辑主线,公民与国家的关系为公法上的权利义务关系,公民基于公法关系请求公权力主体为一定行为或不为一定行为的权利就是公权利。公权利是私人在公法上的法律地位的体现。[①] 诉权是当事人提起诉讼或应诉并要求法院公正裁判的权利,其权利的法律渊源是宪法和民事诉讼法,义务主体是代表国家行使审判权的法院。民事诉讼体现为当事人诉权与法院审判权在查明争议事实及适用法律上的交互作用。

(四)诉权是一种潜在和动态的权利,贯穿于诉讼的全过程

这可以从以下几个方面来理解:

第一,作为基本人权范畴的诉权,它并不是在诉讼中产生的,而是所有的人的一项固有权利,该权利不可转让、不可剥夺。[②] 如果诉权缺失,会导致实体的基本人权、其他人权失去保障,会对人的生存和发展、尊严和价值造成重大的不利影响,因此诉权对于每个人具有不可或缺的价值。诉权可以备而不用,当需要维护自己的民事权益时,就可以运用诉权、通过审判权来解决问题。人权宣言、人权公约和宪法规定的诉权就是指这种抽象意义上的诉权。一个人没有打过官司,并不表明他没有诉权,只是表明他没有行使诉权,原因是可能其权益没有侵害或者没有发生民事纠纷,抑或是权益受到侵害或与他人产生民事纠纷后通过非诉讼纠纷解决机制化解了纠纷、填补了损害。

第二,作为具体的民事诉讼层面的人权,出于防止滥诉、平等保护双方当事人的合法权益、保证司法机关公正、有效地行使审判权和合理利用有限的司法资源,需要从诉讼程序方面规定诉权要件、诉权的行使以及进

---

① 姜明安:《公法学研究的几个基本问题》,载《法商研究》2005 年第 3 期。

② 朱兴文:《权利冲突论》,中国法制出版社 2004 年版,第 233 页。

行诉讼活动的要求。在诉讼程序层面,起诉权、上诉权、再审诉权在启动诉讼程序上具有外显性,但并不是启动相应的第一审、第二审、再审程序后,诉权就消灭了,它们继而具有进行诉讼的权能,是诉讼程序运行的动力机,因此,它们是既在诉讼外又在诉讼中加以利用的权能,否则无法解释"为何可以(有权)进行诉讼"的问题。只不过起诉权、上诉权、再审诉权与应诉权一样,虽然都具有进行诉讼的权能,但在诉讼中处于"隐身"状态,是一种潜在的程序动力,外在的表现则是行使诉讼权利、实施诉讼行为。有学者认为,诉权是自诉讼外加以利用的权能,即诉权是存在于诉讼外的权利。抽象诉权说、具体诉权说和本案判决请求权说均认为,诉权是诉讼制度机能发挥的原动力,与现实的诉讼构造或诉讼阶段均无关系,因此没有必要承认诉讼内的诉权。诉权是自诉讼外加以利用的权能,诉权行使所启动的是一个案件的诉讼程序。一审程序、上诉程序和再审程序组成了一个案件的诉讼程序,上诉程序和再审程序仅是一个案件诉讼程序中的具体不同的诉讼程序。提起上诉启动的是上诉程序,申请再审启动的是再审程序,因而提起上诉和申请再审并非所谓的诉权的行使。[①] 由此观点可以推导出这样的结论:只有起诉权是诉权,或者说诉权等于起诉权,起诉权的特殊形式(被告的反诉权和有独立请求权的第三人以提起诉讼的方式参加诉讼的诉权)、当事人的上诉权、申请再审权和应诉权都不是诉权;诉权的主体只有原告,其他当事人都不享有诉权;原告凭借起诉权可以要求第一审法院、第二审法院、再审法院启动审判权,而且似乎是同一个审判权。其缺陷在于:它不符合当事人平等原则和诉权平等原理;只能解释"为何可以启动第一审诉讼程序"而不能解释"原告之外的当事人为何可以启动第二审程序、再审程序",更不能解释"当事人为何可以进行诉讼";不能解释双方当事人诉讼权利的来源和实施诉讼行为的根据;不符合法院独立审判原则,上下级法院之间的审判权是各自独立的,是审判监督关系;难以合理地解释诉讼程序制度和诉讼实践活动。笔者认为,诉权既存在于诉讼之外,又存在于诉讼之内;既包括自诉讼外又包括在诉讼中加以利用的权能;司法行为请求权说具有合理性,我们应吸收各种诉权学说之长,构建我国的诉权理论。司法行为请求权说,又称为

---

① 江伟等:《民事诉权研究》,法律出版社 2002 年版,第 150—151 页;相庆梅:《从逻辑到经验——民事诉权的一种分析框架》,法律出版社 2008 年版,第 21—23 页。

诉讼内诉权说，为德国目前的通说。司法行为请求权说认为，抽象诉权说、具体诉权说和本案判决请求权说等将诉权与现实的诉讼程序分离，并认为诉权系存在于诉讼外的权利，这是不合理的。该说主张，诉权为诉讼开始后实施诉讼的权能，是请求国家司法机关依实体法和诉讼法审理和裁判的公法上权利。在法治社会，宪法保障任何人均得请求法院为司法保护。诉权具有发展的环节和内容，即诉权因起诉而开始，依当事人提出的攻击防御方法，依诉讼程序的各阶段而逐渐展开，演变其形态，直到裁判为止。①

第三，诉权是一种动态的权利，贯穿于诉讼的全过程。当事人双方发生民事纠纷后，他们享有的诉权既包括起诉权又包括应诉权。谁先行使起诉权提起诉讼，谁就成了原告，另一方因被诉而成为被告，就可以启动应诉权，来对抗起诉权。如果被告不行使应诉权，法院作出缺席判决，可能会对被告造成不利的后果，因此被告一般会积极行使应诉权，应诉权表面看起来是一种被动、消极的诉权，实质上也是一种积极的诉权。原告并不一定是权利主体，被告也不一定是真正的义务人，他们实质上是程序上的原告和被告，只是行使起诉权在时间上占先的成为原告。民事诉讼法为了保障起诉权和应诉权在一审程序中发挥其应有的功能，就给双方当事人配置一系列的诉讼权利，以便他们实施攻击防御行为，而起诉权和应诉权本身在一审程序中处于“隐身”状态，但它们是诉讼程序运行的动力，并且与审判权互动推进诉讼程序的进行。一审裁判后，如果双方不服一审裁判，行使上诉权而提起诉讼，就启动了第二审程序，因为起诉权与应诉权是要求法院作出公正裁判的权利。诉权在二审程序的运行和再审程序的启动、运行方面的原理也大体相同。诉权在民事纠纷得到司法最终解决以前是不会消失的。

（五）诉权是诉讼权利的权源

当事人的诉讼权利，是指当事人为了进行民事诉讼所享有的为或不为一定行为、要求他人为或不为一定行为，以维护自己的实体利益和程序

① 参见江伟等：《民事诉权研究》，法律出版社 2002 年版，第 27—28 页；陈荣宗、林庆苗：《民事诉讼法》，台湾三民书局 2005 年版，第 81—82 页。

利益并受国家强制力保护的手段。[①] 诉讼行为与诉讼权利之间具有非常密切的关系。诉讼行为是行使诉讼权利的动态过程。换句话说，诉讼行为的合法性必须要有诉讼权利上的根据。[②]

我国现行《民事诉讼法》规定了当事人诉讼权利的三种表现形态：(1) 多数诉讼权利为当事人双方共同享有并由其各自独立行使即可实现。例如：《民事诉讼法》第12、50条规定的当事人辩论权；第38条规定的提出管辖异议权；第50条规定的委托代理人，申请回避，收集、提供证据，提起上诉，申请执行，查阅复制本案有关诉讼材料和法律文书等诉讼权利；第74条规定的申请保全证据权；第76条规定的申请顺延期限权；第92条规定的申请财产保全权；第97条规定的申请先予执行权；第107条规定的申请缓、减、免交诉讼费用权；第120条规定的申请不公开审理权；第125条规定的在法庭上提出新的证据，向证人、鉴定人、勘验人发问，要求重新进行调查、鉴定或者勘验等诉讼权利；第133条规定的申请补正法庭笔录权，第147条规定的上诉权；第178、179条规定的申请再审权等。此外，第48条规定对回避决定不服的，第99条对财产保全或者先予执行的裁定不服的，第105条对罚款、拘留决定不服的，第202条规定的对执行异议的裁定不服的，均有申请复议的权利。(2) 某些诉讼权利为当事人双方享有且须由双方共同行使才能发生实际效果。这些诉讼权利有《民事诉讼法》第50条规定的请求调解权；第51条规定的诉讼中的自行和解权；第66条规定的质证权；第207条规定的执行中的自行和解权等。(3) 某些诉讼权利分别为原告和被告各自享有。如《民事诉讼法》第52条规定的放弃、变更诉讼请求权；第126条规定的增加诉讼请求权；第131条规定的申请撤诉权，就专属于原告所享有。而第52条规定的承认、反驳诉讼请求权及反诉权；第113条规定的提交答辩状的权利，就专属于被告所享有。[③]

诉权是诉讼权利的抽象概括和权源，是诉讼权利的基础。诉权需要

---

① 柯阳友、李志强：《民事诉讼当事人诉讼权利研究》，载卞建林主编：《诉讼法学研究》(第12卷)，中国检察出版社2007年版，第71页。

② 陈桂明、李仕春：《论程序形成权——以民事诉讼权利的类型化为基点》，载《法律科学》2006年第6期。

③ 参见李祖军：《简论诉讼权利平等原则》，载《西南政法大学学报》2002年第2期。笔者作了一些补充。

一系列具体的诉讼权能来体现,而民事诉讼法所规定的当事人的诉讼权利就是为了体现诉权的具体诉讼权能。诉讼权利派生于诉权并在不同诉讼阶段有不同的表现形式,它是当事人在诉讼过程中享有的权利,指向各个具体的诉讼行为。诉讼权利既是当事人维护自己的实体利益和程序利益的必要手段,又是保证法院公正地审理和裁判的重要手段。严格来讲,起诉权不属于当事人的诉讼权利,因为当事人行使起诉权时诉讼程序还没有开始或者说诉讼程序的开始是行使起诉权的结果。我国民事诉讼法没有明确规定应诉权属于诉讼权利,只规定了应诉权的具体表现形式如答辩权、辩论权、提供证据权等属于诉讼权利。反诉权、上诉权、再审诉权等诉权是否属于诉讼权利的范畴? 可以有三种理解:它们是诉权而不是诉讼权利;是诉讼权利而不是诉权;既是诉权又是非常重要的诉讼权利。按照本书前面的论述,结合诉讼权利是民事诉讼法规定的当事人在诉讼过程中享有的权利之界定,第三种理解较妥当一些,只不过作为诉权(启动和进行诉讼)的上诉权、再审诉权比其单纯作为一种诉讼权利来说,内涵和外延更丰富。撤诉权包括撤回起诉权和撤回上诉权,是对自己诉权的处分。但是,"撤回诉讼并不触及有争议的权利,原告所希望的仅仅是熄灭诉讼、熄灭诉讼程序,但仍然保留其权利"[①],撤回起诉后仍可以再次起诉。国外的民事诉讼法通常规定,在被告实际答辩后,原告申请撤诉的,应当征得被告的同意。而我国民事诉讼法规定,原告撤诉是否准许,由法院裁定,并没有赋予被告相对应的对抗权利,这本属于应诉权的内容,因为应诉权是被告要求法院公正审理和裁判的权利。

(六)诉权是当事人实施攻击防御方法的根据

德国学者罗森贝克等认为,"所谓攻击方法(Angriffsmittel),是指原告用来证立其起诉或反诉(指原告请求之理由或诉之理由),以及用来驳斥被告之抗辩或答辩(指原告之争执或再主张)之一切主张。至于起诉或反诉或诉之变更等本身,则为攻击(Angriff),而非攻击方法。所谓防御方法(Verteiligungsmittle),则是指被告用以防御起诉或反诉(例如否认诉之

① 〔法〕让·文森、塞尔日·金沙尔:《法国民事诉讼法要义》(下),罗结珍译,中国法制出版社2001年版,第1044页。

理由或否认原告之再主张，以及抗辩及答辩等）之一切之主张。”[①]尧厄尼希也认为，法院将应影响法院裁判内容的诉讼行为称为攻击和防御手段。攻击手段是支持诉的（或者否定抗辩的）那些陈述，不是诉本身（诉之扩大、诉之变更）或反诉本身。防御手段是为防御诉而为的陈述，主要是抗辩。[②] 穆泽拉克认为，任一当事人在言词辩论中都应当及时主张他们的攻击手段和防御手段。怎样理解攻击手段和防御手段，在第 282 条第 1 款中通过枚举得到了解释。应当广义理解“攻击手段和防御手段”这一概念并且应将之与当事人为论证他的诉讼申请而向法院递交的任何陈述等同起来。属于防御手段的也还有抵销主张。相反，不属于攻击手段和防御手段的是当事人通过诉或者反诉而主张的实体请求。[③] 日本学者兼子一、竹下守夫认为，原告为了贯彻其攻击性的申请并证明其理由，而被告同样为了贯彻其防御性的申请并证明理由而进行的手段性陈述叫做攻击或防御方法。[④] 三月章认为，所谓攻击方法，系为诉（或反诉）提供理由而由原告提出的一切事实上的主张，请求原因事实的主张，以及为剥夺抗辩、再再抗辩的效果所作的事实上的主张（抗辩与再再抗辩的否认及再抗辩的主张）。所谓防御方法，系为排斥诉（或反诉）而由被告（反诉时则为反诉被告）提出的一切事实上的主张（请求原因事实与再抗辩事实的否认，以及抗辩、再再抗辩的主张）。其中，还包括为这些主张提供依据的证据提出声请（举证）。对此，有时称为攻击防御方法，有时又称请求原因或抗辩，则主要是着眼于原、被告的立场，或者根据举证责任分配得出的名称。其实质都具有诉讼行为的性质，都是作为一种取效性诉讼行为的

① 转引自吴从周：《论迟延准备程序之失权》，载《东吴法律学报》2005 年第 3 期。

② 〔德〕奥特马·尧厄尼希：《民事诉讼法》（第 27 版），周翠译，法律出版社 2003 年版，第 164 页。

③ 〔德〕汉斯—约阿希姆·穆泽拉克：《德国民事诉讼法基础教程》，周翠译，中国政法大学出版社 2005 年版，第 225—226 页。

④ 如果被告不承诺原告的请求，原告必须证明其理由。这是原告须尽主张责任陈述其权利产生的法律效果，并进一步主张其效果的要件事实。例如，原告请求买卖的货款，就须主张买卖契约的成立和支付货款期的到来。如果被告否认这些事实，原告就提出证明这一事实的证据。而被告虽然承认买卖契约的事实，但以其意思表示的要素性错误为理由主张契约无效，或以根据欺诈的意思表示为理由主张撤销契约等争执契约的效力，或者已经偿还货款，或援用消灭时效，或交付标的物之前不支付货款等为理由争执现存的支付义务。这些都是作为被告防御方法的抗辩。原告否认这些抗辩事实，则被告有必要加以证明。另外，原告要想回击被告的抗辩，可以提出再抗辩。例如，对消灭时效的抗辩，可以陈述曾经时效中断的事由。参见〔日〕兼子一、竹下守夫：《民事诉讼法》，白绿铉译，法律出版社 1995 年版，第 76—77 页。

事实上主张的形态。[①] 中村英郎认为，诉讼资料由原告或被告在口头辩论时提供，作为各自攻击或防御的方法。所谓“攻击方法”指原告或反诉原告为维护自己的请求而提供的事项，“防御方法”指被告或反诉被告为驳斥起诉或反诉而提供的一切事项。攻击和防御方法必须根据诉讼的进展状况在适当时期里提供。当事人故意或由于重大过失，错过时机后才提供攻击、防御方法，从而致使诉讼被迟延完结时，法院可根据对方的请求依职权驳回其攻击、防御的方法。[②] 德国、法国、日本等大陆法系国家的民事诉讼立法，都对当事人的各类攻击防御方法做了规定，例如，德国民事诉讼法典第 282 条第 1 款规定：“当事人各方都应该在言词辩论中，按照诉讼的程度和程序的要求，在为进行诉讼所必要与适当的时候，提出他的攻击和防御方法，特别是各种主张、否认、异议、抗辩、证据方法和证据抗辩。”[③]《法国新民事诉讼法典》第一卷第四编的标题是起诉（包括本诉、附带之诉等两章）、第五编的标题是防御方法（包括实体上的防御、程序上的抗辩、诉讼不受理等三章）。[④] 法国诉讼法学者金沙尔将诉权理论分为三个不同层次，并且将请求与防御这种特别的诉讼行为作为诉权的第三个层次。[⑤]

攻击防御方法[⑥]的基本含义，是指当事人在言词辩论中的支持诉或

---

① 〔日〕三月章：《日本民事诉讼法》，汪一凡译，台湾五南图书出版公司 1997 年版，第 321 页。

② 〔日〕中村英郎：《新民事诉讼法讲义》，陈刚等译，法律出版社 2001 年版，第 184 页。

③ 《德意志联邦共和国民事诉讼法》，谢怀栻译，中国法制出版社 2001 年版，第 69 页。

④ 参见《法国新民事诉讼法典》，罗结珍译，中国法制出版社 1999 年版，第 14—28 页。

⑤ 法国诉讼法学者让·文森、塞尔日·金沙尔将诉权理论分为三个不同层次：(1) 在基本自由的宪法层面上，当事人有“进行诉讼的主观权利”，此即“自由诉诸司法的权利”。(2) 在诉讼程序的层面上，当事人有一种“进行诉讼的权力”，或称诉讼权力。“进行诉讼的权力”是承认诉讼权利为一种基本自由的直接结果，诉讼权力是诉讼权利的延伸，但是从程序的角度来看，进行诉讼的权力表现的是一种“法定权力”。这种“法定权力”就是：向法官提出某种诉讼主张，由法官听取陈述，获得法官就有关这种诉讼主张的实体问题作出裁判的权力。(3) 从实施程序或程序实践的层面看，人人都享有的进行诉讼的权力要通过特别的诉讼行为来实施，这种特别的诉讼行为就是“请求”与防御（辩护）。参见〔法〕让·文森、塞尔日·金沙尔：《法国民事诉讼法要义》（上），罗结珍译，中国法制出版社 2001 年版，第 97—100 页。

⑥ 关于攻击防御方法的详细论述，参见柯阳友、孔春潮：《论民事诉讼中的攻击防御方法》，载《北京科技大学学报》（社会科学版）2009 年第 4 期。

防御诉的事实上的主张[①],包括事实和证据两个方面。实际上,攻击防御方法名为"方法"实为"行为",其"诉讼法属性是取效性诉讼行为[②]",也即民事诉讼中的攻击防御方法不能独立、直接地发生诉讼法上的效果,其有赖于法院的介入和认可才能产生诉讼法上的效果。[③] 实施攻击防御方法这种取效性诉讼行为的法律上的依据是民事诉讼法所赋予的一系列诉讼权利,而这些诉讼权利是由原告的起诉权、被告的反诉权、应诉权所派生,是双方当事人的诉权在具体的诉讼活动过程中的外在表现形式,因此诉权是双方当事人实施攻击防御方法或者称为攻击防御行为的深层根据。

民事诉讼是采取当事人双方展开攻击防御的辩论,而由中立的法院作出判决的程序结构。在这种"对抗·判定"[④]的诉讼结构中,当事人之间展开的攻击防御活动构成了诉讼程序的主体部分和实质性内容。在大陆法系,攻击防御方法是民事诉讼言词辩论程序的核心内容。作为民事

① 主张可分为事实上的主张和法律上的主张。事实上的主张为攻击防御方法自无疑问。但是对于法的观点(法律适用),属于法院的职权,不受当事人主张的拘束,况且当事人法律上的主张也不适用适时提出主义,即无"攻击防御方法失权"之虞。故当事人法律上的主张,不过促请法院注意而已,不属于攻击防御方法。在实行三审终审制的国家,其第三审是法律审,禁止提出新的攻击防御方法,将法律上的主张排除在攻击防御方法之外。

② 章恒筑:《试论民事诉讼攻击防御理论综述——基于大陆法系法学范式的视角》,载《南京社会科学》2005 年第 7 期。

③ 德国民事诉讼法学者哥尔德斯密特将当事人的诉讼行为分为取效性行为和与效性行为两大类。取效性行为是指当事人向法院提出特定审判请求的行为和为形成其基础而提供资料的行为。前者称为请求,后者再分为主张与举证。为请求构筑基础而提出主张,为主张构筑基础则实施举证行为。此类诉讼行为虽然也表明了当事人的意思,但这种意思表示并不直接与一定的法律效果相联系,它是建立在请求法院进行裁判的基础之上的。凡需要法院介入即从法院取效的当事人诉讼行为,都需要经过请求、主张和举证这一过程。与效性诉讼行为是指当事人实施的不必经法院介入就能够直接产生诉讼法上效果的行为,其以引起法院特定的裁判为目的。所有取效性行为以外的当事人诉讼行为,即请求、主张、举证以外的诉讼行为,都属于与效性行为。参见〔日〕三月章:《日本民事诉讼法》,汪一凡译,台湾五南图书出版公司 1997 年版,第 311—312、327 页。

④ "对抗"是指诉讼当事人的双方被置于相互对立、相互抗争的地位上,在他们之间展开的攻击防御活动构成了诉讼程序的主体部分;而"判定"则意味着由法官作为严守中立的第三者,对通过当事人双方的攻击防御而呈现出来的案件争议事实作出裁断。参见王亚新:《对抗与判定:日本民事诉讼的基本结构》,清华大学出版社 2002 年版,第 57 页。

诉讼主要原则的辩论主义[①]是通过当事人的攻击防御行为得以实现的。攻击防御方法以辩论主义为制度背景和直接根据，以阐明权和诚实信用原则为补充，以程序保障、武器平等、适时提出主义和口头主义为原则，其有助于实现诉讼公正和提高诉讼效率。为平衡当事人的攻击防御能力，实现实质正义，实行当事人主义诉讼模式的国家纷纷在民事诉讼中引入阐明权制度以补充、修正机械、形式地适用辩论主义所产生的缺陷。对于攻击防御方法，大陆法系国家大都经历了从随时提出主义到适时提出主义的变革。诚实信用原则是要求当事人履行诉讼促进义务，适时提出攻击防御方法，否则产生攻击防御方法失权的不利后果，旨在防止诉讼迟延和提高诉讼效率。依据辩论主义，对于攻击防御方法必须给予严密切实的程序保障。实际上，“在民事诉讼法学中，一般是在给予参加程序的当事人以进行充分的攻击防御机会这一意义上来研究程序保障问题的。”[②]程序保障在广义上意味着为了保证审判的公正而在程序或制度上设定的种种要求和规范性做法。在狭义上，程序保障则指的是诉讼中给予双方当事人充分对等的攻击防御机会，并形成制度化的程序和在实际的制度运作中严格遵守这样的程序要求。这就是所谓的“正当程序”原则。在民事诉讼法中对于送达、口头辩论、证据调查等，都有详细的规定来保证当事人享有攻击防御的对等权利。[③] 双方审问主义是裁判之前给予双方当事人叙述其意见的平等机会的原则。就口头辩论是使双方当事人对立起来同时审问这一点来说，也叫做对审。从给予原告和被告平等的攻击和防御的武器和机会的意义上，把它也叫做当事人对等原则或武器平等原

① 广义的辩论主义是指根据当事人申请开始审判后，承认当事人相互为其主张的利益而进行辩论的对等的地位和机会，并且在此基础上审理并作出判决。狭义或固有意义上的辩论主义是指只能从当事人的辩论中采纳判决的基础资料的原则。辩论主义的内容包括以下四项：(1) 判断权利发生或消灭的法律效果所必要的要件事实，只要在当事人的辩论中没有出现，法院不得以它作为基础作出判决。(2) 法院在判决理由中所需要认定的事实只限于当事人之间争执的事实。至于没有争执的事实（自认及拟制自认），不仅没有必要以证据加以确认，而且也不允许法院作出与此相反的认定。(3) 认定所争事实所需要的证据资料，也必须是从当事人提出的证据方法中获得的，不允许法院依职权调查证据。(4) 辩论主义只是对事实关系的原则。而对法律上判断，则是法官以国家的法律作为尺度进行衡量的结果，所以不受当事人的陈述和意见的约束。参见〔日〕兼子一、竹下守夫：《民事诉讼法》，白绿铉译，法律出版社 1995 年版，第 71—72 页。

② 〔日〕谷口安平：《程序的正义与诉讼》（增补本），王亚新、刘荣军译，中国政法大学出版社 2002 年版，第 337 页。

③ 同上书，第 44 页。

则,这是更实质性的看法。[①] 口头主义是“审理时当事人及法院的诉讼行为是以口头陈述并听取口头陈述来进行的原则,是与书面主义相对立的。”[②]因此,当事人提出攻击防御方法也必须以口头主义为原则。即使作为“攻击防御方法”的事实主张,当事人已经通过诉状、答辩状等书面形式在开庭前就提交了法院,也送达了对方,但是开庭时对这些事实再加口头陈述仍然是法律上的必经程序,仅有书面记载的这些事实原则上不能作为判决的基础。[③] 口头主义是实施攻击防御方法的形式要求。英美法系尽管理论上没有探讨攻击防御方法,但对抗制(adversary system)是英美法系民事诉讼制度的基础。对抗制是英国民事诉讼的基本特点,美国继承了英国对抗制的诉讼传统并成为美国民事诉讼制度的根本内核。英国法上的对抗制的中心含义为:中立而消极的审判者;由当事人主张和举证,与大陆法系不同的是其交叉询问制等对抗性很强的程序设计,证人的概念还包括当事人和鉴定人;高度制度化的对决性辩论程序,整个诉讼程序严格地按照一套设计精巧的规则进行,其中尤其包括详尽的证据规则与律师职业伦理规则。[④]

(七)诉权的三个层次

1. 宪法层次的诉权

诉权是公民的基本权利,是公民人权的重要内容,是公民获得司法救济、实现权利的前提和基础。基于诉权启动的司法审判程序是保障人权实现的最有效的机制。诉权是一种宪法性的权利。诉权是诉讼制度的基础,无论是民事、行政、刑事诉讼还是宪法诉讼,都离不开诉权而存在。从宪政的角度把握诉权的宪法权利属性,从构建和谐社会的高度认识诉权入宪作为宪政实现策略的实践意义,必须在宪法中明确规定诉权,提升诉权的保障水平,建立宪法诉讼制度,并通过三大诉讼法对诉权加以具体化

---

① 〔日〕兼子一、竹下守夫:《民事诉讼法》,白绿铉译,法律出版社 1995 年版,第 83—84 页。

② 同上书,第 84 页。

③ 王亚新:《对抗与判定:日本民事诉讼的基本结构》,清华大学出版社 2002 年版,第 121 页。

④ 乔欣主编:《外国民事诉讼法学》,厦门大学出版社 2008 年版,第 6 页。

和规范化,完善诉权的宪政保障体系。[①] 本书介绍的人权宣言、人权公约和外国宪法中有关诉权的规定,属于宪法层次的诉权。在诉权的宪法层面下始有宪法诉讼中的诉权、刑事诉讼中的诉权、行政诉权、民事诉权等诉讼法意义上的诉权:(1) 宪法诉讼中的诉权。宪法诉讼是指法院直接适用《宪法》解决违宪纠纷的诉讼活动。违宪审查是对法律、法令、行政法规、行政行为等进行审查以对其是否违宪做出裁决的制度。违宪审查主要有三种模式:以美国为代表的普通法院审查模式;以奥地利、德国和法国为代表的宪法法院、宪法委员会等专门机构审查模式;以苏联为代表的立法机关或最高国家权力机关审查模式。我国现行《宪法》实行的是立法机关审查模式,由全国人大及其常委会负责违宪审查,法院无权过问。宪法诉讼是宪法监督的最有效模式。从世界范围来看,宪法诉讼的受案范围是十分广泛的,主要包括:法律文件违宪纠纷;国家机关行为违宪纠纷;特定公职人员违宪纠纷;政党违宪纠纷;机关权限纠纷;选举纠纷;公民基本权利纠纷。[②] 宪法诉讼制度具有双重目的:一是通过解决宪法冲突维护宪法秩序;二是保护宪法权利。[③] 提起宪法诉讼的主体包括两大类:一是特定的国家机关基于宪法赋予的职权(也是职责)提起;二是公民、法人或其他组织基于公民的宪法诉权提起。所谓公民的宪法诉权,是指公民、法人或其他组织在其宪法基本权利受到侵害或发生争议而不能通过普通的诉讼得到司法救济时,享有直接向特定的法院寻求宪法上救济的权利。因为宪法规定的大部分权利都由普通法律加以细化、具体化,一般可以通过民事诉讼、行政诉讼和刑事诉讼使受到侵害的权利得到司法救济。(2) 刑事诉讼中的诉权。将诉权这一理论引入到刑事诉讼法学的研究中,对于科学合理地配置当事人在刑事诉讼中的具体诉讼权利,完善对抗制的诉讼机制,开拓刑事诉讼法学的研究视野等都具有重要的意义。以诉权的主体和内容为标准,刑事诉讼中的诉权可以分为国家诉权和公民诉权两种。国家诉权是国家享有的、为了维持法律秩序而进行诉讼、追究犯罪者刑事责任的基本权利;公民诉权是刑事诉讼当事人为了不受国家非法侵害、或者为了维护自己受到犯罪行为侵害的权利而寻

---

① 柯阳友、吴英旗:《诉权入宪:构建和谐社会的宪政之道》,载《西南政法大学学报》2006年第1期。

② 上官丕亮:《再探宪法诉讼的建构之路》,载《法商研究》2003年第4期。

③ 刘志刚:《论宪法诉讼的目的》,载《中国人民大学学报》2003年第5期。

求司法保护、进行诉讼的基本权利。[①] 刑事司法领域内，追诉权由个人行使为主转为专门机关行使为主是起诉制度长期发展演进的必然结果，但自诉制度在刑事诉讼中一定范围内长期存在具有现实的合理性与正当性。公诉着重于维护社会整体利益，自诉则以保障个人实体权利为基点。[②] 公诉制度是现代司法制度的重要组成部分，是现代检察制度的核心内容。公诉权的产生是保护国家利益和制约审判权的需要。公诉权的行使意味着检察机关代表国家运用国家权力来实现对严重违反法律的犯罪行为的追诉，与被害人自己起诉的最大区别在于检察机关不是为了谋求自己的利益或者主张自身的权利，而是为了维护国家和社会的利益，维护国家法律的统一正确实施，同时通过控制刑事审判程序的入口和关注裁判结果来实现对审判权的制衡，从而体现公诉权的法治价值。[③] 在刑事诉讼中，虽然诉讼的发动权大都收归于国家的公诉机关，但公民诉权同样存在。首先，自被害人的角度分析，被害人除了有申诉、控告、检举这样一些间接发动审判程序、要求司法保护的权利外，还享有刑事自诉程序中的自诉权、上诉权、再审请求权及参与刑事审判的权利。其次，自犯罪嫌疑人和被告人的角度，有获得国家法定的审判机关的公正审判的权利。另外，被告人在刑事程序中还享有应诉权、上诉权、再审请求权，在自诉程序中享有反诉权。[④] 刑事诉讼中的应诉权，是指在刑事诉讼过程中对抗国家公诉权而被犯罪嫌疑人和被告人所享有的各种权利的总称。应诉权作为当事人一方"诉讼追行权"的表现形式，它贯穿了刑事诉讼的始终，并要求国家予以承认和提供相应的保障。应诉权与公诉权平等地对抗，并由此推动刑事诉讼程序的展开，是刑事诉讼本质的体现与控辩平衡基本原则的落实。应诉权在刑事诉讼的不同阶段表现为不同的形式。在侦查阶段，应诉权包括沉默权、律师帮助权、辩护权、保全证据的请求权、开示逮捕理由的知情权与变更逮捕的请求权等；在起诉阶段，应诉权包括申请证据开示的知情权、辩护权以及各种请求权等；在审判阶段包括知情权、供述权、辩护权、证人询问权、提出异议权等。[⑤] （3）行政诉权。行政

---

① 汪建成、祁建建：《论诉权理论在刑事诉讼中的导入》，载《中国法学》2002年第6期。
② 吴卫军：《刑事自诉：三方面问题待完善》，载《检察日报》2005年5月20日第3版。
③ 张智辉、徐鹤喃：《公诉权与法律监督》，载《检察日报》2004年2月23日第3版。
④ 左卫民、朱桐辉：《公民诉讼权：宪法与司法保障研究》，载《法学》2001年第4期。
⑤ 郭松：《论刑事诉讼中的应诉权》，载《中国刑事法杂志》2006年第2期。

诉讼法学界对行政诉权概念的界定有较大的分歧。有学者认为,行政诉讼的诉权是指公民、法人或者其他组织认为行政机关及行政机关工作人员的具体行政行为侵犯其合法权益,依照行政诉讼法的规定,请求人民法院予以司法保护的权利。当事人的诉权具有单向性,即只有原告享有起诉权,被告没有起诉权,也无反诉权,只能依法应诉。[1] 有学者认为,行政诉权是双方当事人基于行政诉讼主体资格在行政诉讼过程中依法享有的全部程序性权利的总称。行政诉权是行政诉讼得以启动和展开的条件,是行使行政审判权的前提。属于行政相对一方单独享有的诉权有起诉权、申请撤诉权、申请暂缓执行行政决定权、提供与补充证据权;属于行政主体单独享有的诉权主要是答辩权;属于双方共同享有的诉权有提出诉讼请求权、申请回避权、辩论权、质证权、申请执行生效裁判权。[2] 有学者认为,行政诉权是行政法律关系当事人,因行政职权的存在和行使发生争议,依法向法院起诉,请求提供司法保护和帮助的权利。行政诉权包括起诉权、对不予受理裁定的上诉权和要求得到裁判权。与民事诉权相比,行政诉权是对事的诉权、公益诉权、恒定的诉权和有限的诉权。[3] 有学者认为,行政诉权是行政活动中的权利主体按照法律预设的程序,请求人民法院对有关行政纠纷作出公正裁决的程序权利。行政诉权既包括行政相对人的起诉权,也包括行政主体的应诉权。[4] (4) 民事诉权。

2004 年 3 月,我国《宪法修正案》增加规定了"国家尊重和保障人权"的条款,此举措被称为"人权入宪"。"人权入宪"是我国法治发展和宪政制度发展历史上的一个里程碑。然而,在宪法所规定的基本权利体系中,却没有对公民诉权的明确规定,公民所应当享有的基本程序权利,未能在诉权的统帅下形成一个有机统一的体系或整体。2008 年 3 月,第十一届全国政协委员汤维建教授向大会提交《关于"诉权入宪",强化对公民诉

---

① 应松年主编:《行政诉讼法学》,中国政法大学出版社 1994 年版,第 188 页。
② 赵正群:《行政之诉与诉权》,载《法学研究》1995 年第 6 期。
③ 高家伟:《论行政诉权》,载《政法论坛》1998 年第 1 期。
④ 薛刚凌:《行政诉权研究》,华文出版社 1999 年版,第 15 页。

权保障》的正式提案，引起了各界强烈反响。[①]

2. 民事诉讼法抽象层次的诉权

民事诉讼法抽象层次的诉权，是对宪法层次的诉权在民事诉讼中的法律化，是对民事诉讼中当事人诉权的概念界定和抽象概括，是连接宪法层次的诉权与当事人在具体诉讼中的所行使的诉权的桥梁和纽带。它应当规定在民事诉讼法典的总则中。例如，我国《民事诉讼法》修改建议稿第 7 条（当事人的诉权）规定："当事人因民事权益受到侵害或者与他人发生争议，有权向依法设立的独立的人民法院提起诉讼，有权要求获得人民法院公正、及时的审判。"第 12 条（公益诉讼原则）规定"国家机关、社会团体对损害国家、集体或者公众民事权益的行为，依据本法以及其他法律规定，可以以自己的名义为受损害的单位或者个人向人民法院起诉。"[②]《民事诉讼法典专家修改建议稿》第 4 条（诉权）规定："当事人因民事权益或者法律规定的其他权利、利益受到侵害或者与他人发生争议，有权依照法律规定向人民法院提起诉讼，获得公正、及时的审判。人民法院不得拒绝审判。国家机关、社会团体以及个人对损害国家、集体或者公众民事权益的行为，依据本法以及其他法律规定，以自己的名义为受损害的单位或者个人向人民法院起诉的，适用前款规定。"诉权在我国一直停留在理论中，并未上升为立法。在民事诉讼法中规定诉权，不仅可以强调对当事人实体权利与程序权利的保护，而且可以为诉权入宪打下部门法基础。诉权作为当事人请求法院对其民事权益予以审判保护的基本权利，其完整内涵不仅包括审判保护请求权，还应当包括公正审判请求权和

① 在此次向大会提交的提案中，汤维建委员共列出了六条规定。包括三个方面的内容：一是建议在宪法中明确规定诉权。这一条款可插在《宪法》第 41 条后，表述为：任何人在其合法权益受到侵害时，有权向人民法院提起诉讼，请求司法保护。公民提起的民事、行政诉讼，在符合法定条件的情形下，人民法院必须受理。相关条文还有两条，比如建议宪法明确规定，公民进行诉讼时，有获得陪审员审判、获得律师代理和律师辩护的权利。二是对公益诉讼的规定。现阶段我国公益诉讼缺乏明确的法律根据，应当在宪法中明确规定：在国家利益、社会公共利益受到损害时，任何公民均有提起民事公益诉讼的权利。在上述情形下，如果无人提起诉讼，人民检察院则可以提起民事公诉。三是保障性条款。要在宪法中规定，公民进行诉讼确有困难的，有获得法律援助的权利。此外，宪法还应明确规定，公民的诉权受宪法和法律保障；任何法律、法规均不得限制和损害对公民诉权的保障；人民法院、人民检察院应当确保公民行使诉权。参见袁正兵：《中国人民大学博士生导师汤维建委员做客正义网提出——"诉权入宪"：依法治国的客观需要》，载《检察日报》2008 年 3 月 17 日第 7 版。

② 江伟主持：《〈中华人民共和国民事诉讼法〉修改建议稿（第三稿）及立法理由》，人民法院出版社 2005 年版，第 90、94 页。

及时审判请求权。[①] 我国学者一般是从起诉权的角度给诉权下定义。笔者建议在全面修改我国《民事诉讼法》时,在总则中对诉权予以法律定义,可以规定:"诉权是指公民、法人或者其他组织因民事权益受到侵害或者与他人发生争议,享有提起诉讼、进行诉讼并要求人民法院公正审理和裁判的权利,包括起诉权、反诉权、上诉权、再审诉权和应诉权。"法国和俄罗斯的民事诉讼法典规定的诉权也是指民事诉讼法抽象层次的诉权。《法国新民事诉讼法典》第 30 条规定:"对于提出某项请求的人,诉权是指其对该项请求之实体的意见陈述能为法官所听取,以便法官裁判该请求是否有依据的权利。对于他方当事人,诉权是指辩论此项请求是否有依据的权利。"[②]《俄罗斯联邦民事诉讼法》第 3 条(向法院请求司法保护的权利)规定:"任何利害关系人都有权按照法律规定的程序,请求法院保护被侵犯或有争议的权利或合法利益。法院不得拒绝请求。"[③]

3. 民事诉讼法具体层次的诉权

民事诉讼法具体层次的诉权是指当事人在具体的民事诉讼活动中所享有和行使的诉权,包括抽象诉权的外在表现形式如起诉权、反诉权、上诉权、再审诉权和应诉权。民事诉讼法为保证这些诉权的实现而给当事人配置一系列诉讼权利,进而实施相应的诉讼行为。民事诉讼法规定的诉讼制度、诉讼程序是为当事人行使诉权和法院行使审判权、实现诉讼公正服务的。

诉权是一个权利体系。作为宪法层次的诉权,是宪法的基本人权(或基本权利),是程序性权利。由宪法上的诉权派生出诉讼法意义上的诉权,包括宪法诉讼中的诉权、刑事诉讼中的诉权、行政诉权和民事诉权。民事诉讼法层次上的诉权,具体包括起诉权、反诉权、上诉权、再审诉权和应诉权。在三个不同层次的诉权中,起诉权本质上是诉诸司法的权利,是打开司法之门的钥匙,是整个诉讼程序的原动力,因而起诉权在诉权体系中处于非常重要的地位。

区分三个层次的诉权,具有三个方面的意义:一是有助于消解诉权理

---

① 江伟主编:《民事诉讼法典专家修改建议稿及立法理由》,法律出版社 2008 年版,第 7—8 页。

② 《法国新民事诉讼法典》,罗结珍译,中国法制出版社 1999 年版,第 9 页。

③ 《俄罗斯联邦民事诉讼法·执行程序法》,张西安、程丽庄译,中国法制出版社 2002 年版,第 2 页。

论上的分歧。学界一般是在民事诉讼法抽象层次上探讨诉权,并且以起诉权为范例,虽然也"上得去"即提出和论证了宪法诉权说的观点,但未从逻辑上清晰地分析宪法诉权与民事诉讼法层面的诉权的关系,似乎给人一种旨在说明和强调诉权的重要性的感觉,同时"下不来"即只从抽象层面宏观把握诉权的内涵而未与诉讼程序的运作结合起来,不能充分体现诉权的实践价值。如果不明晰和指出是在何种层面上讨论诉权,那么分歧就难以弥合。诉权的理论研究应当深化和细化。二是有助于完善诉权立法。可以采取自上而下的道路,即首先"诉权入宪",然后在三大诉讼法总则中明确规定诉权;或者采取自下而上的道路,即分别在三大诉讼法总则中明确规定诉权,然后将诉权写入宪法。三是有助于在民事诉讼法的制度层面上区分起诉权、上诉权和再审诉权的要件,改革与完善现行民事诉讼法关于诉权及其保护的不合理制度。我们经常谈论"起诉难"、"再审难"("申诉难")问题,但没有人说"上诉难"问题,这是源于它们的诉权要件的不同法律规定。

(八)非讼程序和执行程序中的准诉权

我国《民事诉讼法》规定了两大程序:审判程序和执行程序。以民事案件的诉讼性质或非讼性质为划分标准,可以将审判程序分为两大类别,即诉讼程序和非讼程序。诉讼程序包括第一审普通程序和简易程序、第二审程序(即上诉审程序)、审判监督程序(即再审程序)。非讼程序是立法上规定的审理各种非讼案件程序的统称,包括传统的非讼程序和现代的非讼程序。传统的非讼程序包括现行立法上所规定的"特别程序"中的宣告失踪或宣告死亡案件、认定公民无民事行为能力或限制民事行为能力案件、认定财产无主案件。[①] 现代的非讼程序则包括督促程序、公示催告程序、企业法人破产还债程序。

笔者为了比较贴切、简明地表述当事人在非讼程序和执行程序中享有的类似于诉权性质的权利,使用"准诉权"这一概念。在现代汉语中,

---

① 选民资格案件具有诉讼性质,具有双方当事人(起诉人与选举委员会),是有权益争议的案件,争议的内容为某人是否有选民资格、是否享有选举权利,因而不是非讼案件。从严格意义上讲,选民资格案件不属于民事案件,应属于宪法诉讼的范畴。由于我国尚未建立宪法诉讼制度,也未就选民资格案件单独进行立法,立法机关为了保障公民的选举权,在《民事诉讼法》中赋予人民法院对于选民资格案件的审判权,并在特别程序中予以规定。

“准”的字义之一是“程度上虽不完全够,但可以作为某类事物看待的。”[①]所谓准诉权,是指在非讼程序或执行程序中,当事人享有启动和参与非讼程序或执行程序并要求法院依法行使审判权或执行权的权利,其通常表现形式是申请权。督促程序、破产程序、执行程序中的异议权也属于准诉权。这类权利根本就不是诉权,还是具有特殊性的诉权抑或可以视为诉权?本书采用准诉权的概念,旨在表明它在总体上符合诉权的基本属性(当事人要求法院行使司法权),法律效果也相似或相近,可以将其视为诉权,但同诉讼程序中的典型诉权相比,存在着差距,并具有自己的特殊性。诉权存在和作用于诉讼程序。准诉权存在和作用于非讼程序和执行程序,但各有自己的特点和表现形式。

1. 非讼程序中的准诉权

非讼程序是法院用以解决非讼案件的审判程序,诉讼程序(亦称争讼程序)则是法院用以解决诉讼案件(也称争讼案件)的审判程序。非讼案件是指利害关系人在没有民事权益争议的情况下,请求法院确认某种事实和权利是否存在,从而引起一定的民事法律关系发生、变更或消灭的案件,其诉讼目的是请求法院确认某项事实或某项权利;诉讼案件则是指双方当事人对于诉讼标的存在民事权益争议并请求法院予以裁判的案件,其诉讼目的在于请求法院解决争议。[②] 非讼程序同样体现了法院审判权的运作和行使。与诉讼程序中的诉权相比,非讼程序中的准诉权具有以下特点:

首先,非讼程序的准诉权的通常表现形式是申请权。公民下落不明达到法定期限,利害关系人有权请求法院判决宣告该公民失踪或者死亡。对不能辨认自己行为或者不能完全辨认自己行为的精神病人,利害关系人有权请求法院通过法定程序认定并判决宣告该公民为无民事行为能力人或限制民事行为能力人。公民、法人或者其他组织有权请求法院依照法定程序将某项权属不明的财产判决认定其为无主财产,并收归国家或

① 中国社会科学院语言研究所词典编辑室编:《现代汉语词典》(修订本),商务印书馆1996年版,第1658页。

② 参见廖中洪:《制定单行〈民事非讼程序法〉的建议与思考》,载《现代法学》2007年第3期;蔡虹:《非讼程序的理论思考与立法完善》,载《华中科技大学学报》(社会科学版)2004年第3期。

者集体所有。[①] 督促程序以债权债务关系不存在争议为假定前提,债权人享有支付令申请权,即债权人向法院申请发出支付令以督促债务人尽快清偿债务的权利[②];债务人享有异议权,即债务人在接到支付令的法定期间内,针对支付令所记载的债务,向法院提出否认、质疑等书面意见的权利,它具有对抗债权人支付令申请权的性质。如果债务人不行使异议权或者异议不成立,则债权人可以行使对支付令的申请执行权;若异议成立,就导致支付令的失效和督促程序的终结,表明"债权债务关系不存在争议"的假定前提便不复存在,案件的非讼性质就转化为诉讼性质,双方当事人可以行使诉权通过诉讼程序解决债权债务的争议。票据的最后持有人在票据被盗、遗失或灭失后,享有向法院申请公示催告、作出宣告票据无效的除权判决的权利。公示催告程序不具备双方当事人,没有民事权益之争。如果有利害关系人在公示催告期间申报权利并提出了与申请人对立的主张,法院裁定终结公示催告程序,票据纠纷的双方当事人要解决争议,就可以行使诉权通过诉讼程序请求法院解决。企业法人破产还债程序[③]也具有明显的非讼性。在破产程序的发动上,债务人可以自己申请自己破产;它不解决债权债务纠纷,债权的申报和确定是在债权债务关系不存在争议的前提下进行的;破产程序是在法院指挥和监督下由债务人、债权人团体和管理人所进行的清算程序以及和解、重整等程序,强调债权人自治,目的是为全体债权人公平受偿提供保障。我国《企业破产法》第 10 条规定即债权人提出破产申请的,债务人在收到法院的通知之日起 7 日内对该申请有异议权,法院应当自异议期满之日起 10 日内裁定是否受理。该条赋予了债务人对债权人启动破产程序的异议权,不同于债权人启动督促程序后债务人的异议权。第 12 条规定,法院裁定不受理破产申请的,申请人对裁定不服的,有上诉权;法院受理破产申请后至破产宣告前,又裁定驳回申请的,申请人对该裁定不服的,有上诉权。它为

① 2007 年颁布的我国《物权法》,仍然没有规定取得时效制度。

② 于此情形,债权人也可以行使诉权通过简易程序要求法院作出判决,获得执行根据。

③ 我国 2007 年修改后的《民事诉讼法》,删去了原第十九章"企业法人破产还债程序",理由是 2006 年颁布的《企业破产法》,已经对破产还债程序作出统一规定,而且适用于全部企业法人。但破产法兼有程序法和实体法的双重性,以程序法为主。从程序法的角度看,破产法属于民事诉讼法的特别法,破产程序的本质属性是"非讼性",民诉学界通说将破产程序归入非讼程序。我国《企业破产法》第 4 条明确规定:"破产案件审理程序,本法没有规定的,适用民事诉讼法的有关规定"。从实体法的角度看,破产法属于商法。

债权人或者债务人作为破产申请人针对法院作出不予受理或者驳回申请的裁定提供了上诉救济途径,实质是为了保障破产申请权。督促程序的债务人的异议权、破产程序的债务人对债权人申请破产的异议权以及申请人对法院裁定不予受理、驳回破产申请的上诉权,也属于准诉权。

其次,非讼程序的申请权之目的是确认某种法律事实或权利,而不是解决民事权益争议。如果法院在审理非讼案件的过程中,发现本案属于民事权益争议的,应当裁定终结非讼程序,并告知利害关系人可以另行起诉,通过诉讼程序解决。

再次,按照非讼程序审理案件,实行一审终审,判决书一经送达,立即发生法律效力,申请人不得提起上诉,也不能申请再审。但是法律也规定了当事人或利害关系人对非讼判决的救济途径。例如我国《民事诉讼法》第169、173、176条分别规定,被宣告失踪、宣告死亡的公民重新出现,经本人或者利害关系人申请,法院应当作出新判决,撤销原判决;法院根据被认定为无民事行为能力人、限制民事行为能力人或者他的监护人的申请,证实该公民无民事行为能力或者限制民事行为能力的原因已经消除的,应当作出新判决,撤销原判决;判决认定财产无主后,原财产所有人或者继承人出现,在民法通则规定的诉讼时效期间可以对财产提出请求,法院审查属实后,应当作出新判决,撤销原判决。

最后,诉权作用于诉讼程序,应当依照诉讼法理来处理;准诉权作用于非讼程序,应当依照非讼法理来处理。诉讼法理主要有:对审原则(即两造审理原则)、公开审判原则、处分原则、辩论原则、集中审理原则和直接言词原则等。非讼法理包括:不实行对审原则;采取职权探知主义,不适用辩论原则;处分原则受到限制,法院不受当事人意志的左右而依职权控制程序的进行;原则上不公开审理,采取书面审理,不需要质证和进行言词辩论。在非讼程序中,若出现对实质事项的争议时,则应适用诉讼法理。诉讼程序强调慎重裁判(即公正程序保障),非讼程序则强调程序的简捷性和经济性。[1]

2. 执行程序中的准诉权

审判程序和执行程序均具有司法性的特点,是司法权中的审判权、执

① 参见邵明:《民事诉讼法理研究》,中国人民大学出版社2004年版,第298—308、344—347页。

行权分别作用于民事诉讼领域所呈现出的两种不同程序类型。申请执行权和执行异议权是执行程序中的准诉权的两种表现形式。

申请执行权，是指债权人在债务人逾期不履行或拒绝履行执行根据（即生效法律文书）所确定的义务时，请求法院行使强制执行权迫使债务人履行义务的权利。执行根据并不限于那些经过民事审判程序所产生的民事判决书、裁定书、调解书和支付令，其他生效法律文书如具有财产内容的刑事判决书、裁定书，仲裁机构制作的生效的裁决书，公证机构制作的依法赋予强制执行效力的债权文书等也可成为执行根据。我国《民事诉讼法》第 215 条第 1 款规定："申请执行的期间为二年。申请执行时效的中止、中断，适用法律有关诉讼时效中止、中断的规定。"申请参与分配权是申请执行权的一种特殊表现形式，它是指在执行程序中，因债务人（限于公民或其他组织）的财产不足以清偿所有债权人的全部债权，申请执行人以外的其他债权人依据有效的执行根据，而向法院申请加入已开始的执行程序并从执行标的物的变价中获得公平受偿的权利。如果被执行人是企业法人，在执行过程中其财产不能清偿所有债权，法院可以告知当事人依法申请破产。

执行异议权，是指当事人、利害关系人认为执行行为违反法律规定，有权请求执行法院予以纠正的权利。[①] 执行异议权属于程序上的执行救济范畴，旨在要求执行法院变更或者撤销其违法的执行行为并且重新作出合法的执行行为。依照我国《民事诉讼法》第 203 条的规定[②]，在法院消极执行的情况下，申请执行人有变更执行法院的权利。有法官认为，法院的消极执行显然也属于违反法律规定的执行行为。第 202 条规定的对违法执行行为提出异议是一种一般的执行救济，其目的是促使执行法院及时纠正违法的执行行为，以保护当事人和利害关系人程序上的利益；而第 203 条规定的申请变更执行法院则是在消极执行相对严重的情况下，

---

① 我国《民事诉讼法》第 202 条规定："当事人、利害关系人认为执行行为违反法律规定的，可以向负责执行的人民法院提出书面异议。当事人、利害关系人提出书面异议的，人民法院应当自收到书面异议之日起 15 日内审查，理由成立的，裁定撤销或者改正；理由不成立的，裁定驳回。当事人、利害关系人对裁定不服的，可以自裁定送达之日起 10 日内向上一级人民法院申请复议。"

② 我国《民事诉讼法》第 203 条规定："人民法院自收到申请执行书之日起超过 6 个月未执行的，申请执行人可以向上一级人民法院申请执行。上一级人民法院经审查，可以责令原人民法院在一定期限内执行，也可以决定由本院执行或者指令其他人民法院执行。"

为当事人提供更强有力的救济。这两种救济所针对的情形并不完全相同,救济途径也不一样,在出现法定事由的情况下,当事人既可以任选其一,也可以分别通过两种不同的途径维护自己的合法权益。[①] 笔者认为,与其说申请执行人的申请变更执行法院的权利是一种特殊的执行异议权,不如说它是一种特殊的申请执行权。

我国《民事诉讼法》第204条规定了案外人异议。[②] 案外人异议是案外人基于对标的物的实体权利提出的,涉及实体权利争议,应当通过诉讼程序解决。本条规定由执行法院先作审查处理,是基于执行效率等考虑,力争通过相对简易的程序先行解决一部分异议,如果案外人对法院作出的裁定仍然不服的,自然应当允许其通过诉讼等更有效的途径寻求救济。[③] 国外的通行做法是设立案外人异议之诉,本质上是一种诉,法院应当依照通常诉讼程序审理,一审判决作出后,当事人不服的可以依法上诉。案外人异议之诉属于实体上的执行救济,其权利性质是诉权。

---

① 最高人民法院民事诉讼法修改研究小组编著:《〈中华人民共和国民事诉讼法〉修改的理解与适用》,人民法院出版社2007年版,第138页。

② 我国《民事诉讼法》第204条规定:"执行过程中,案外人对执行标的提出书面异议的,人民法院应当自收到书面异议之日起15日内审查,理由成立的,裁定中止对该标的的执行;理由不成立的,裁定驳回。案外人、当事人对裁定不服,认为原判决、裁定错误的,依照审判监督程序办理;与原判决、裁定无关的,可以自裁定送达之日起15日内向人民法院提起诉讼。"

③ 最高人民法院民事诉讼法修改研究小组编著:《〈中华人民共和国民事诉讼法〉修改的理解与适用》,人民法院出版社2007年版,第145页。

后 记

本书是在我的博士学位论文的基础上经过修改和充实而形成的。

在本书付梓之际,我首先感谢导师田平安教授和师母张玉敏教授。在攻读博士学位期间,田老师和师母给了我无微不至的关怀,恩师对本书的写作倾注了大量的心血。恩师高尚的人格、渊博的学识、严谨开明的学术风范和严己律人的为师之道,令我敬仰。先生的恩情,我永远铭记于心。衷心地感谢德高望重的江伟教授、常怡教授,二老深邃的思想、严谨的学风、精深的造诣和独特的人文情怀,尤其是与时俱进的精神品质,深深地影响着我。还要感谢在西南政法大学读博期间,李祖军教授、廖中洪教授、汪祖兴教授、唐力教授、徐昕教授、李龙教授给予的关怀、教诲和指点。特别要感谢在博士论文写作过程中提出有价值建议的肖建华教授、肖建国教授、邵明教授、刘学在教授。另外,感谢在我个人的学术发展道路上给予关心和帮助的张卫平教授、李浩教授、汤维建教授、齐树洁教授、潘剑锋教授、赵钢教授、蔡彦敏教授、章武生教授、刘荣军教授、宋朝武教授、蔡虹教授、张晋红教授、李仕春教授、王亚新教授、王福华教授、刘敏教授、陈刚教授、廖永安教授、胡亚球教授、叶自强教授、傅郁林教授、熊跃敏教授、吴英姿教授、赵旭东教授、易萍教授、张永泉教授、张榕教授、纪格非教授、孙邦清教授、张力教授、段厚省教授、林剑锋教授、王斐弘教授、王国征教授、赵信会教授、肖晖教授、吴小英教授、许尚豪教授、奚伟教授、程政举教授、靳建丽教授、梁平教授。列了一份很长的名单,并不是为了炫耀自己在民事诉讼学界的社会关系,而是发自内心的。我自 2004 年指导研究生以来,为了自己的学术研究和指导研究生如何选题、撰写学术论文和硕士论文,组织研究生汇编了民事诉讼法方面的法学期刊论文、人大复印资料论文、诉讼法集刊论文、硕士和博士论文题目、主要著作和译著、台湾地区民事诉讼资料的详细索引以及法学研究方法文章等的电子版，每年更新一次，并发给民事诉讼学界的一些同仁参考，得到了大家的一定肯定。同时，通过参加学术研讨会和教材编写会等活动，逐步加强培养本科生、研究生工作和学术研究的交流，深化了友谊。

我还要感谢为本书的实证研究给予热情支持和鼎立帮助的法官和律师们，感谢我所在工作单位的领导和同事对我攻读博士学位和本书的写作给予的支持。

当然，我更要感谢我的夫人管荣秀女士，她在背后默默地奉献，支持我攻读博士学位和做好教书育人、科学研究的繁重工作。我读博士的三年，也是我儿子柯明读高中的三年，我对他的关心和照顾不够，深感歉意。儿子下学期要读大三了，祝愿他前程似锦。

最后，本书能在北京大学出版社出版，我深感荣幸！由衷地感谢汤维建教授和刘加良博士的举荐，真诚地感谢邹记东主任的鼎力支持和其他同志的辛勤劳动。

柯阳友

2011 年 7 月 18 日